이제 독성관계는 정리합니다

이제 독성관계는 정리합니다

초판 1쇄 발행 2021년 6월 24일
초판 2쇄 발행 2022년 4월 26일

지은이 권순재

펴낸이 이상순 **주간** 서인찬 **영업 지원** 권은희 **제작이사** 이상광

펴낸곳 (주)도서출판 아름다운사람들
주소 (10881) 경기도 파주시 회동길 103
대표전화 (031) 8074-0082 **팩스** (031) 955-1083
이메일 books777@naver.com **홈페이지** www.book114.kr

생각의길은 (주)도서출판 아름다운사람들의 인문 교양 브랜드입니다.

ISBN 978-89-6513- 702-3 (03180)

이 책의 저작권은 저작권자와 독점 계약으로 ㈜도서출판 아름다운사람들에 있습니다. 신저작권법에 따라 한국 내에서 보호를 받는 저작물이므로 무단 복제 및 무단 전재를 금합니다.

이 도서의 국립중앙도서관 출판예정도서목록(CIP)은 서지정보유통지원시스템 홈페이지(http://seoji.nl.go.kr)와 국가자료종합목록시스템(http://www.nl.go.kr/kolisnet)에서 이용하실 수 있습니다. (CIP제어번호 : CIP2019009352)

파본은 구입하신 서점에서 교환해 드립니다.

이제 독성관계는 정리합니다

권순재 지음

차례

008   프롤로그   절대 끝나지 않는 불행, 독성관계

1장   존재를 무너뜨리는 독성관계
독성관계의 주도자, 협력자, 희생자

017   어느 날, 독성관계가 시작되었다
024   엘리트였지만 그는 독성관계의 완전한 희생자가 되었다
032   한번 생긴 독성관계는 점점 파괴적이고 강해진다
041   외부로만 향하는 주도자의 정신, 내부로만 향하는 희생자의 정신
055   독성관계를 정당화하는 공범, 협력자들

2장 그들은 결코 그냥 물러서지 않는다

독성관계에서 벗어나는 세 단계

- 067 　무엇이 희생자를 독성관계에 묶어놓는가
- 078 　당신 잘못이 아니다, 자기 의심 극복하기
- 087 　독성관계에서 벗어나려 할 때 그들이 하는 짓
- 101 　거짓 죄책감과 부풀려진 위기감, 아노미 벗어나기
- 111 　고통이 끝나고서야 찾아오는 진정한 슬픔들
- 128 　벗어난 뒤 시작된 변화

3장 나는 지금 독성관계에 빠져 있는가?

내 독성관계 측정하기

- 145 내 독성관계 측정하기
- 148 주도자 요인
- 155 희생자 요인
- 161 협력자 요인
- 166 고립성 및 지속성 요인
- 174 폭력성 요인
- 184 총점 기입하기

4장 고부 간, 연인 간, 직장에서의 독성관계

실전 솔루션

- 189 며느리 P씨의 독성관계
- 211 여대생 L씨의 독성관계
- 236 회사원 M대리의 독성관계

5장   자격 없는 자들을 당신 마음에 허용하지 말 것

당신은 그들이 말하는 그런 존재가 아니다

- 267   분노, 그들은 결코 사과하지 않는다
- 281   미련, 하지만 당신은 그들을 바꿀 수 없다
- 297   고립감, 희생자를 짓밟는 편견과 오만한 조언에 맞서
- 311   연결, 독성관계의 바깥에 진짜 당신의 길이 있다
- 325   존재, 당신의 마음이 당신을 위해 움직이도록

- 338   부록
- 339   독성관계 점검표

프롤로그

절대 끝나지 않는 불행, 독성관계

"아무런 희망이 보이지 않아요. 전 평생 이렇게 살 운명인가 봐요."

그녀의 말은 나의 마음을 무겁게 했다. 그녀는 피로와 무기력감, 자살에 대한 유혹을 주증상으로 찾아온 막 40대에 접어든 미혼여성이었다. 내가 처방한 약물은 그녀의 불면에 도움을 주고, 가끔 터져 나오는 감정의 소용돌이를 잠재우는 데 도움이 되었다. 그러나 그녀 마음의 고통은 근본적으로 낫지 않았다. 그녀는 여전히 자신의 삶에 어떠한 희망도, 생생함조차도 느끼지 못했다.

공무원이라는 안정적인 직업을 가지고 있었고, 연봉은 비록 많지 않았지만, 그녀가 만족스럽게 살아가기에는 충분했다. 공감 능력이나 사회성도 충분했고, 그럼으로써 남들과도 좋은 관계를 유지했다. 자신의 목표를 위해 성실하게 노력해왔고, 맡은 일은 책임감 있게 해내었다. 누가 보더라도 그녀는 행복해질 자격을 충분히 갖춘 것처럼 보였다.

그녀의 문제는 주변 환경에 있었다. 1남 1녀 중 첫째로 태어난 그녀는 소위 한국의 전형적인 장녀였다. 아버지를 일찍이 사고로 잃은 그녀는 고등학생 때부터 집안의 기둥 역할을 맡아 왔다. 그녀의 인생은 그녀 혼자만의 것이 아니었다. 사춘기도, 질풍노도의 시기도, 자신의 정체성을 찾는 과정도 그녀의 인생에는 없었다. '네가 빨리 자리를 잡아 어린 남동생을 경제적으로 도와줘야 한다.'라는 어머니의 말에 따라 청춘도, 연애도 뒤로 하고 오직 안정된 직장을 잡는 것을 인생의 목표로 삼았다. 그러나 그녀의 할 일은 끝나지 않았다. 남동생이 재수, 삼수를 하는 동안 학원비는 언제나 그녀의 몫이었다. 대학에 합격하자 남동생은 그녀가 평생 엄두도 내보지 못한 어학연수를 다녀오기 원했고, 그다음은 사업을 하기 원했다. 그리고 그 사업비용은 어머니의 대출로 이루어졌고, 어머니의 대출금은 당연하게도 그녀가 갚아나갔다.

동생의 결혼을 몇 개월 앞둔 어느 날이었다. 자신의 결혼에 대해서는 신경도 쓰지 않고 차일피일 미루거나 자신이 데려온 남자는 전부 마음에 안 든다고 반대하곤 했던 어머니가 동생의 결혼은 너무나 흔쾌히 허락하고, 그것을 넘어 뭔가 들뜬 듯이 보이는 게 그녀의 마음을 불편하게 했지만, 그때만 해도 그녀는 자신의 이 감정을 인식하지 못했다. 그러나 어머니의 다음 말은 그녀를 폭발하게 했다.

"너희 아버지가 남겨준 아파트 있지? 그거 네 동생 신혼집으로 주기로 했다. 그래도 명색이 남잔데 집 한 칸은 해줘야 사돈 보기에도 체면이 서지."

기가 막힌 그녀가 그러면 어머니는 어디로 이사하실 거냐고 묻자 그녀의 어머니는 너무도 당연한 듯이 말했다.

"나? 너희 집으로 가면 되지. 어차피 너 결혼 생각도 없어보이니까. 이제 같이 나이 먹어가는 모녀간끼리 친구처럼 즐겁게 한번 살아보자."

그녀도 이번만큼은 참을 수 없었다. 그러나 평생 자신의 모든 것을 가족들에게 나눠주던 그녀가 생애 처음으로 단 한 번 내본 반대 의견에 돌아온 것은 어머니의 순식간에 일그러진 얼굴과 폭언, 그리고 자신의 모든 기회와 돈을 빨대 꽂듯이 빨아가 버린 동생의 적반하장이었다. '불효녀', '욕심 많은 년', '내가 널 어떻게 키웠는데', '누나 왜 그렇게 엄마 힘들게 해'와 같은 비난이었다. 그녀를 더 기가 질리게 했던 것은 그녀의 변화가 지금 그녀가 만나는 남자친구 때문이라며 따지러 간다고 하거나, 정신과 병원(그녀 어머니의 말) 다니더니 아주 못된 것만 배워왔다고 하는 등의 주변 인간관계까지 망칠 것 같은 어머니의 기세였다.

몇 개월이 지났다. 달라진 것은 없었다. 그녀의 아버지가 남겨준 아파트는 동생이 신혼집으로 쓰고 있고, 그녀의 어머니는 그녀의 집에 함께 살고 있다. 만나던 남자친구는 어머니의 반대로 헤어졌다. 그리고 그녀는 오늘도 자신의 것이 아닌 삶을 살고 있다. 그녀의 가족은 그녀에게 감사하는 마음도, 부채 의식도, 죄책감도 느끼지 않았다. 밖에서는 유능한 공무원이었던 그녀가 집에서는 어떠한 권리도, 자신의 행복을 추구할 자격도 없었다. 그녀가 아무리 자신의 정신에 관해 탐구하고, 남에게서 어떠한 위로를 듣는다고 해도 그녀가 그 환경하에 있는 한 불행은 절대 끝나지 않을 것이다.

우리는 모두 자신이 자유라는 것을 확신하며 살고 있지만, 사실 인간의 정신은 쉽게 환경에 압도당한다. 사회적 동물인 인간에게 있어서 환경은 인간과 인간과의 관계 그 자체이다. 절대 끝나지 않는 불행을 가진 많은 사람을 관찰해본 결과, 나는 한 가지 사실을 알 수 있었다. 그들의 주변에는 독성을 가진 관계가 있었다. 그 관계 안에서는 아무리 정신이 강한 인간이라 하더라도 무기력해지고, 행복을 추구하려는 본능을 잃고, 벗어날 생각도 하지 못한 채

주저앉아 고통에 신음하게 된다. 그리고 의외로 이러한 관계는 사기꾼이나, 강도 등의 범죄 성향을 지닌 낯선 사람들이 아니라 생활을 같이하는 친밀한 관계, 즉 가족, 연인, 친구, 직장 동료들에 의해 일어난다.

주변에 그러한 관계가 존재하는 것만으로 인간은 자신의 마음과 욕구를 제대로 볼 수 없게 되고, 고통에서 벗어나는 것을 포기하게 되며 모든 희망과 활력을 타인의 저급한 욕심과 일시적인 결핍의 해소에 소모당해 버린다. 이러한 관계는 마치 독극물이나 세균처럼 인간의 정신을 파괴하는 독과도 같은 역할을 한다. 나는 이렇게 한 인간의 정신에 독성을 퍼뜨리는 관계를 '독성관계(Toxic relationships)'라고 부르기로 했다.

독성관계는 다른 정상적인 관계 사이에 자신을 숨긴다. 독성관계를 주도하는 이들은 정상적인 관계에서도 사람들은 어느 정도 갈등하고, 상처받는다는 것을 핑계로 이 비정상적인 관계를 정상적이라고 주장한다. 사랑을 가장한 가혹한 폭력과 갈취, 공동체 의식으로 포장된 광적인 비난과 모욕을 보통의 관계에서 종종 일어나는 갈등으로 축소해버리고, 오히려 이것에 희생당하고 반발하는 이들을 문제가 있는 사람으로 몰아간다. 그러나 독성관계에서 일어나는 일들은 다른 정상적인 관계 사이에서 일어나는 일들과 근본적으로 다르다. 다른 평범한 부모·자식 간의 관계, 형제간의 관계, 선배와 후배 사이의 관계와는 전혀 다른 양상의 관계인 것이다.

 사람들은 자신이 평균보다 행복하다고 믿으며, 가까운 사람으로부터 사랑받고, 인정받고 싶어 한다. 자신의 희생이나 사랑이 결코 보답받지 못하리라는 것을 깨닫는 것은 마음 아프고 힘든 일일 것이다. 그러나 당신의 마음은 독성을 가진 인간들에 의해 너무도 쉽게 이용당하고 배신당한다. 당신은 이내 자신을 무가치한 사람으로 여기게 될 것이고 인생에서 아무런 희망도 남아 있지 않다고 생각하게 될 것이다.

 벗어나야만 하는 관계가 있다. 그들에 대한 애정을 잃지 않고 지금의 고통과 부당함을 참고 견디다 보면 언젠가는 그들이 숨겨왔던 마음속 깊은 사랑을 꺼내 그동안 당신이 겪었던 슬픔을 보상해주고 삶의 보람을 되찾아 주는, 당신이 속으로 내심 기대해왔던 마법 같은 일은 절대 일어나지 않을 것이다. 당신에게 사랑을 품고 있는 사람은 지금 당신에게 사랑을 표현할 것이다. 지금 당신을 착취하고 불행하게 만드는 사람이 앞으로 당신을 사랑하는 일은 결코 없을 것이다.

 만일 그 관계가 독성관계라는 확신이 든다면,
 당신은 벗어나야만 한다.

1장 존재를 무너뜨리는 독성관계

독성관계의 주도자, 협력자, 희생자

어느 날, 독성관계가 시작되었다

환자 K가 정신과 의사인 나를 찾아왔다

진료실로 방문한 남자 환자 K는 30대 중반의 치과의사였다. 마른 몸매에 단정하게 차려입은 세미 정장이 말끔해 보이는 인상이었다. 그러나 한편으로 그는 극도로 예민해 보였고 기력이 없었다. 탁해져 버린 안경알 너머 보이는 그의 눈동자는 안경알만큼이나 흐려져 있었다. 빈말이라도 그는 호감 가는 인상이라고는 말할 수 없었다.

K는 성실했고, 꼼꼼한 성격이었다. 자신이 일하는 병원에서 문

제를 일으킨 적도 없었다. 그런데도 그의 평은 대체로 좋지 않았다. 비록 다정하고 사교적인 성격은 아니었지만, 그렇다고 그가 주변 사람이나 환자들에게 함부로 굴었던 것도 아니었다. 대체로 그는 예의가 발랐다. 아무리 자기 자신보다 나이가 어린 사람들이라도 존칭을 쓰곤 했다. 문제는 회식 때 일어났다. 같이 일하던 젊은 치위생사 한 명이 그의 옷차림에 대해 농담을 하자 그는 갑자기 일어나 소리를 질렀다.

"네가 뭔데 나한테 지적질이야? 네가 그렇게 잘났어? 네가 평소 때 나 무시하는 거 다 알거든?"

그 자리에 있었던 모든 사람이 얼어붙어 버렸음은 말할 것도 없었다. 그의 능력이나 사회적 지위가 무시당할 위치에 있지도 않거니와 그 직원이 던진 말도 주변 사람이 보기에는 그다지 문제 될 정도가 아니었고 오히려 친밀함의 표현처럼 들릴 정도였기 때문이다. 그러나 한 번 타오른 K의 분노는 꺼질 줄 몰랐고 끝내 젊은 직원은 눈물을 흘리며 뛰쳐나갔다. 그리고 갑작스럽게 파장을 맞이한 술자리를 뒤로하고 도망치듯이 집으로 돌아온 K는 그날 자신의 욕실에서 샤워기 호스로 자신의 목을 졸랐다. 그의 아내가 눈치를 채고 말리지 않았다면 매우 끔찍한 일이 일어날 뻔했다.

사실 K가 이렇게 다른 사람의 말에 발작적인 분노를 일으킨 것은 처음이 아니었다. 그는 매우 소심한 사람처럼 보이다가도 사소한 말 한마디에 불같이 화를 냈다. 그러나 대개 주변 사람들은 K가 왜 화를 내는지 알지 못했다. 그저 그를 멀리하기 시작했다. K도 그것에 대해 굳이 설명하려 하지 않았다. 그러나 문제는 화를 낸 다음 K의 심리상태였다. K는 그런 날 밤에는 매우 비참하고 수치스러운 기분에 시달렸다. 그는 자신이 화를 낸 것을 무척 후회했지만, 그 말을 들었을 당시에는 분명히 자신이 모욕당하고 무시당한다고 생각했다.

나는 그에게 물었다.

"그러니까 당신이 왜 그런 상황에서 모욕감을 느끼고 화를 내는지 스스로도 이해가 가지 않는 거로군요?"

그러자 그가 대답했다.

"아니요. 선생님. 저는 제가 왜 화를 내는지, 그리고 이 분노와 모욕감이 어디에서 왔는지 알고 있어요. 바로 저와 제 아버지의 관계 때문이죠. 그런데도 저는 변하지 못하고 있어요. 제가 알고 싶은 것은 이 고통스러운 관계를 끝낼 수 있는 방법이에요."

K는 의외로 자신의 문제에 대해서 잘 알고 있었다. 자신의 행동이 자신의 사회적 입장을 어떻게 악화시켰는지, 자신이 다른 사람을 대함에 있어서 왜 그토록 쉽게 모욕감을 느끼는지, 그리고 이

러한 문제가 자신의 인생을 어떻게 망치고 있는지 정신건강의학과 의사도 놀랄 만큼 논리정연하게 설명할 수 있었다. 그리고 자신의 문제에 대한 그의 훌륭한 통찰은 그가 자신의 문제를 벗어나기 위해 부단히도 노력하고 성찰했음을 알 수 있게 했다. 그런데도 그는 여전히 고통에 시달리고 있었다. 그가 자신의 문제를 얼마나 깊게 숙고하던, 얼마나 자신을 용서하려고 노력하든 간에 그를 고통받게 만드는 아버지와의 관계는 변하지 않았고, 심지어 이 문제는 지금까지도 계속되고 있었다. 나는 K가 자신을 평생 괴롭혀오던 독성관계에 여전히 묶여 고통받고 있음을 깨달았다.

어느 날, K는 영문도 모르는 채 독성관계의 희생자가 되었다

K와 아버지의 독성관계가 시작된 것은 그가 고등학교 3년간의 기숙사 생활을 벗어나 대학교에 입학했을 때로 거슬러 올라간다. K는 부모 모두가 사업을 하는 집안에서 태어나 비교적 평범한 십대 시절을 보냈다. K는 고등학교 때 우수한 학생이었지만 주변으로부터 융통성이 부족하다는 평가를 자주 들었다. 그는 고지식하게 학교의 규칙을 지키곤 했고 그것 때문에 종종 친구들의 빈축을 사기도 했다. 하지만 대체로 그는 집안의 자랑이었으며 남들도, 그 자신조차도 촉망받는 장래가 있을 것이라 믿어 의심치 않았다. 수능을 치고 우수한 성적으로 치과대학에 들어간 이후 그는 많은 대

학생이 그렇듯이 학교 근처에서 자취를 시작했다.

K가 답답한 기숙사에서 벗어나 대학생으로서의 자유에 취해 있던 스무 살의 3월이었다. 그는 한 달 만에 그의 부모님이 살고 계시는 본가에 갔다. 그의 부모는 교외에서 사업을 하고 있었고, 그 근처의 아파트에서 살고 있었다. 그가 자취를 시작한 지 한 달 만이었다. 식탁에 앉아 K는 신이 나서 성인으로서의 그리고 남자로서의 대학 데뷔를 무용담처럼 늘어놓았다. K가 이상함을 느낀 것은 잠시 후였다. 그의 부모 그 누구도 그와 눈을 맞추지도, 그의 말에 대꾸도 하지 않았다. 갑자기 K의 아버지는 내뱉듯이 말한다.

"너 미쳤냐?"

K는 어안이 벙벙했다. 갑자기 치고 들어오듯이 날아온 욕설은 가슴에 꽂히는 비수 같았지만 아픔을 느낄 새도 없이 그의 얼굴은 빨개졌다. 아픈 것보다는 무안한 것이 더 심했다. 욕설의 이유를 알 수 없었기에 K는 본능적으로 자신의 행동에 문제점은 없었는지 돌아보았다. 아무래도 자신이 모르는 이유가 있는데 알아차리지 못한듯했다. 어리석은 행동을 하다가 그 행동 때문에 혼자 곤경에 빠진 철없는 아이가 된 것 같았다. 침묵을 지키던 K의 아버지는 수저를 던지고 들어가 버렸다. 밥맛이 떨어졌다는 이유였다. K는 어안이 벙벙했지만 씹고 있던 입안의 밥알을 삼켰다. 이때의 수치심은 그를 평생 괴롭히기 시작한다.

그가 자신의 방 안에서 쉬고 있을 때, K의 어머니는 K를 안방으로 불렀다. 아버지가 화나셨으니 아버지 기분을 풀어드려야 한다는 것이 그 이유였다. 그가 안방에 들어가도 그의 아버지는 그를 쳐다보지도 않았다. 그리고 한 30분이 지났다. 그는 불편함과 불안함에 질식할 것 같았다(훗날 K는 고질적인 공황장애에 시달리게 된다). 식사 때와 마찬가지로 K의 아버지는 내뱉듯이 이야기했다.

"왜 왔냐?"

밑도 끝도 없는 질문이었지만 부모를 보러 왔다고 대답한다. 그리고 기분이 좋지 않으시냐고 여쭈었다. 어쨌든 아버지 기분을 풀어드려야 했다. 아버지의 눈이 그를 쏘아보기 시작한다.

"짝!"

일순간 눈앞이 하얗게 변했다. 정신을 차려보니 데인 것 같은 통증이 얼굴을 지배한다. 뺨을 맞은 것이었다. K의 아버지는 일전에도 종종 그를 때리곤 했다. 하지만 그것은 K가 거짓말을 하는 등의 명백한 잘못이 있을 때였다. 명백한 형식이 있었고, 이유가 있었고 그렇기에 끝나는 어떤 절차 같은 게 있었다. 그러나 조금 전의 통증은 무언가 개인적인 느낌이 들었다. 어떤 절차 같은 것이 아니라 개인적인 복수나 폭행, 중학생 때 밤길에 마주쳐 돈을 빼앗아간 고등학생 형들의 폭력과 같은 냄새가 났다. 어떤 식으로 진행

될지 알 수도 없고, 언제 끝날지 알 수도 없는, K는 그때도 그랬듯이 아무 말도 할 수 없었다. 아버지에게 저항한다는 것은 단 한 번도 생각해 본 적이 없었다. 예상치 못한 상황에 K의 사고는 정지한다. 그동안 K의 아버지는 맥주를 마시며 TV에서 나오는 골프 경기를 응시하고 있었다. 그러다가 난데없이 K에게 묻는다.

"네가 뭘 잘못한 건지 모르겠냐?"

K는 그때 뭐라고 대답했는지 기억이 나지 않는다. 다만 아버지의 발길질에 무방비하게 가슴을 얻어맞고 바닥을 뒹굴었던 것만 기억이 난다고 했다. 지난 십여 년 동안 이날을 생각하지 않은 날이 단 하루도 없을 만큼 그날은 충격적이었다. 그러나 그때 당시의 K는 상상도 하지 못했다. 이런 식의 관계가 십 년이 넘게 매주 반복될 것이라고는. 그날은 K의 영혼을 완전히 망가뜨릴 독성관계가 시작되는 날이었다.

엘리트였지만 그는 독성관계의 완전한 희생자가 되었다

독성관계는 그의 일상이 되어 갔다. 처음에 K는 주말 간의 그 일이 일시적인 해프닝이라고 생각했다. 기본적으로 그는 긍정적인 성격이었다. 그래서 그 일을 아버지의 기분이 좋지 않았기에 생긴 단순한 화풀이로 생각했다. 사실 그의 집에서 폭력이 드문 일은 아니었다. 그의 아버지는 K의 형이 공부를 잘하지 못한다는 이유로 K가 보는 앞에서 때리기도 했고, K의 형도 별 이유 없이 K를 자주 폭행했다. 하지만 이제까지 그것은 K에게 그렇게 큰 상처가 되지는 않았었다. 왜냐면 당시의 대한민국에서는 학교든 집에서든 이유야 각자 달랐지만 남자라면 아버지나 형의 폭행을 견디며 자라는 집이 많았고, 그것이 '사랑의 매' 또는 '훈육'이라고 미화되는 풍조가 있었기 때문이다. 이것은 K가 자라면서 익힌 일종의 세상의 법칙이었기 때문에 K는 자신의 집안이 다른 집보다 특별히 문제가 있다고 생각하지는 못했다고 한다. 그러나 예상과 달리 아버지의 이상행동은 지속되어 일종의 패턴화가 되어버렸다. 타이트한 공부 스케줄에 지쳐있던 K에게, 1주일에 한 번 찾아오는 휴식 시간인 주말은 점차 지옥이 되어갔다. 주말에는 항상 집에 가야 했지만, 막상 집에 들어가면 아버지와 어머니 모두 그에게 어떠한 말도 걸지 않았다. 식사 시간에 아버지와 어머니는 많은 대화를 했지만, K에게는 단 한마디의 말도 걸지 않았다. 침묵에 견디지 못한 K가 말을 하면 K의 아버지는 무안을 주었다.

"넌 분위기를 못 읽는 거냐?"

K의 아버지는 K의 말이 상황에 맞지 않고 부적절했다고 믿었던 듯했다. 불편한 침묵. K는 두들겨 맞고도 살기 위해 머리를 조아리고 밥을 먹어야 하는 조선 시대의 머슴처럼 밥을 씹어 목구멍으로 겨우 넘겼다. 그의 집안 분위기에서 아버지보다 먼저 상에서 일어나는 것은 상상도 할 수 없었기 때문에 그는 그 시간을 견뎌야 했다. 다른 가족들과 한 테이블에서 밥을 먹었을 뿐 실제로는 인간적인 대접을 거의 받지 못했다. 매주 경험하는 이 비인간적이고 굴욕적인 식사 시간은 K의 자존감을 오랜 시간에 걸쳐 산산조각 냈다. K는 주말에 집에 있는 동안 잠자는 시간을 제외하고 자신의 방

에 들어가 있지 못했다. 그렇다고 해서 K의 아버지가 K에게 대화를 시도하는 것도 아니었다. 그의 아버지가 맥주를 마시거나 어머니와 경영에 관해 이야기하는 동안 아버지와 어머니 그 누구도 K에게 말을 걸지 않았다. 그러다가 어쩌다 K와 눈을 마주친 순간 K의 아버지는 내뱉듯이 이야기한다.

"넌 왜 여기 있냐?"

K는 뭐라고 대답할 말이 없었다. 자신도 이곳에 있기를 원하지 않았다. 강제로 아버지의 방에 끌려온 그는 '왜 왔냐'라는 아버지의 말을 들을 뿐 아버지가 그에게 대체 무엇을 원하는지 알 수 없었다. 그러나 K는 아버지와 최대한 관계개선을 하기 위해 아무 말이나 했다. 그러자 K의 아버지는 K의 말에 진심이 담겨있지 않고 교과서를 읽는 것 같다고 무안을 줬다. 그리고 1시간 정도 지난 후에 정말 아무 이유 없이 K를 폭행하기 시작했다. K의 아버지는 시간을 들여 천천히 K를 폭행하면서 끔찍한 고통을 주었다. 그것은 폭행이라기보다는 고문에 가까웠다. 하지만 폭력보다도 두려운 것은 따로 있었다.

"나는 네가 무슨 생각을 하는지 모르겠어. 집에서 너무 오래 떨어뜨려 길러놔서 그래. 내 아들인데도 이렇게 미운데 남들은 오죽할까? 이건 모자란 너를 교육하는 거다."

이 순간, K는 자신을 낳은 아버지, 자신과 가장 닮은 존재이자 자신의 근원과도 같은 사람에게 그 존재를 부정당한다. K의 내부에서 무언가 부서지는 소리가 난다. K가 가장 힘들 때, 스스로를 긍정할 어떠한 근거가 없이도 자신을 믿게 해주는 단 하나의 것. 근거 없는 스스로와 미래에 대한 믿음. 즉 자존감이라고 부를 수 있는 것이 부서져 버린 것이다. 이전에 K는 이유 없이 사람을 믿을 수 있었다. 처음 보는 사람이라 하더라도 기본적으로는 자신을 호의를 가지고 봐줄 것이라고 믿었다. 그렇기에 그도 다른 사람들을 호의의 시선으로 바라볼 수 있었고, 처음 보는 사람이라도 친근감을 가지고 대할 수 있었다. 그 자신이 스스로를 사랑받아 마땅한 존재라 믿었기 때문이다. 그러나 이날 이후 K는 그것을 상실한다. 자신에 대한 막연한 믿음을 상실한 그는 더 이상 사람을 믿지 못하게 된다.

K는 점차 주말마다 무기력해짐을 느꼈다. 주중의 학과 스케줄 또한 쉬운 것이 아니었고, 학년이 올라갈수록 그는 눈코 뜰 새 없이 바빠졌다. 그러나 주말마다 보는 아버지의 이상행동은 단 한 주도 쉬지 않았다. 어쩌다 그가 한 번이라도 주말에 아버지를 보러 가지 않으면 그의 아버지는 여지없이 전화를 걸었다. 그리고 말했다.

"제정신이냐? 너 어디야. 이 새끼야."

그것은 그가 힘든 시험 기간이 끝난 후 동기들과 술 한 잔을 나누던, 동아리 활동을 하던, 처음 사귄 여자친구와 청춘의 가장 아름다운 시간을 보내던, 가리지 않았다. 핸드폰이 울려 아버지로부터 온 전화를 확인한 순간 그는 평정심을 잃기 시작했다. 전화가 오자마자 K는 아버지의 분노를 피하려고 사력을 다해 부모님의 집으로 향할 수밖에 없었다. 그에게 끔찍한 일이 행해질 그곳으로 말이다. 부모님이 사는 마을 어귀에 들어선 순간 K는 구토를 시작한다. 그러나 공포와 굴욕감에 굴복해버린 그의 발걸음은 멈추지 않는다. 그는 자신이 학대를 당하고 있는지도 몰랐다. 두 번의 인생을 살 수 없기에 그는 그렇게 살아가는 것 외에 사는 방법을 알지 못했다. 그리고 독성관계는 그렇게 그를 침식하여 그의 내적 세계를 독성관계의 희생자 그 자체로 만들었다.

독성관계는 희생자의 정신을 파괴한다
무기력, 분노, 의심, 수치심, 불안

그렇게 수년이 흐르고, 독성관계는 K의 머리부터 발끝까지 침식했다. 그는 무기력해졌다. 아침에 일어나는 것이 죽는 것보다 힘들었다. 분명히 그의 팔은 움직이고 있고, 스스로 힘을 주어 일어나면 일어날 수 있음을 알고 있었다. 그렇지만 왜인지 그럴 수가 없었다. 정신적으로 마비가 된 것 마냥 꼼짝할 수 없었고, 일어나기 위해 몸을 일으키려면 엄청난 노력이 필요했다. 훗날 그는 정신건강의학과 의사로부터 그 증상이 연마비(leaden paralysis)이며 우울증에서 나타나는 흔한 신체 증상이라는 것을 알게 되었다. 그의 증상에 대해 어떤 이름을 붙이든 간에 그는 대학을 다니는 동안 매 수업 시간 지각하는 학생으로 유명했다.

그는 분노에 찬 사람이 되었다. 사람들이 자신을 미워하고 무시한다고 생각했다. 따라서 그는 쉬지 않고 누군가를 미워하기 시작했다. 후배가 인사를 하지 않거나 사소한 실수로 동료들이 웃는 것이 보통 사람들에게는 일상의 수많은 일 중 하나였겠지만 그에게 그것은 아버지로부터 받았던 학대의 말을 실현하는 근거가 되었다. 그의 아버지 말에 따르면 그는 사랑받을 가치가 없기 때문이었다.

K는 사람을 의심하는 버릇이 생겼다. 누군가 그에게 호의를 보이면 그것은 자신이 성공해서 벌 돈과 쌓게 될 사회적 지위를 노리는 것으로 생각했다. 누군가 자기 뜻에 조금만 어긋나는 행동을 하면 그는 자신이 무시당했다고 생각했다. 그렇게 쌓여온 분노는 종종 엉뚱한 시기에 폭발했다. 술자리에서 술에 취하면 K가 사소한 농담을 비난으로 듣고서 발작적으로 화를 내는 경우가 점점 늘어났기 때문에 사람들은 그에게 등을 돌렸고, K는 친구가 될 가능성이 있었던 수많은 사람을 적으로 돌렸다. 그렇게 그는 세상으로부터 고립되었다. 어떻게 보면 K는 정말 사랑받을 가치가 없는 사람이 된 것이다.

수치심은 분노와 함께 K를 사로잡은 또 다른 감정이었다. 자신감 넘치고 활발했던 K는 어느샌가 자신의 모든 것을 부끄러워하는 자신감 없는 사람이 되어 있었다. K는 강박적으로 그날 있었던 주변 사건들과 그날 자신이 남들에게 말했던 내용을 검열했고, 그 자리에서 적절하게 이야기했는지를 끊임없이 확인했다. 언제나 예의 바르고 모두에게 적절한 말만을 하는 사람은 존재하지 않는다. 누구나 크든 작든 어느 정도 실수를 하게 된다. 그것은 조그마한 말실수일 수도 있고, 나보다 더 뛰어난 사람을 몰라보고 그 앞에서 잘난 척한 부끄러운 경험일 수도 있다. 정말 누구나 하는 일이었고, 누구에게나 일어날 수 있는 일이었다. 그러나 그러한 인간적인 실수에도 K는 수치심을 느꼈다. 침대에 누워 잠이 들기 전에도, 아침에 샤워할 때도 자신이 한 실수를 떠올리고 부끄러움을 느꼈다. 그는 그때마다 자신도 모르게 욕설을 했다. 순간순간 차오르던 수치심을 스스로 조절하지 못하고 터져 나오는 '씨발'이라는 짧은 욕설은 어떻게 보면 그를 투레트장애 환자처럼 보이게도 했다. 그리고 여전히 그는 자신의 핸드폰이 울리는 것을 두려워했다. 핸드폰의 발신자에 '아버지'라는 문자가 뜨자마자 그의 가슴은 미친 듯이 뛰기 시작하고 아무 생각도 나지 않았다. K의 아버지는 K에게 전화를 걸어놓고 그 자신은 아무 말도 하지 않는 버릇이 있었다. K를 압박하고 분위기를 제압하기 위해서였다. 전화가 울려서 받으면 수화기 너머에서는 아무런 말도 들리지 않았다. 하지만 분명히 들리는 분노의 숨소리. 그 짧은 시간은 그에게 공포였다. 압박감에 못 이긴 K는 말한다.

"아버지 전화하셨어요?"

그러자 그의 아버지는 특유의 내뱉는듯한 말로 대답한다.

"그래 했다."

그리고 나서 K는 아무런 말도 할 수 없었다. 무슨 일로 전화를 하셨냐고 물어봤자 어차피 욕을 들을 것이기 때문이었다. K의 이마에 식은땀이 흐른다. 오늘은 또 무엇으로 트집을 잡을지, 지금 당장 차를 몰고 집으로 가서 아버지 기분을 풀어드려야 하는지. 지금 상황에서 할 수 있는 것은 아무것도 없다는 무력감이 그를 지배했다. 그는 독성관계의 완전한 희생자가 되었다.

한번 생긴 독성관계는
점점 파괴적이고 강해진다

K와 아버지의 관계는 독성관계의 전형적인 모습을 보여준다. 가정에서 일어나든 회사에서 일어나든 간에 모든 독성관계에는 몇 가지 공통적인 특징이 있다. 읽는 이의 이해를 돕기 위해 독성관계를 주도하며 상대방에게 독성 영향을 주고, 조종하려는 개인을 '주도자', 독성관계에 종속되며 이 관계에 의해 조종당하고 피해를 보는 측을 '희생자'라고 명명하겠다.

주도자와 희생자는 압도적인 힘의 차이를 보인다

　독성관계는 압도적인 힘의 차이가 있는 주도자와 희생자의 관계에서 일어난다. 부모와 자식, 스승과 제자, 선배와 후배, 상사와 부하 등이 그것이다. 그리고 독성관계가 지속될수록 주도자와 희생자 간의 힘의 격차는 점점 더 벌어지게 된다. 주의해야 할 것은 여기서 말하는 힘의 차이는 단지 물리적인 힘만을 의미하는 것이 아니라는 점이다. 주도자인 K의 아버지와 희생자인 K 사이에 독성관계가 형성되는 데 있어서 중요한 역할을 했던 힘의 차이는 물리적인 힘의 차이가 아니었다. 매질과 폭언, 인격적 모욕으로 점철된 독성관계가 지속되던 기간 동안 K는 중년을 넘어 노년기로 접어 들어가던 아버지에게 육체적으로 저항이 불가능할 정도는 결코 아니었다. 당시 K는 건장하다고 말할 수는 없을지 몰라도 대체로 건강했고 평균적인 체력을 가진 보통 청년이었다. 그러나 인간과 인간의 관계에서 경제적, 사회적 위치라는 것은 근력을 아득히 뛰어넘는 영향을 미친다. 대학생이던 시절 K는 시간이 날 때 과외 아르바이트를 하는 것 외에는 다른 수익이 없었다. 육체적으로는 성인이었지만 사회경제적 측면에서는 결코 자립이 가능한 독립된 성인이라 할 수 없었다. 반면에 관계의 주도자인 K의 아버지는 사회에서 존경받는 위치에 있는 사람이며 부자였다. 그리고 무엇보다 많은 경험으로 단련된 노련한 사회기술과 연륜, 여러 사람을 움직일 수 있을 만한 수완과 영향력이 있었다.

K가 아버지에게 힘으로 대항하려는 순간, K는 사회적으로는 부모에게 폭력을 행사한 희대의 패륜아가 되어 세간의 비난을 받게 되고, 경제적 지원마저 모조리 끊기게 된다. 나이가 젊고 힘이 조금 더 세다 한들 K가 아버지에게 대항해 이길 수 있는 확률은 단 1%도 되지 않았다. 두 사람은 본능적으로 둘 사이의 힘의 격차를 알고 있었다. 실제로 K가 아버지의 폭력으로부터 몸을 지키려고 주먹을 들었던 적이 있었다. 용기를 내어 올린 주먹은 '네가 감히 나에게 주먹을 쥐어?'라는 아버지의 호령 한마디에 힘없이 떨어져 버렸다. K와 K의 아버지 사이에서 일어났던 독성관계의 영향은 당사자인 K에게는 인생 전체가 파괴당할 만큼 끔찍한 일이었지만, 아이러니하게도 K가 살아가는 당시의 한국 사회에서는 범죄로 정의할 수도 없는 사소한 일이었다.

남편과 부인, 같은 반 친구, 형제간 등 명목상으로는 동등한 관계처럼 보인다고 하더라도 그 관계를 자세히 들여다보면 독성관계가 형성되기 이전부터 주도자는 희생자에 비해 압도적인 힘의 차이를 보이는 경우가 많았다. 가부장적인 문화가 전반적으로 깔려 있어 결혼생활이나 가정의 파탄이 무조건 여자의 책임으로 여겨지는 사회에서는 부부간의 독성관계가 발생하기 쉽다. 여기서 문화나 사회적 편견 등은 주도자와 희생자의 독성관계에 있어서 명확한 힘의 우열을 가르게 만드는 중요한 요소이다. 중학교나 고등학교의 반 친구들 등 얼핏 보면 동등한 사이에서 발생한 것처럼 보이는 독성관계도 잘 들여다보면 이들이 생활하고 있는 학급이라는 한정된 조직 내에서 주도자는 희생자에 비해 압도적인 영향력을 가지는 경우가 많았다. 이러한 힘의 우열은 너무나 공고해서 여간해서는 뒤집히지 않는다.

한번 생긴 독성관계는 점차 강화된다

독성관계는 강한 지속성을 보이고, 점차 심한 파괴성을 보이게 된다. 인간과 인간의 사이에 심리적 우열이 존재하고, 그 관계에 있어 학대, 폭언 등의 파괴적인 행동이 발생한 순간 그 인간과 인간의 사이에는 모종의 심리적 역동, 즉 흐름과 패턴이 발생하게 된다. 한 번 발생한 심리적 흐름은 고정되게 되고, 점차 어떠한 정해진 형태를 이루게 된다. 그리고 형태를 이룬 독성관계는 변화에 저항하며, 그 불균형적이고도 파괴적인 흐름을 지속해서 유지하게 된다.

처음 독성관계가 시작되던 때, 갓 스무 살이 된 K는 이 사실을 알지 못했다. 그래서 자신의 아버지가 자신에게 행한 갑작스러운 인격모독과 폭력을 아버지의 일시적인 변덕으로만 생각했다. 그러나 아버지의 이유 없는(그러나 K의 아버지 그 자신이 생각하기에는 충분한 이유가 있는) 폭력은 단지 그날 시작하였을 뿐이었다. 시간이 지나감에 따라 주먹에서 말로, 말에서 주먹으로, 때로는 인격적 모욕으로, 때로는 투명인간 취급하는 무시로 상황에 따라 그 형태를 바꾸었을 뿐 폭력은 지속되었다. 그리고 끔찍한 일은 그것이 점차 K의 아버지에게 심지어는 K 자신에게도 당연시되었다는 점이다.

K는 점차 주말이 다가오는 것이 끔찍하게 느껴지기 시작했다. 그리고 K가 집에 가면 아버지는 이유 여하를 막론하고 당연한 듯이 K에게 자신의 분노를 쏟아붓기 시작했다. 그 분노가 K에게서 비롯된 것이든 아니면 본인 자신이 받는 스트레스나 다른 이유에서 시작된 것이든 간에 상관없었다. K도 마찬가지였다. 처음에는 아버지가 왜 자신에게 화를 냈는지, 자신에게 왜 그런 끔찍한 일을 지속해서 저지르는지 이상함을 느끼고 그 이유를 찾아보려고 노력했다. 그러나 시일이 지나면서 이러한 독성관계는 K에게도 당연한 것이 되어버렸다. 바람이 왜 부는지 사과가 왜 위에서 아래로 떨어지는지 생각하는 사람은 그다지 많지 않다. K는 이 관계에 대해 고통스러워할지언정 의문을 제기하는 것을 포기하고 만다.

독성관계가 지속될수록 그 폭력의 정도는 심해지고, 방법은 다양해진다. 폭력이 오랜 시간 동안 이루어지고, 그것이 일상화되면 고문(tortue)의 형태를 취하게 된다. 인간이 타인에게 폭력을 행사할 때 폭력을 행사하는 당사자에게는 폭력이 일정 정도를 넘지 못하게 만드는 일종의 심리적 마지노선과 같은 방어벽이 존재한다. 이 방어벽은 나쁘고 파괴적인 행동을 벌인다는 죄책감과 상대방이 자신과 똑같은 인간이기에 당연히 상상되는 '만약 내가 저렇게 맞으면 나도 아프겠지?'라고 생각하는 공감과 동정이 복합되어 형성된다.

개미를 손가락으로 눌러 죽일 때 우리는 개미가 받게 될 온몸이 짜부라지고 자신의 생이 사라지는 그 느낌을 쉽게 상상하지 못한다. 그러나 사람의 손과 발이 잘리는 스플래터 무비의 장면을 볼 때는 그 대상이 나와 너무나 유사하기에 무언가 거부감을 느끼게 된다. 그러나 독성관계의 지속은 오랜 시간에 걸쳐 주도자 측의 심리적 마지노선을 희석시키고 없애버린다. 그 결과 폭력의 정도가 인간이 인간에게 가하는 것이라기에는 너무도 잔인한 형태로 강화되게 된다. 폭력의 물리적 정도만이 강화되는 것은 아니다. 폭력의 다양성 또한 강화된다. K에게 가해진 비물리적 폭력을 살펴보면, 가장 대표적으로 '무시'가 있다. 매 주말 이루어진 가족 간의 식사에서 K는 그 어떤 대화에도 끼지 못했다. K가 어떤 말을 해도 K의 아버지는 반응해주지 않았다. 저녁 식사 시간 동안 K의 아버지는 철저히 K를 없는 사람 취급을 했다. 그러면서도 K가 식사 시간에 아무 말도 하지 않는다며 타박했고, 이는 K에게 폭력을 행사하는 구실이 되었다. 이렇게 한 사람의 언어적인 메시지와 비언어적인 메시지가 일치하지 않는 상황을 심리학에서는 이중구속(double bind)이라고 한다. 결과적으로 K는 아버지의 말에 어떻게 반응해야 할지 모르는 상황이 되었고, 이러지도 못하고 저러지도 못하는 상황에서 빠져나오기 어려워진 K는 가족과의 식사 시간마다 심한 불안과 혼란을 경험했다.

폭력의 다양성은 K의 기본권에도 가해지는 형태로 확장되었다. 기본권이란 거주 이전의 자유, 표현의 자유, 사상의 자유 등 인간이 삶을 유지하기 위해 필수적이고 기본적인 자기 결정권을 의미한다. K의 아버지는 K가 살고 싶은 장소, K의 결혼생활, 미래 계획 등 한 인격체인 K가 결정하고 누려야 할 기본적인 삶의 권리를 언어적으로, 비언어적으로 침해하는 형태로 폭력을 행사하게 된다.

독성관계는 폐쇄적 상황에서 견고하게 자리 잡는다

독성관계는 그 관계에 있어서 심한 고립성을 보인다. 그리고 이 고립성은 희생자가 외부로부터의 도움을 받지 못하게 하며 이로 인해 심한 무력감을 느끼게 한다. 최근에는 많은 개선이 있었지만, 우리나라는 전통적으로 규칙의 일관적인 적용이 환영받지 못하는 분위기가 형성되어 있었다. 즉 사회에서, 가정에서, 군대에서, 남녀 간의 문제에서 적용되는 규칙들이 일관적이지 않다는 이야기이다. 사회에서 사람이 사람의 신체를 고의로 훼손하는 것은 징역에 이를 수도 있는 중죄이지만 가정에서는 훈육의 한 방식이 된다. 근로계약서에서는 퇴근 후의 삶에 대해서 회사가 관여할 수 없게 되어 있지만 많은 회사에서는 여전히 회식의 참여가 조직 내 협조성에 대한 중요한 척도가 되어 퇴근 이후의 삶까지도 상사의 영향을 받게 된다. 그리고 조직마다 다르게 적용되게 되는 이러한 규칙들은 때로는 인간의 기본적인 권리마저 침해하게 되며 폐쇄된 조직 내에 속한 당사자는 이에 저항할 수 없게 된다. 독성관계는 이러한 틈새에 존재한다.

수년 전 세간을 떠들썩하게 한 '제28보병사단 의무병 살인사건', 즉 '윤 일병 사건'은 군대에서 벌어진 독성관계의 끔찍한 결말이다. 윤 일병 사건은 독성관계의 주도자인 이 병장을 포함한 선임병 4명이 희생자인 윤 일병과 냉동식품을 함께 먹던 중 윤 일병을 집단으로 구타하여 사망에 이르게 한 사건이다. 주도자인 이들은 윤 일병이 정신을 잃고 쓰러진 이후에도 폭행을 멈추지 않는 잔인함을 보였다. 사건에 대한 심도 있는 조사 결과, 이 병장을 비롯한 이들은 4개월에 걸쳐 희생자인 윤 일병에게 물리적, 언어적 폭력을 행사한 것으로 밝혀졌다.

중요한 것은 이 사건의 환경적인 요소이다. 사회적으로는 결코 상상도 할 수 없는 폭력이 고립된 환경이 성립된 것만으로 길고도 잔인하게 이루어졌다.

기본적으로 폐쇄된 환경이었기에 일어난 독성관계이지만 독성관계의 주도자들이 관계의 폐쇄성을 유지하기 위해 벌인 행동들도 주목할 만하다. 가해자들은 윤 일병의 폭행 사실이 외부로 노출되는 것을 최대한 막기 위해 윤 일병의 근무를 바꾸고, 가족 면회를 막기까지 했다. 만일 이들이 자신들의 가혹행위가 정당하다고 믿었다면, 관계의 고립성을 유지하려는 이러한 시도들은 없었을 것이다. 그러나 이들은 알고 있었다. 자신들의 행동이 전쟁 중의 포로에게도 쉽게 행해지지 않는 끔찍한 행위였다는 것을 말이다. 그런데도 고립성이 유지되자 이들은 자신들의 행위를 멈추지 않았다. 전형적인 독성관계의 특성이다.

정리하자면 1) 힘의 우열이나 사회적, 심리적 서열이 명확한 관계의 주도자와 희생자 사이에서 2) 다른 통상적인 관계에서는 용납될 수 없는 고립되고 폭력적인 관계가 발생하며 3) 그 폭력의 강도가 갈수록 심해지고, 다양해지는 상황을 우리는 '독성관계'라고 부른다. 그러나 위의 세 가지 특징들은 독성관계를 이루고 있는 외부적인 특성일 뿐이다. 어떠한 병적인 관계가 형성되고 그것이 지속되는 데에는 두 사람 간의 내밀한 심리적인 교류가 있을 것이다. 다음 장에서는 독성관계가 이루어지는 주도자와 희생자 두 사람 간에 일어나는 심리적인 특징을 살펴볼 것이다.

외부로만 향하는 주도자의 정신
내부로만 향하는 희생자의 정신

우리의 정신은 언제나 내부와 외부, 양쪽을 바라보고 있다. 우리가 아무도 없는 컴컴한 골목길에서 강도와 맞닥뜨렸다고 생각해 보자. 정신의 한쪽 면은 우리가 무기를 들고 강도에 맞서 싸워 자신의 몸을 지키도록 한다. 이것은 정신이 '외부'로 작용하는 방식이다. 특정 행동을 통해 외부 현실을 자신의 의도대로 변화시키려고 시도한다. 반대로, 정신은 우리가 자신이 왜 강도를 만났는지를 반성하고 다시는 이 골목길로 다니지 않겠다고 다짐하게 할 수 있다. 정신은 자신의 행동을 돌아보고 수정함으로써 위기를 극복하고자 한다. 이것이 정신이 '내부'로 작용하는 방식이다.

두 가지 방향 모두 생존을 위한 정신의 중요한 작용이다. 당연히 모든 위협에 대해 전적으로 외부상황만을 바꾸려고 하거나 반대로 내부의 변화만을 통해서 극복하려고 하는 사람은 없다. 그러나 외부지향성과 내부지향성 중 특정 경향이 우세한 사람은 있을 것이다. 외부와 내부 중 어느 방향으로의 활동이 우세한가는 인간이 자신의 뇌로 처리할 수 있는 가장 애매하고도 복잡한 종류의 위협, 즉 인간과 인간 사이의 복잡한 관계에 직면했을 때 특히 두드러진다.

주도자의 정신은 바깥쪽만을 향한다

독성관계를 주도하는 사람의 정신세계에서는 외부를 향한 활동이 두드러진다. 관계에 있어서 자신의 내면에 대한 성찰이 적고 상대방을 변화시키려는 시도는 크다. 이러한 사람들이 사용하는 대표적인 방어기제가 있다. 투사, 부정, 합리화가 그것이다. 각각의 방어기제를 살펴보면 다음과 같다.

① **투사**

투사란 바람직하지 못하고 용납될 수 없는 자기 생각과 충동을 남의 탓으로 돌리는 방어기제를 의미한다. 그리고 독성관계는 투사로부터 시작되는 경우가 많다. K와 아버지 간의 독성관계가 처음 성립된 날로 돌아가 보면, K의 아버지는 아마도 그 당시에 자신이 받아들이기 버거운 심리적 상태에 있었던 것이 분명하다. 당시 K의 아버지가 운영하던 회사는 확장한 지 얼마 되지 않아 여러 가지 도전에 직면해 있었다. 자금은 넉넉하지 않았고, 직원들의 통솔도 제대로 되지 않았다. K의 아버지는 약해져 있었고 자기 뜻대로 되지 않는 주변 상황에 대해 공격적인 감정을 품었다. 그러나 아들인 K는 자신과 달리 희망에 차 있었으며, 처음 만끽하는 자유를 마음껏 누리고 있었다. 자신의 답답한 현실은 아랑곳하지 않고 무용담을 자랑스레 늘어놓는 아들에게 K의 아버지는 분노와 거부감을 느낀다. K의 아버지는 강렬한 분노와 충동에 사로잡혀 K에게 무안을 준 후 결국 그를 폭행하고 만다. 그리고 이렇게 말한다.

"네가 뭘 잘못한 건지 모르겠냐?"

K의 아버지 자신도 왜 화가 났는지 몰랐을 것이다. 이 심리를 풀어서 해석하면 다음과 같다.

'내가 이렇게 힘들고 위기에 처해있는데도 나를 무시하듯 저놈은 즐겁게 웃고 있군. 어쩌면 일부러 나 보라고 저러는 것 같은 느낌도 들어. 그러니 저 녀석이 나를 더 이상 무시하지 않도록 본때를 보여줘야겠군.'

K 아버지의 내면세계에서는 웃으면서 이야기하는 K의 모습이 자신을 공격하거나 자신의 자존감을 침해하는 것으로 인식된다.

그리고 K의 아버지는 자신이 아들에게로 투사한 바로 그 감정에서 벗어나기 위해 K를 공격한다.

② 부정

부정은 개인이 받아들이기에 버거운 외적 현실, 견딜 수 없는 생각과 충동 등을 마치 없는 것처럼 여기는 방어기제이다. K를 폭행하고 나서도 여전히 K 아버지의 마음은 진정되지 않는다. 왜냐하면, 그 자신이 화가 난 이유는 다른 데에 있었기 때문이다. 그러나 자신의 내부로 향하는 힘이 부족한 독성관계의 주도자는 이것을 알아채지 못한다.

그가 인식한 분노의 인과관계가 현실과는 너무나 달랐기 때문에 K의 아버지가 아무리 K에게 감정을 발산한다 한들 그 감정은 본질적으로 전혀 사그라지지 않는다. 그래서 K의 아버지가 K를 폭행하고 나서 느끼게 되는 것은 잘못된 방향으로 표출된 감정의 불완전 연소와 묘한 후회뿐이다. 설령 은연중에 K를 폭행한 이유가 최근 자신이 무언가로 인해 약해져 있기 때문이라는 생각이 잠깐 든다고 하더라도, 그것을 인정할 수 있을 정도로 K의 아버지는 정신적으로 성숙하지 못했다. 이에 K의 아버지는 내면의 소리를 부정해 버린다. 그리고 '투사'로부터 시작된 독성관계는 '부정'에 의해서 유지된 후 다음 단계로 향한다.

③ 합리화

K의 아버지는 자신이 '투사'라는 미성숙한 방어기제를 썼다는 것을 인정할 수 없다. 자신의 약함과 실수를 인정하고 싶지 않고, 자신을 여전히 인격적으로 성숙하고 관대한 사람으로 여기고 싶어 한다. 그렇기에 스스로 해결해야 하는 문제 때문에 사랑해야 할 가족을 공격했다는 사실을 견딜 수 없다. 그는 이번에는 그가 속한 사회의 통념과 문화를 통해 자신을 방어한다.

'그래. 때리는 건 잘못된 일이긴 하지만 자식이 아버지를 무시하는 것은 더 잘못된 일이야. 만일 내 자식이 지금 나에게 하는 것처럼 다른 사람에게 함부로 대한다면 내 아들의 미래가 어떻게 되겠어? 그러니 내가 K에게 하는 것은 교육이야. 아버지가 자식을 교육하는 것은 당연한 일이야. 결과적으로는 저 녀석을 위한 일이지.'

K의 아버지는 이렇게 자신의 미성숙한 행동을 교육과 자식의 미래를 위한 것으로 포장해 버린다. 즉 합리화하는 것이다. K의 아버지는 자신의 행동에 대해 이렇게 선언한다.

"이것은 모자란 너를 교육하는 것이다."

아무 이유 없이 상대방을 폭행하고 나서 이를 훈육이라 선언하는 것이 상대방을 위함은 아닐 것이다. 이것은 직면하기 힘든 자신의 현실을 외면함으로써 얻어지는 일시적인 정신의 안정을 위해 상대방의 정신을 나락으로 떨어뜨리는 전적으로 자신만을 위한 행위이다. 이렇게 K의 아버지는 내적인 성찰 없이도 본인의 정신적 문제를 방어하는 데에 성공한다. 다만 그의 정신세계에서 아들인 K는 자신과 동등한 인격체가 아니라 자신의 내적 평형을 유지하기 위한 도구로 이용된다. 그리고 위와 같은 과정을 통하여 뒤틀린 의존관계가 완성된다. K의 아버지는 K에 대한 폭력이 없이는 자신의 마음을 안정시킬 수 없으므로 주말마다 K를 자신의 집에 부른다. 그러나 부르는 형태마저도 정상적이지 않다. 주도자는 희생자에게 정신적 압박을 가한다. 희생자를 지속해서 학대하지 않고서는 안심할 수가 없다. 하지만 자신이 희생자에게 의존하고 있다는 사실을 결코 인정할 수는 없기에 희생자가 자신이 부르지 않아도 자신에게 달려오도록 몰아붙이는 형태로 의사소통을 한다. 주말에 아무 이유 없이 전화를 걸어 욕설을 퍼붓고 화를 내거나, 전화를 걸고 나서 아무 말도 하지 않음으로써 압박하는 것이다. K의 아버지가 K에게 진실로 원했던 것은 'K가 자신이 시키지 않았는데도 마치 스스로 원하여 주말마다 자신을 방문한 것처럼 자신을 속여 주는 것'이었다.

이 과정에서 K는 열등한 존재이거나 존중받을만한 가치가 없는 존재로 인식된다. 그래야만 독성관계가 성립되기 때문이다. 이제 희생자는 인간으로서 가져야 할 기본적인 소망이나 기본권마저 침해받기 시작한다. K의 아버지는 K의 인생 계획을 인정하지 않고 거주지마저 자신의 마음대로 정하려고 하는 데에 이른다. 아들이 자신이 없는 곳에서 본인만의 세계를 구축하면 더는 관계를 주도할 수 없으므로 자신과 멀리 떨어져 사는 것 또한 용납하지 않는다. 그러나 K의 아버지는 이마저도 마치 K의 미래와 훈육을 위한 것처럼 자신을 합리화한다.

희생자의 정신은 안쪽만을 향한다

희생자는 관계의 모든 면에서 주도자에게 우선권을 빼앗긴다. 주도자가 주도하는 독성관계는 희생자가 자신의 주변을 객관적으로 바라볼 수 없도록 교란한다. 주도자는 너무도 당당하게 희생자에게 폭력이나 정신적인 압박을 가하고, 자신의 행동을 교묘하게 합리화한다. 독성관계 자체가 고립적인 면을 보이기 때문에 '사람은 다른 사람의 신체를 훼손하면 안 된다.'라거나 '모든 사람에게는 주거의 자유가 있다.'와 같은 일반 사회에서의 기본도덕이나 상식이 이 관계에서는 통용되지 않는다. 결과적으로 희생자의 정신은 외부로 향하는 힘을 잃고 자신의 내부를 변경하여 고통을 극복하려는 경향을 보인다. 희생자의 정신적 특징은 특정한 방어기제라기보다는 우울증, 불안신경증, 외상후 스트레스 장애와 같은 '질환'이나 '증상'과도 같은 형태로 나타난다.

① 왜곡된 순응, 그리고 죄책감

　심리적으로, 물리적으로 거스를 수 없는 상대가 지속해서 자신을 압박한다면 인간은 어떠한 반응을 보일까? 대부분 분노하고 반감을 품을 것이다. 그러나 독성관계가 시작될 무렵의 희생자는 대개 주도자에 비해 정신적으로 더 건강하다. 이 말은 상대방의 행동이 부당하다고 하더라도 주도자처럼 바로 공격성을 행동화하지 않고 상대방의 기분이 풀리도록 기다려주고, 상대의 실수를 이해하려고 한다는 것이다. 나의 진료 경험상에서도 독성관계가 가족 간에 일어날 때 더 사랑하고 배려하는 것은 언제나 희생자 측이었다.

　아이러니하게도 이러한 희생자의 건강한 면이 그 자신을 독성관계의 늪으로 빠져들게 한다. 독성관계가 처음으로 시작된 날 K가 혈기 왕성한 다른 아들들처럼 같이 고함을 치거나 반항했으면 이 비극적인 관계는 시작되지 않았을 것이다. 그러나 K는 가족을 사랑하는 사람이었다. 당시 자신의 아버지가 예민한 시기라는 점을 알고 있었으며 사람은 종종 실수할 수 있다는 점도 알고 있었다. 그래서 K는 잘못된 대응 방식을 선택하고 만다. 영문도 모른 채 '죄송하다.'라고 말해버린 것이다. 그리고 이 대응 방식은 K의 아버지에게 잘못된 확신을 주고 만다. K는 의도치 않게 자신에게 투사된 감정을 마치 자신의 감정처럼 인정하는 모습을 보여 버린 것이다.

　'외부로만 향하는 주도자의 정신'과 '내부로만 향하는 희생자의 정신'이 맞물려 제삼자의 눈으로 보기에는 이해할 수 없는 둘만의 기묘한 관계가 만들어지게 된다. 이내 K는 자신을 보는 객관적인 시선을 잃게 된다. 정당성은 상대방에게 있고 문제는 자신에게 있다고 믿어버리는 것이다. 그리고 이것은 희생자가 자신이 지금 주도자에게 무언가 잘못하고 있다는 느낌이나 빚진 감정 등을 느끼게 한다. 잘못된 방향과 잘못된 대상에 대한 죄책감이 형성된 것이다.

방향이 잘못된 정신의 작용은 어떤 경우에도 그 목적지에 도달하지 못한다. K의 아버지가 아무리 K에게 화를 내고 모욕을 줘도 일시적인 위안 그 이상의 것을 얻지 못하는 것처럼, K가 아무리 자신의 문제를 내적으로 성찰해보아도 K는 만족할만한 대답을 얻지 못한다. 설령 그가 수련에 수련을 거듭하여 위대한 정신적 경지를 이루더라도 그가 처한 독성관계는 변하지 않을 것이다. 애초에 자신이 느꼈던 그 감정은 주도자로부터 투사된 것이기 때문이다. 그러나 독성관계에서 벗어날 수 없게 된 희생자인 K는 죄책감을 느끼고 자신의 행동을 고치고 또 고치려고 노력한다. 사랑하는 가족이 나에게 그럴 리가 없다고, 내가 무언가 잘못된 점을 바꾼다면 사랑 넘치고 배려 있는 가족 간의 관계를 회복할 수 있다고 믿는다. 그러나 애초에 그러한 것은 존재하지도 않았다.

② **과각성, 그리고 발작적인 분노**
1900년대 초반, 러시아의 생리학자 이반 페트로비치 파블로프

의 '조건반사'에 대한 실험을 모르는 사람은 없을 것이다. 개에게 종소리와 먹이를 동시에 반복하여 제공할 경우 개는 종소리만 들려줘도 침을 흘린다. 특정 환경에서 특정 자극 때문에 고전적 조건화가 일어남을 알게 된 정신의학사의 매우 중요한 발견이다. 그러나 이후에 이어진 일련의 후속 실험은 상대적으로 잘 알려지지 않았다.

파블로프는 이번에는 개에게 원과 타원을 구분하게 시키고, 원을 보면 먹이를 주고 타원을 보면 먹이를 주지 않았다. 그리고 이후에 타원의 모습을 점점 원에 가깝게 그린다. 본인이 알던 규칙의 일관성을 잃은 개는 갑자기 끙끙거리며 몸부림을 치기 시작하고, 주변의 장치를 물어뜯는 등의 이상행동을 보인다. 일관적이던 규칙이 서서히 비일관적이 될 때 발생한 동물의 이러한 증상을 파블로프는 '실험적 신경증'이라고 불렀다.

이 실험적 신경증은 희생자에게서 보이는 변화와도 연관이 있다. 우리가 겪는 스트레스 중에서 어떠한 것은(우리가 그것을 피할 수 있는지를 떠나) 대학교 입시나 취업난처럼 우리가 충분히 예상할 수 있는 시기에 예상했던 방법으로 찾아온다. 반면에 어떠한 스트레스는 출근길에 일어난 교통사고처럼 갑작스럽게 예상하지 못했던 방법으로 찾아온다. 독성관계의 주도자와 희생자 사이에서 나타나는 사건 대부분은 주도자의 감정이나 방어기제에 의하여 시작되고, 제한 없는 폭력이나 모욕, 기본 권리의 강탈 등이 주도자의 기분에 따라 시도 때도 없이 나타나며, 이는 희생자가 익숙해져 있던 일반 사회의 규칙과는 전혀 다른 양상이다. 그리고 이러한 예측할 수 없는 스트레스는 실험적 신경증 실험에서 개에게 가해진 자극과 유사한 작용을 희생자에게 일으킨다. 희생자는 다른 관계에서도 독성관계에서와 비슷한 위협을 느끼기 시작하고, 그 위협에 자신이 잘 대처하지 못하리라고 생각하게 된다. 이 때문에 다른 사람을 대할 때 굉장히 조심스러워진다. 이전에 습득했던 사회적 규칙에 관한 판단이나 행동 기준들이 수년간의 독성관계를 거치며 무너져 버렸기 때문이다.

K는 사람을 대할 때 무척 조심스러워하면서도 은연중에 그들이 자신을 비웃거나 속인다고 느끼고, 다른 사람의 중립적인 행동이 아무 생각 없이 한 행동인지 아니면 자신에 대한 모욕인지를 잘 구분하지 못하게 되었다. 순간적인 위협감에 압도되어 경직되다가도 어느 한순간 스위치가 켜지면 극도로 예민해지며 부적절한 시기에 부적절한 방법으로 한도 이상의 분노를 표현했다. 그 감정의 흐름이나 인과관계가 보통 사람의 그것과는 너무나 달랐기 때문에 그의 말과 행동은 사람들로부터 이해받지 못했다. 희생자가 보이는 이러한 증상들은 외상후 스트레스 장애 환자가 보이는 과각성 증상과 매우 유사하다.

③ 무기력감, 희망이 없는 느낌

K는 매우 지쳐있었다. 그는 자신에게도 유쾌하고 총명했던 십

대 시절이 있었다는 것을 상기하지 못할 정도로 다른 사람처럼 변해 버렸다. 독성관계가 지속되는 동안 K의 감정은 부정당하고, 앞으로 살게 될 곳이나 진로를 정할 권리마저 박탈당했다. 그리고 이 모든 것들이 자신을 위한 것처럼 포장되었지만, 실제로는 그 자신을 위한 것이 아니었다. 그는 독성관계의 본질에 대해서는 정확히 알지 못했지만, 이 관계가 자신의 정신을 좀먹고 인생을 잘못된 방향으로 향하게 한다는 것 정도는 알고 있었다. 당연한 일이었다. 매일같이 불안에 떨면서 자신을 학대하는 곳에 자발적으로 가서 인격을 부정당하고, 신체를 훼손당하는 끔찍한 경험을 견뎌왔다. 어떻게 깨닫지 않을 수 있겠는가.

대학 시절, 그의 유일한 희망은 졸업 후 A시에서 멀리 떨어진 곳에 자리 잡고 자유롭게 살아가는 것이었다. 그러나 그 희망마저도 꺾여버렸다. 그가 독성관계의 본질에 대해 조금 더 일찍 깨달았다면 무슨 수를 써서든 그 관계에서 도망쳤을 것이다. 그는 충분한 능력이 있었고, 원한다면 얼마든지 도망칠 수 있었다. 그러나 오래 지속된 독성관계가 그의 자발적 의지를 꺾어버렸다.

1967년 '마틴 셀리그만'은 동물실험에서 고통스럽거나 혐오스러운 자극에서 오랜 시간 동안 벗어나지 못한 동물은 결코 도움을 받을 수 없다는 것을 학습하고, 이 자극에서 벗어날 수 있는 모든 시도를 포기하게 됨을 발견했다. 셀리그만은 이를 학습된 무력감(learned helplessness)이라고 이름 지었으며, 우울증과 관련 질환을 보이는 인간에게서 보이는 무력감과 무망감이 후천적 경험에 의한 것임을 설명했다. 오래 지속된 독성관계는 K에게 현 상황은 무슨 수를 써도 벗어날 수 없는 상태라고 각인시켜 버렸고, 결과적으로 K는 현재 상황을 해결하기에 충분한 능력을 갖췄음에도 불구하고 모든 선택권을 포기하고 독성관계를 유지하는 선택을 해버리고 만다.

그 누구도 학대당하고 싶은 사람은 없다

어떠한 정신의학자나 심리학자들은 희생자들에게 학대당하고 지배당하려는 성향이 있다고 설명한다. 희생자들은 피학적인 성격의 소유자들로 상대방으로부터 괴롭힘을 당함으로써 고립감에서 벗어나며 관계에 있어서 자신의 존재가치를 찾는다고 본 것이다. 나는 이 설명은 완전히 잘못된 설명이라고 본다. 자신이 원하지 않았던 불행한 관계로 인해 훼손된 인간의 존엄성을 아주 소수의 사람에게서나 존재하는 변태적인 욕구와 동등하게 보는 경솔하고 모욕적인 이론이라고 생각한다.

짧은 줄에 묶여 매를 맞으며 행복해하는 개를 본 적이 있는가? 2차 세계대전 당시 제 발로 아우슈비츠 수용소로 걸어가는 유대인을 상상할 수 있는가? 행복을 갈망하고 이를 추구하기 위한 자율성을 가지는 것은 숨을 쉬는 것처럼, 심장이 뛰는 것처럼 당연하며 인간이 전 생애를 걸고 추구하는 궁극의 목표이다. 그러나 한 인간이 자율적인 인간이 되는 것을 포기하고 자신을 학대하는 사람 곁에 남는 선택을 했다면 그곳에는 반드시 인간의 자유의지를 훼손하는 무언가가 있을 것이다. 독성관계는 그곳에 분명히 존재한다.

독성관계를 정당화하는 공범, 협력자들

어느덧 30대가 된 K는, 아버지의 명령대로 부모님이 계시는 A시에 남게 되었다. 4년간의 수련 생활을 거쳐 구강외과 전문의 자격을 취득하고, 결혼도 하여 한 가정을 이끄는 가장이 되었다. 이제 그는 명실공히 자신을 책임질 수 있는 어른이었다. 자신만의 가족을 가졌고, 충분한 직업적 수익이 있었다. 그렇다면 그는 그동안 독성관계에서 벗어났을까?

슬프게도 전혀 그렇지 않았다. 바쁘고 힘든 대학병원의 수련 기간에도 K의 아버지는 K에게 전화를 걸어 그를 압박했다. 방식은 대개 비슷했다. 전화해놓고 아무 말도 하지 않는 방식으로 K를 압박하다가 견디다 못한 K가 어색한 안부 인사를 건네자 그동안 연락을 하지 않았다며 미친 듯이 욕설을 하며 분노를 표현했다. 아무리 시간이 부족하더라도 사람이 밥은 먹고 살 텐데 밥 먹고 화장실 가는 시간은 있을 것 아니냐는 것이었다. 심지어는 K가 일하고 있는 치과로 찾아와 K를 불러내어 발로 걸어차며 폭행한 적도 있었다. 그 모습을 지나가던 K의 동료에게 목격당했고, 소문은 삽시간에 병원 전체로 퍼졌다. K의 존엄성은 형편없이 무너져 버렸다. 그리고 한 번씩 돌아오는 휴일마다 그는 부인과 시간을 함께하는 대신 아버지의 집으로 향했다. 자신도 알지 못하는 자신의 죄를 아버지에게 용서받기 위해서였다. 번듯한 직업을 가진 30대가 되어서도, 한 가정의 가장이 되어서도 그는 여전히 독성관계에서 벗어나지 못하는 항거불능의 희생자였다. 그리고 그것이 그의 인생을 통째로 망가뜨리고 있었다.

앞서서 우리는 독성관계를 유지하게 하는 관계의 환경적 요인(즉, 힘의 명확한 우열과 사회문화적 요인으로 인한 관계의 고립성)과 개인 심리적 요인(즉, 주도자와 희생자 간의 정신 역동)에 대해 알아보았다. 그러나 단지 그것만으로 독성관계가 이토록 긴 시간 동안 지속될 수 있었을까? 단지 그것만으로 한창때의 나이인 30대가 노년기로 접어드는 아버지의 비인간적인 폭력에 굴복하고 무력감을 느낄 수밖에 없었을까? 무인도에 단둘만이 살아가지 않는 이상 모든 관계는 완벽히 고립적일 수 없다. 직장의 상사와 부하 관계라면 이들 주변의 수많은 상사와 동기, 부하들이 관여되어 있을 것이며 같은 학교 학생 사이에서 성립된 독성관계라면 각자의 부모님과 담임선생님, 그리고 주변의 친구들이 관여되어 있을 것이다.

이미 성립된 주도자와 희생자 간의 독성관계를 확고히 하고 이를 지속하게 하는 매우 중요한 요소를 소개하고자 한다. 바로 주도자와 희생자 사이의 교집합, 이들을 둘러싼 주변 사람들이다. 이들은 독성관계에서 주도자의 폭거를 용인하게 하는 허용자들이자 실질적인 공범들이라 할 수 있다. 나는 이들을 독성관계의 협력자들이라고 부른다. 독성관계의 협력자들이 독성관계를 지속시키고 악화시키는 과정은 두 단계로 나뉜다.

첫 단계로, 이들은 주도자의 폭력을 묵인하고, 허용하다가
두 번째 단계로, 결국 주도자와 자신을 동일시하고 독성관계의 주도자 역할에 가담한다.

주도자의 폭력을 용인하는 독성관계의 협력자들

독성관계의 협력자들은 주도자의 폭력을 용인하고, 묵인한다. 눈앞에 뻔히 보이는 주도자의 폭거를 보고도 못 본 척한다. 주도자에게서 나타나는 방어기제가 이들에게서도 나타난다. '부정'이 그것이다. 그러나 이들은 주도자들처럼 반성할 줄 모르고, 약자에게 고문과 폭력을 일삼는 인격적 장애가 있는 사람들은 아니다. 오히

려 다른 인간관계에서는 남의 시선에 굉장히 신경 쓰고 도덕적인 사람으로 보이려고 애쓰는 사람들이다. 그러나 독성관계에 있어서 이들은 다른 관계에서와는 전혀 다른 행동 양상을 보인다. 눈앞의 폭력을 용인하고, 묵인하고 심지어는 자신의 집단 안에서 일어나는 비인간적인 일들을 외부로 발설하지 못하도록 희생자를 조종하기도 한다.

TV에서 방영되는 불쌍한 사람들의 삶의 모습에 눈물을 흘리고, 악덕 정치인들의 부정과 폭거에 분노하던 이들의 눈에 어째서 K의 비참한 인생과 무너져 가는 정신은 비치지 않았을까? 그리고 다른 관계에서는 선하고 품위 있는 사람으로 비치고자 하는 욕망이 어째서 자신 주변의 가장 잔인하고 원시적인 폭력 앞에서는 발동되지 않았을까? 그것은 다음의 두 가지 이유에서 비롯한다.

① 관계의 고통은 당사자가 아니면 공감하기 힘들다

독성관계의 고통은 단순한 신체적 고통, 특정한 재앙적 사건으로 인한 고통과는 다른 양상을 보인다. 이 고통은 형이상학적인 면이 더 크다. 희생자가 손상당하는 것은 본질적으로는 정신적인 부분이다. 통증, 신체의 훼손과도 같은 물리적 고통도 있지만, 희망이 없다는 느낌, 자기 인생의 주인이 자신이 아니라는 느낌, 주변 사람들에게 도움을 청할 수 없다는 고립감 등 정신적이고 존재론적인 고통이 더 크다. 그리고 타인의 정신적 고통에 대한 인간의 감수성은 생각보다 훨씬 미약하다.

또한, 독성관계의 고통은 서서히, 지속해서 진행되기 때문에 희생자와 주변인 모두에게 있어서 일상이 되어버린다. 폭력이 폭력으로, 상처가 상처로 생각되지 않고 당연한 일상으로 인식되는 것이다. 그래서 협력자들은 희생자들의 고통에 대해 가볍게 생각하는 경향이 있다. 본질적으로 이는 자신의 고통이 아니기 때문이다. 간절히 도움을 바라고 있는 독성관계의 희생자들에게 너무나 쉽게 말한다.

"네가 너무 예민한 건 아니고?"

② 협력자들은 자신이 다음 희생자가 될까 봐 두려워한다

독성관계의 희생자는 조직 내의 권력자가 공인한 집단의 최하위 계급, 카스트 제도의 불가촉천민과도 같은 처지에 놓이게 된다. 한 집단 안에서 누구의 제지도 받지 않고 남에게 폭력을 행사할 수 있는 사람은 어떤 사람일지 생각해보자. 독성관계의 주도자는 한 집단 내에서 가장 상위의 권력을 가진 사람이거나 그에 못지않은 강한 영향력을 가지는 사람이기 쉽다.

앞에서 언급하였듯이 주도자는 자신의 심리적 안정을 위해 독성관계가 필요하다. 희생자 없이 독성관계는 성립되지 않기 때문에 만일 희생자가 존재하지 않는다면 주도자는 또 다른 희생자가 필요할 것이다. 폭력을 지켜보는 주변인들은 이를 본능적으로 알고 있다. 희생자가 없어지면 다음 희생자는 높은 확률로 자신이 될 것임을. 따라서 협력자들도 주도자들에게 편승하여 지금의 독성관계를 유지하고자 한다. 의식적으로든 무의식적으로든 말이다.

슬프게도 K가 독성관계의 희생자가 된 후 K를 제외한 가족 구성원들은 그 어떠한 때보다도 사이가 좋아졌다. 독성관계의 협력자들은 자신들이 관계의 희생자가 되는 것을 피하려고 K 한 명을 제물로 삼아 암묵적으로 결탁한다. 폭력으로 인해 떨고 있고, 존엄성에 손상을 입은 K의 앞에서 나머지 가족들은 서로에게 그 누구보다도 다정한 대화를 건넸다. 잔인한 광경이었다. 그것은 K에게 씻을 수 없는 상처를 주고 점차 K의 정신을 파국으로 몰아간다. K가 이러한 가족의 형태에 소심하게라도 반발하자 독성관계의 협력자들은 달래듯이 그에게 말한다.

"사실 아버지도 널 사랑하고 계셔. 조금만 더 기다려 봐. 너 자신의 행동에 대해서도 좀 반성하고."

이처럼 희생자에게 가해진 욕설과 폭력, 인격모독은 협력자들에 의해 가족 간의 사랑으로 포장된다. 독성관계의 주도자에게 보이는 방어기제가 협력자들에게서도 또 나타난다. '합리화'이다.

자신도 주도자의 역할을 하려고 하는 독성관계의 협력자들

독성관계의 협력자들은 주도자와 완벽한 공범이 되어 함께 독성관계를 주도하기에 이른다. 이들은 주도자의 입장에 편승하고, 주도자와 같은 방어기제를 사용한다. 그리고 그 안에서 심리적 안정감을 느낀다. 이러한 이들에게서 공통으로 보이는 특성이 있다. 독성관계의 존재를 부정하고 관계의 고립성을 유지하려는 움직임이다. 이들은 가족의 명예를 지킨다는 명목하에 가족 내에서 일어나는 일을 외부로 발설하지 못하게 압박한다. 소위 말하는 '동네망신'이다. 이러한 움직임은 역설적으로 한 가지를 증명한다. 즉, 이들은 자신들의 행위가 도덕적으로 잘못되었고, 반인륜적이고, 비인간적이라는 것을 알고 있다. 그래서 이것이 다른 사람에게 탄로 나는 것을 두려워하고, 필사적으로 희생자를 사회로부터 고립시키려고 한다.

이제 독성관계의 협력자들은 희생자를 대할 때 희생자의 입장이 아니라 주도자의 입장에 서게 된다. 주도자들의 정신이 내면으로 향하는 에너지보다 외부로 향하는 에너지에 더 편중된 것처럼, 협력자들의 정신은 주도자의 문제보다는 희생자의 문제를 찾는데 더 많은 에너지를 쏟게 된다. 본디 원인을 찾아 방지하는 것은 어렵고 용기가 필요한 일이며 문제의 희생자를 비난하는 것은 손쉬운 일이다. 협력자는 주도자의 마지막 방어기제까지 동일시한다. '투사'이다. 이제 협력자마저 주도자가 되어 희생자를 정신적으로 몰아가기 시작한다. 때에 따라서는 가족 전체가 희생자에게 심각한 폭력을 행사하기도 한다.

K의 경우에도 독성관계의 협력자들은 존재했다. 바로 K의 어머니와 형이다. K의 아버지가 K에게 험한 말을 하거나 폭행할 때에도 그들은 바로 옆에서 그것을 보고 있었다. 놀라운 것은 이들의 반응이었다. 이들은 그 잔인한 폭력의 현장을 보고서도 아무것도 느끼지 못하는 듯했다. 가족 간의 식사에서 K를 제외한 나머지 3명이 화기애애한 대화를 나누는 것은 흔한 일이었다. K가 나머지 가족들의 구성원들에게 도움을 청하자 그의 어머니는 감히 아들이 아버지의 행동에 토를 단다며 아들에게 실망감을 표현한 후, 다시는 K에게 그런 말을 꺼내지 못하게 했다. K의 형은 그런 K를 비웃었다.

K의 어머니와 형이 K에게 가하는 행동은 점차 아버지를 닮아갔다. 독실한 종교인이었던 K의 어머니는 노골적으로 K의 외모나 옷 입는 모양, 머리 모양, 표정까지 흠을 잡아 제풀에 분노를 터뜨리곤 했다. 그 모습에 달려온 K의 아버지는 이유 여하를 막론하고 K를 폭행하곤 했다. K의 형은 K와 K의 친구들을 노골적으로 '머리만 똑똑한 병신들'이라 부르며 무시했다. 자신의 친구들 앞에서 자신의 동생을 좀 모자란다고 비웃기도 했다. 그리고 이러한 모습은 K의 아버지에게 자신의 행동을 합리화하는 중요한 구실이자 독성관계를 지속시키는 수단이 되었다. 이렇게 나머지 가족들도 K의

행동을 지적하니 자신의 행동은 학대가 아니라 훈육이며 결과적으로 자신의 행동은 잘못되지 않았다고 더욱 굳게 믿어버렸다. 독성관계에 물든 독성관계의 협력자들은 세상에서 가장 사랑해야 할 대상에게 이렇게까지 잔인하게 변할 수 있었다. K는 외부로 도움을 청할 수도 없고 자신을 이해해줄 단 한 명의 사람도 없는 완벽한 수렁에 빠져 버렸다. K의 독성관계는 주도자에 의해 시작되었지만, 협력자들로 인해 그토록 오랜 시간 동안 유지될 수 있었다.

2장 그들은 결코 그냥 물러서지 않는다

독성관계에서 벗어나는 세 단계

무엇이 희생자를
독성관계에 묶어놓는가?

알로스타시스(allostasis), 희생자의 내적 세계의 변화

　많은 건강 관련 서적에서 항상성(homeostasis)에 대해 언급한다. 항상성이란 미국의 생리학자인 '월터 브래드포드 캐넌'이 1926년 고안한 개념으로 개체의 생존을 위해 외부환경의 변화에 대해 신체 각 요소가 일관성을 유지하려는 기전들을 의미한다. 예를 들면 우리 몸은 혈당, 혈압, 전해질, 수소이온 농도지수(pH) 등을 일정하게 유지하려고 애쓴다. 그러나 외부의 심한 환경 변화 또는 스트레스에 직면했을 때 우리의 몸은 외부환경의 요구에 적응하기 위해 그 내적 평형을 이동시킨다. 예를 들면 우리가 한밤중에 괴한에게 목숨을 위협받는다면 우리의 신체는 시상하부-뇌하수체-부신 축(HPA axis)의 작용을 통해 심장과 혈관, 근육 등의 상태를 일시적으로 변화시키는 방식으로 위기를 극복할 기회를 만든다. 신체적 평형을 이동시켜 외부의 위기를 극복하는 인체의 이 기전을 알로스타시스(allostasis)라고 부른다. 스트레스 상황에 적응하기 위해 신체의 새로운 기준을 만들어내어 유지하는 것이다. 그러나 이러한 스트레스가 지나치게 오래되고, 반복된다면 인체는 고혈압, 내당능 장애와 같은 병적 평형상태를 만들어 유지하게 된다.

이와 똑같은 일이 인간의 정신세계에서도 일어난다. 한 인간의 정신이 지속해서 압박받는 상태에 오래 머무르게 되면 그 인간의 정신은 이전의 정상적인 기준을 잃고 병적 상태에 머무르게 된다. 독성관계는 그 환경적, 정신 역동적 특성으로 인해 인간에게 길고 지속적인 스트레스를 유발한다. 희생자의 내적 세계에서는 자신이 핍박받거나 모욕적인 일을 당하는 것이 아주 당연하게 되며, 심지어 그 관계에서 벗어나는 것을 두려워하기까지 하는 병적 평형상태가 만들어지게 된다.

**거미줄처럼 엮인 인간사회의 관계들,
그 안에 존재하는 도그마(dogma)**

인간은 집단생활이 기본인 동물이다. 태어나서 한 명의 인간하고만 관계를 이루는 인간은 없다. 가족과 친척, 지인과 친구, 스승과 상사 등 수많은 관계가 거미줄처럼 복잡하게 엮인 것이다. 독성관계 또한 희생자와 주도자라는 둘만의 관계에서 성립하는 것이 아니라, 그들과 얽혀 있는 수많은 복잡한 관계들 속에 있다. 그래서 희생자는 독성관계에서 벗어나려는 과정에서 다른 관계들 또한 필연적으로 상처 입히게 된다.

K의 경우처럼 자신의 부모와 독성관계가 형성되었던 희생자가 힘든 노력 끝에 그 관계에서 벗어났다고 가정해보자. 희생자가 인생에서 큰 결정들을 내리고 과업들을 달성해 나갈 때 가해자 부분만 완벽하게 따로 도려내어 피해와 고통을 최소화하기란 현실적으로 불가능하다. 당사자들과 얽힌 수많은 다른 사람들이 존재하고, 주변의 간접적인 부분까지 함께 영향을 주고받기 때문이다. 예를 들어, 결혼을 통해 새로운 가정을 꾸린다고 결심했을 때, 자신의 부모와 관계가 끊어진 이유를 결혼 상대자와 그의 부모에게 설명하기 어려울 것이다. 관계가 틀어진 부모의 협조 없이 결혼식이 제대로 성사되기는 힘들 것이며, 설령 협조 없이 진행된다고 하더라도 부모가 불참한 결혼식을 보는 하객들의 불편한 시선과 수군거림 등도 견뎌야 한다.

친지 등 주변의 다른 관계 또한 달라질 것이다. K가 자신의 아버지에게서 받는 인격적 모욕이나 피해에 대해 아무리 설명한다 한들, 독성관계에서 벗어나려는 것을 이해해줄 수 있는 집안 어른이나 친척은 없을 것이다. 십중팔구 K의 도덕성을 의심할 것이고, K의 상황을 어느 정도 이해하는 유연하고 배려심 많은 친척이 있다고 하더라도 사회 통념상 부모와의 관계를 끊는 것을 지지하기는 어려울 것이기 때문이다. K는 나머지 모든 관계를 잘라낼 각오를 하지 않는 이상 아버지와의 독성관계에서 벗어날 수 없을 것이다.

많은 편견이 깨지고 있는 사회이지만 여전히 우리 사회에 있어서 토론이나 타협의 대상이 될 수 없는 도그마는 존재한다. 물론 어떠한 사회이든 그 사회 내부에서 전해져 내려오는 전통이나 윤리의식 또는 종교 교리에는 대개 보편적으로 보면 옳은 도덕 기준이 담겨있고 보통의 상황에서는 어느 정도의 가치를 지닌다. 그러나 어떠한 사회에도 회색지대나 틈새는 존재한다. 정상적인 관계에서 사람과 사람 사이의 관계를 원활하게 유지해주기 위한 이 장치들은 독성관계 내에서는 오히려 희생자의 인권을 침해하는 도구로써 작용한다.

관계의 문제는 당사자들 외에는 표면적인 부분밖에 알기 어렵다. 그래서 토론이 불가능한 전통적인 윤리의식이나 위계질서는 일반적인 관계에서와는 다르게 독성관계를 더욱 고립되게 할 수 있다. '아무리 그래도 스승에게 어떻게…'라든지 '그래도 부모님들은 너를 세상에 태어나게 해주셨잖아.' 등의 보편적 윤리에 따른 제삼자의 충고나 개입은 독성관계에서 벗어나려고 하는 희생자들을 다시 독성관계의 그물 속으로 돌아가게 만들어 버리는 울타리가 된다.

스톡홀름 증후군, 희생자를 망설이게 하는 주도자의 변덕

어떠한 희생자들은 자신의 견해와 감정을 스스로 무시하고, 학대하는 사람들의 관점에서 상황을 생각하게 되기도 한다. 1973년 스웨덴의 수도 스톡홀름에서는 일련의 범죄자들이 은행을 점거하고 은행직원들을 인질로 삼았다. 6일간의 인질 생활이 끝난 후 구조된 인질들은 범인을 변호하고 증언을 거부하는 모습을 보이는 등 범인에게 동화되고 정서적으로 가까워진 모습을 보였다. 이러한 기묘한 현상을 범죄 심리학자인 '닐스 베예로트'는 '스톡홀름 증후군'이라 불렀다.

독성관계의 희생자들은 주도자들과 함께 있을 때 병적인 공포와 무력감을 느낀다. 이들은 자신의 생존이 주도자들에게 달려있다고 믿는다. 무의식적으로 조금이라도 생존확률을 높이기 위해 자신의 적대감을 숨기고 그들의 말에 동조하게 된다. 처음에는 강요된 행동이었지만 점차 스스로 그렇게 생각하는 것처럼 조종당하게 된다. 주도자 관점에서의 합리화이다. 또 사실 독성관계의 주도자들도 인간이기 때문에 24시간 희생자들을 괴롭히기만 하진 않는다. 때로는 일반적인 인간관계에서보다 더욱 인간적인 모습을 보여주기도 한다. 이들은 자신이 기분 좋은 일이 있으면 깜짝 놀랄 만큼의 관대함을 보여주기도 하고 자신의 내밀한 고민과 정서를 날것 그대로 털어놓기도 한다. 그래서 희생자들은 종종 착각하게 된다.

'표현이 좀 그래서 그렇지 사실은 나를 사랑하고 있는 것 아닐까?'라던지,

'이렇게 거칠고 솔직하게 행동하는 게 나를 친밀하게 느끼기 때문에 그런 것은 아닐까?'라는 식으로 말이다.

독성관계의 주도자들이 보이는 순간적인 변덕이나 인간적인 미성숙함을 선한 사람들이 누군가를 배려할 때 보이는 친절함이나 호의로 받아들이면 곤란하다. 독성관계가 형성된 이상 주도자는 기본적으로 희생자가 어떠한 감정을 보이던 아무런 상관도 하지 않는다. 주도자는 희생자가 자신을 감히 거스르지 못할 것이라 무의식적으로 확신하게 된다. 그래서 이들은 과감하게도 다른 사람에게 누설되면 큰 문제가 될 자신의 약점을 서슴없이 이야기하거나 남들에게 말하기 수치스러운 자신의 개인적인 비밀을 여과 없이 이야기하기도 한다. 주도자에게 종속된 희생자들은 이런 모습을 보고 감격하기도 하고, 주도자가 자신을 인간적으로 동등한 존재로 대해준다는 착각을 하기도 한다. 그러나 일부 녹았었던 희생자의 마음은 바로 다음 날 얼어붙어 버린다. 주도자는 언제 그랬냐

는 듯이 희생자를 다시 괴롭히고 무시하기 시작한다. 주도자는 희생자와 인간적으로 친밀한 감정을 느꼈기 때문이 아니라 역설적으로 희생자를 너무나 무시했기 때문에 이들 앞에서 격식이나 예의를 차리지 않았던 것이다. 우리가 강아지 앞에서 알몸이 되는 것을 부끄러워하지 않듯이 수치심은 자신과 동등하다고 여기는 존재 앞에서만 느껴지는 감정이다. 희생자의 감정에 대해 전혀 관심이 없거나 개의치 않기 때문에 주도자는 희생자에게 수치심조차 느끼지 않는 것이다.

어떤 두 사람과의 관계에 있어서 한 명은 세상에서 자신만 감정이 있는 것처럼 일방적으로 표출하기만 하고, 다른 한 사람은 자신의 감정은 없는 것처럼 끌려다니기만 한다면 이는 결코 정상적인 관계가 아닐 것이다. 건강한 관계에서는 상대방도 자신처럼 감정이 있다는 것을 인정하고 자신 때문에 상대의 마음이 아플 수도 있다고 생각하기 때문에, 상대방을 걱정한 나머지 자신의 격해진 감정을 모조리 쏟아붓지 않는다. 독성관계에서 종종 보이는 주도자의 솔직한 감정 표현은 이러한 측면에서 보면 건강한 관계에서 가장 멀리 떨어져 있다. 그러나 희생자는 주도자의 일순간의 변덕으로 보이는 호의나 허술함을 관계의 친밀함이나 인간적인 모습으로 착각해 버린다. 주도자는 자신의 감정을 마치 쓰레기통에 처넣듯이 던져버리고 있는데도 말이다.

병든 내적 세계의 대표자, 죄책감과 수치심

위에서 언급된 과정을 통해 희생자의 감정은 한 곳에 도달하게 된다. 죄책감이다. 죄책감은 자신의 잘못에 대해 느끼는 불편한 감정이나 후회를 의미한다. 일반적으로 죄책감은 우리에게 자신의 행동을 돌아보게 하고, 잘못된 부분에 대해 반성하게 하여 같은 잘못을 두 번 저지르지 않게 하는 등의 긍정적인 역할을 한다. 그러나 어떠한 사람들은 병적인 죄책감을 보이게 된다. 주요 우울증이나 병적 애도, 외상 후 스트레스 장애에서 사람들이 보이는 병적인 죄책감이 그것이다.

독성관계의 희생자는 과도한 죄책감에 시달리게 된다. 독성관계에서 희생자는 단지 그런 환경에 놓였고, 그 관계에서 타인의 감정을 자신의 감정보다 더 우선하여 받아들였을 뿐이다. 관계로 고통받고 있는 이는 자기 자신임에도 불구하고, 이들의 병들어 버린 정신은 자신이 전혀 책임질 수 없는 것들에 대해 책임감을 느끼게 만든다. 무엇인지 알 수는 없지만, 자신이 무언가 잘못되었기 때문에 이러한 관계가 형성되었다는 생각, 그래서 자신이 겪는 이 고통스러운 관계가 사실은 정당하다는 느낌을 받는다. 이러한 죄책감은 인간의 정신에 긍정적인 역할을 하는 게 아니라 오히려 현재의 상태를 해결하고 다음 단계로 나가는 것을 막는다. 병적 죄책감이 수치심을 만들어 버리기 때문이다.

수치심에 있어서 희생자들은 주도자들과 반대의 특성을 보인다. 이들은 지나친 수치심을 느낀다. 죄책감이 행동에 대한 불편한 느낌이라면 수치심은 자신의 존재에 대한 불편한 느낌이다. 자신의 행동 여부와는 관계없는 비난이 장기간 지속되면 이 관계는 그 사람의 본인 스스로에 대한 내적 이미지 그 자체를 새로 만들어 버린다. 이제 희생자는 독성관계 외의 관계에서도 어려움을 겪게 된다. 이들은 독성관계 이후에 형성되는 대부분의 사회관계에서도 죄책감을 느끼게 된다.

자신이 무언가 잘못하여 남들에게 피해를 줄까 봐 지나치게 신경 쓰게 되고, 남들이 자신을 공격할까 봐 두려움에 떨게 된다. 이들의 내적 세상 속에서 잘못한 것은 언제나 자신이기 때문에 이들은 타인들의 공격이나 말이 설령 부당하게 느껴지더라도 대항할 힘을 잃고 만다. 자신을 이유 없이 공격하거나 비웃어도 쉽게 수긍하고 굴복하고 만다. 종국에 이들은 얼마든지 좋은 방향으로 만들어나갈 수 있을지도 모르는 새로운 관계들을 피하게 되고, 또 다른 독성관계의 희생자가 되기도 한다.

그래서 독성관계라는 단어의 정립이 필요하다

모든 것이 통제당하는 디스토피아를 그린 조지오웰의 소설 '1984' 속의 독재 정부는 사람들에게 자신의 지배체계를 흔드는 생각 자체를 하지 못하게 하려고 특정 단어를 사전에서 지우고 사용하지 못하게 만든다. 이미 존재하는 어떤 현상을 분석하고, 더 나은 생각으로 발전시킬 때에는 반드시 이를 지칭하는 정확한 개념을 담은 단어가 필요함을 조지오웰은 잘 알고 있었다. 집단 따돌림이라는 말이 널리 쓰이기 이전, 집단 따돌림은 학교에서 일어나는 아이들 사이의 짓궂은 장난에 불과했고, 인종차별이라는 말이 쓰이기 이전 사람들은 그것이 얼마나 비인간적이고 심각한 문제인지 쉽게 인식하기 어려웠다.

독성관계 일부를 표현하는 다른 정신의학적, 심리학적 용어는 많이 있다. 누군가는 이러한 관계를 '학대'나 '따돌림'이라고 부르기도 하고 '가학-피학성(sadomasochism)'이라는 정신의학적 용어로 부르기도 한다. 그러나 이러한 정신의학적 용어는 독성관계의 주도자나 희생자에게 일어나는 정신 역동이나 관계양상의 일부만을 표현한 것이다. 한 사람의 인생을 망가뜨리고 통째로 병들게 만드는, 건강한 공동체에서는 절대 있어서는 안 될 병적이고 일방적인 이 관계를 기존의 정신의학적 용어들만으로 표현하기에는 부족함이 있다. 그리고 이러한 관계의 모든 것을 포괄적으로, 그러면서도 정확하게 표현할 단어나 개념이 없어서 많은 독성관계의 희생자들은 자신들이 독성관계에 빠져있다는 사실조차도 모르고, 자신들이 겪는 일의 이유나 상황에 대해 파악하지 못한 채 부당함을 견디며 망가져 가는 것이다.

따라서 이 책에서는 '독성관계(Toxic relationships)'라는 새로운 용어를 만들어 사용했고, 되도록 많은 면을 정확하고 구체적으로 표현하고자 했다. 사람의 정신을 병들게 하고 영혼을 파괴하는 독성관계라는 현상이 단지 한 사람의 불행한 개인적 체험이 아니라, 현실에 존재하는 분명한 하나의 병적 현상이라는 것을 독성관계의 당사자들과 대중들이 인식했으면 한다. 이러한 개념을 통해 독성관계의 수렁 속에서 고통받는 희생자들이 자신의 문제를 알아차리고 받아들일 수 있길 바란다. 나아가 그 끔찍한 관계가 본인들의 문제에서 유발된 것이 아님을 사회적으로 인정받고, 잘못된 죄책감에서 벗어나 스스로에 대한 내적 이미지와 상처를 회복하길 바란다.

당신 잘못이 아니다,
자기 의심 극복하기

투사적 동일시는 자기 의심이라는 벽을 만든다

독성관계 하에서 희생자를 무력하게 만드는 내밀한 심리적 방어기제가 있다. '투사적 동일시'가 바로 그것이다. 투사적 동일시란 1946년 정신분석가 멜라니 클라인(Melanie Klein)이 제안한 개념으로 앞서 자신의 감정이 상대방에게 있는 것처럼 여기고 행동하는 '투사'와 비슷하지만 다른 개념이다. 투사가 주도자 처지에서의 심리 역동을 표현한 개념이라면 '투사적 동일시'는 주도자, 희생자 양측에서 일어나는 심리 역동의 흐름을 나타내는 것으로 앞서 언급한 '알로스타시스'나 '죄책감'과도 연관이 있다. 주도자는 자신이 받아들일 수 없는 자신의 감정을 희생자에게 투사하고, 투사 받은 희생자는 주도자가 가지고 있는 공격성이나 죄책감, 수치심 등의 감정을 마치 자신의 것처럼 느끼게 된다.

이러한 투사적 동일시로 인해 주도자는 자신의 죄책감과 수치심을 방어하는 것을 넘어서 희생자의 감정을 조종하고 통제할 수 있게 된다. 결과적으로 공격성과 그에 따른 죄책감을 느껴야 할 주도자는 그것을 느끼지 못하고, 희생자는 원래 자신이 느끼지 않아도 될 죄책감과 수치심 등의 부정적인 감정을 자신의 것처럼 느낄 뿐만 아니라 주도자가 자신에게 하는 모든 부당한 말과 행동들을 자신이 마땅히 받아야 할 대접으로 느낀다.

자신의 도덕성이나 인격적인 면에 대한 열등감은 희생자가 독성관계에서 자신이 받는 대접이 정당하다고 느끼게 하며, 독성관계가 아닌 타인과의 일반적인 대인관계도 망쳐버린다. 독성관계의 희생자를 건강하고 정상적인 대인관계에서 고립시켜버리는 것이다. 똑같은 고통이라면 낯선 사람보다는 익숙한 사람에게 받는 것이 그나마 낫기 때문에 희생자는 자신을 학대하는 독성관계의 주도자 주변을 벗어나지 못하게 된다. 결국, 독성관계를 끝내기 위한 첫걸음으로 희생자는 먼저 투사적 동일시와 이로 인해 생긴 자기의심에서 벗어나야 한다.

보편화라는 발판으로 자기 의심의 벽 뛰어넘기

만일 당신이 독성관계의 한가운데에 있다면, 모든 사람은 평등하고, 남의 자유를 침해하지 않는 한 자신의 행복을 추구할 권리가 있다고 하는데 그러한 보편적인 규칙이 어째서 자신에게만은 적용이 되지 않는지 의문을 가져본 적이 있을 것이다. 단지 연장자라는 이유만으로, 부모라는 이유만으로, 선임이라는 이유로 너무나 쉽게, 함부로 당신의 인성이나 정신에 대해 비난하는 것에 대해서 의구심을 가져보기도 했을 것이다. 다른 사람이라면 절대 겪지 않았을 형태의 폭력이나 폭언이 당신의 가정이나 당신이 다니는 학교에서만 일어나는 것에 대해 부당함을 느껴본 적도 있을 것이다. 그리고 그것에 대해 논의하려는 기색만 보여도 주변 모든 사람이 큰일이라도 나는 것처럼 불편해하며 말을 막아버리려고 하는 것에 대해 불합리함과 분노를 느껴본 적도 있을 것이다.

이것은 모두 정상적인 분노, 정상적인 의문, 정상적인 느낌이다. 그러나 오래 지속되어온 독성관계가 주도자와 희생자의 정상적인 감각을 마비시킨 것이다. 바깥세상에서는 절대 용인되지 않을 어떠한 폭력도 어떠한 불합리도 당연하다는 듯이 허용된다. 그리고 그 관계 내에서 이것을 막으려는 시도는 어떠한 것이든 신이나 국가, 가족의 존재를 부정하는 것처럼 불경한 것으로 여겨진다. 만일 이러한 관계를 모두가 보는 TV 드라마나 영화로 만든다면 누가 주인공이 되고 누가 악당이 될 것인가? 희생자를 억누르고 인격을 파괴하는 주도자가 대의명분을 가진 주인공으로 설정되지는 않을 것이다. 그랬다가는 아무도 공감할 수 없는 이야기가 될 것이기 때문이다. 만약 당신의 주변에 있는 사람들이 갑자기 이러한 관계에 처한다면 어떠한 반응을 보일지를 상상해보자. 과연 이러한 관계에 대해 바로 이해하고 당연한 것으로 받아들일지를 말이다. 아니면 주도자들이 당신에게 늘 하는 말이나 행동을 그들에게 했을 때 어떻게 반응하는지 시험해 보는 것도 좋다.

폐쇄된 독성관계하에서 고통받는 희생자가 이를 극복을 위해 거쳐야 할 이러한 과정을 '보편화(universalization)'라고 한다. 자신과 같은 상황이 남들에게 일어났다면 남들은 어떻게 행동할지 상상해보는 것이다. 또는 남들이 자신과 같은 일을 겪는다면 나는 그들에게 뭐라고 조언해줄지 생각해보는 것이다. 자신의 상황을 보편화하는 과정을 통해 독성관계의 희생자는 자신에게 투사된 자신의 것이 아닌 감정에서 벗어나, 당연시 여겨지던 독성관계 내에서의 비틀림을 아주 보편적인 시선에서 바라볼 수 있게 된다.

보편화는 자기 의심이라는 벽으로 둘러싸인 당신에게 벽 바깥을 볼 수 있게 해주는 디딤돌이 되어준다. 만일 다른 사람에게는 일어나지 않았을 일이 당신에게 일어났다면 당신의 주변 환경이 이상한 것이다. 다른 사람들이 일생에 한 번도 듣지 못할 폭언을 매일 듣는다면 그것은 당신이 잘못한 것이 아니라 그 말을 하는 사람이 잘못한 것이다. 주도자들이 자신의 의도에 대해 어떻게 변명하건 간에 그 순간 그 장소에서의 그들의 말, 그들의 행동에 대해서 내가 받은 상처만을 생각하라. 자신이 한 행동의 결과가 아닌 동기만을 강조하는 사람들의 말을 더는 신뢰해서는 안 된다. 심한 말이나 행동을 해서 당신을 상처 입히고, 이것이 사실은 당신을 위한 것이었음을 강변하는 사람들 또한 마찬가지이다.

스스로마저 속이는 그들의 합리화에 휘둘리지 말고 당신이 받은 슬픔과 분노를 조금만 더 신뢰하라. 남들이 자신의 행동에 뭐라고 이유를 붙이건 간에 상관없이 당신만은 당신의 입장에 서야 한다.

지금 당장이라도 분노를 표현할 것. 단 올바른 방향으로

한국 드라마에서 자주 나오는 클리셰가 있다. 오랫동안 자신의 의견 표현 없이 얌전하고 수동적이기만 하던 등장인물이 극한의 상황에서 냉정을 잃고 발악하듯이 분노를 터뜨린다. 주변 사람들은 놀라면서 이야기한다.

"너답지 않게 왜 그래?"

그러자 그 등장인물은 말한다.

"대체 나다운 게 뭔데?"

이러한 장면은 정신건강의학과 진료실에서 자주 볼 수 있는 장면이다. 부모의 말에 싫다는 말 한마디 없던 성실한 아이가 어느 날 갑자기 학교를 나가지 않게 된다. 주말마다 시댁을 찾아가 시어머니를 극진히 모시던 며느리가 어느 명절날 갑자기 수면제를 여러 알 먹고 응급실에 실려 온다. 주변 사람들은 평소 같지 않은 행동에 깜짝 놀라며 이들을 치료시키고자 진료실에 찾아온다. 그리고 이들을 진정시키고 면담을 진행해보면 상당수가 독성관계 문제를 겪고 있음을 알 수 있다. 이들은 아주 오랫동안 보통 사람의 몇 배나 되는 분노를 참고 있었다.

보통 분노는 부정적인 감정이라 여겨진다. 하지만 독성관계에서는 분노라는 감정 자체보다는 분노를 표현하지 못함으로써 축적되는 분노가 더 문제가 된다. 오랫동안 쌓여온 상처뿐인 경험들과 이로 인해 비롯된 무기력감이 우리의 마음을 보호하기 위해 분노의 표출을 일시적으로 차단해버린 것이다. 그러나 독성관계의 희생자들은 이미 알고 있다. 사실은 이러한 관계가 잘못되었다는 것을 말이다. 그리고 겉으로의 표현이 차단되었던 분노는 희생자의 내부에 쌓여 거대해진다. 결국, 이들은 어느 날, 분노에 차서 의문을 던진다.

"왜 자신의 감정은 그토록 소중하게 생각하면서도 내 감정은 무시하는 걸까?"

"그렇게 심한 말을 하면서 어떻게 그것이 나를 위한 것이라는 억지를 부리지?"

"나를 사랑해주지 않으면서 어째서 빠져나가지도 못하게 만들까?"

이러한 분노를 나쁘게만 볼 것은 아니다. 억눌린 분노가 언젠가 폭발하는 것은 막을 수 있는 일이 아니기 때문이다. 평화롭고 순리적으로 해결될 정도의 주도자들이라면 애초에 독성관계가 발생하지도 않았을 것이다. 분노의 폭발은 독성관계를 멈추는 계기가 되기도 하고, 자신의 문제를 해결할 방법을 찾을 수 있도록 독성관계를 눈에 보이는 선명한 형태로 만들어 준다. 반대로 말하면 분노야말로 희생자들의 마음이 아직 살아있다는 증거이자 독성관계가 그 오랜 세월 동안에도 희생자들에게 빼앗아가지 못한 것이다. 분노의 표출은 희생자의 무기력을 정상적인 상태로 되돌리고 독성관계를 막을 수 있는 첫걸음이다.

독성관계하에서 분노가 쌓이는 것은 당연한 일이며, 독성관계가 계속되는 한 그 분노는 점차 비대해져 언젠가는 당신의 통제를 뚫고 나올 것이다. 문제가 되는 것은 분노의 크기와 방향이다. 분노가 커지면 커질수록 그 분노를 다루기가 어려워진다. 자신의 팔

힘에 비해 너무나 무거운 칼을 휘두르는 사람처럼 방향이 어긋나고 이로 인해 자신이 상처 입을 가능성도 커진다. 분노의 폭발이 살인과 같은 반사회적인 행동이나 자해나 자살, 약물중독과도 같은 자기 파괴적인 행동으로 이어지면 독성관계를 넘어 돌이킬 수 없는 상황이 된다. 분노의 방향이 어긋나게 되면 K의 사례처럼 대인관계의 모든 면에서 문제를 겪게 되거나 심지어는 당신이 사랑하는 사람들에게 향하여 이번에는 당신 스스로가 독성관계의 주도자가 되어버릴 수도 있다. 독성관계의 주도자들이 당신에게 그랬듯이 말이다.

그러니 당신의 분노는 올바른 시기에 올바른 대상을 향해야 한다. 당신의 분노는 독성관계의 주도자들을 향해야 하며, 분노를 표출할 올바른 시기는 지금 당장이다. 빠르면 빠를수록 당신은 그 분노를 통제하기 쉬울 것이며, 사회가 받아들일 수 있는 최대한 온건한 방식으로 표출될 것이다. 그들이 받아들이건 받아들이지 않건 당신의 의사를 확실히 전해야 한다. 당신이 더는 그들의 폭력과 폭언과 비인간적인 대접을 받아들일 수 없음을 확실히 전해야 한다.

물론 당신이 분노를 표현한 순간 당신은 매우 불편한 상황에 부닥칠 것이다. 당신이 평온하던 모든 것을 망쳐버린 것처럼 느낄 수도 있다. 하지만 이는 독성관계가 인생의 모든 것을 황폐화시키는 것보다 백배는 나은 일이다. 단언컨대 독성관계를 끝낼 수 있는 평화로운 방법은 존재하지 않는다. 주도자들과 협력자들은 당신이 언제까지나 희생자로 남아 있기를 원한다. 설령 당신이 평화로운 해결을 원한다고 하더라도 주도자와 협력자들이 그것을 용납하지 않을 것이다. 분노의 표출로 인한 불편함의 감수는 반드시 거쳐야 할 과정이며, 그 과정은 상상보다는 훨씬 할 만할 것이다. 그리고 무엇보다도, 당신의 앞에는 독성관계에서 벗어나기 위한 긴 여정이 아직 남아 있다.

그러므로 더는 참지 마라. 분연히 일어나라. 분노를 원동력 삼아 보편화라는 발판을 딛고 자기 의심이라는 벽을 뛰어넘어라. 사랑하여 상대방에게 행하는 폭력은 사랑이 아니라 폭력이다. 친근함을 표현하려고 나에게 욕설을 한 사람은 나를 사랑하는 사람이 아니라 나에게 상처를 입힌 사람이다. 타인에게 심한 대우나 폭언을 들어 마땅한 사람은 없다. 당연히 당신도 마찬가지이다.

독성관계에서 벗어나려 할 때
그들이 하는 짓

쉼 없이 울리는 희생자의 핸드폰

당신이 그들과의 독성관계를 끊을 것임을 선언한 순간 놀라는 것도 잠시, 독성관계의 주도자와 협력자들은 빠르게 행동을 개시한다. 이들에게 있어 당신과의 독성관계는 너무나 당연하고 올바르기까지 한 관계이다. 특히 주도자는 자신이 행해야 하는 당연한 권리를 빼앗긴 것처럼 여기고 진심으로 억울해하고 슬퍼하기까지 한다.

주도자는 단번에 연락을 끊고, 희생자를 자신의 인생에서 지워 버릴 수도 있지만, 어떠한 식으로든 희생자에게 접촉하여 독성관계를 유지하려고 하는 경우가 더 많다. 왜냐하면, 주도자는 독성관계를 통해 희생자에게 의존하고 있기 때문이다. 희생자 덕분에 주도자와 협력자들은 자신이 결코 받아들일 수 없는 심리적 문제를 투사하고, 그 죄책감과 수치심에서마저도 벗어날 수 있었다. 적지 않은 경우에서는 경제적 문제까지 의존하고 있었다. 이들은 독성관계가 지속되기를 원한다.

그러나 의외로 독성관계의 주도자가 전면에 나서는 경우는 별로 없다. 내가 경험한 대부분의 경우에서도 독성관계의 주도자들은 고소나 고발, 학교에서의 정학 등의 법적인 문제에 걸려있지 않는 한 초기에 직접적으로 나서지 않는 경우가 더 많았다. 왜냐하면, 이들은 강력한 투사와 부정, 합리화로 무장하고 있기 때문이다. K의 아버지가 결코 K에게 자신이 원하는 바를 직접 이야기하지 않았듯이 이들은 독성관계가 필요하되 자신이 희생자에게 의존하고 있다는 사실을 철저히 부정한다.

오히려 독성관계를 유지하는데 적극적인 것은 협력자들이다. 협력자들은 철저히 주도자의 편에 있다. 이들은 사소한 일로 일을 키운 희생자를 마음속으로 비난하고, 주도자를 안타깝게 여기기도 한다. 이들은 기꺼이 주도자의 대변인이 되어준다. 시어머니를 모시고 혼자 궂은일을 다 하던 며느리가 시어머니의 폭언에 못 이겨 더는 혼자서 시어머니를 모실 수 없다고 선언하면, 남편과 시누이를 비롯한 온갖 친척들이 전화해 며느리의 인간성을 비난하며 원래 자리로 돌아갈 것을 강요한다. 집단 따돌림과 폭력을 참지 못한 피해 학생이 이를 학교폭력위원회에 고발할 경우 오히려 전보다 더욱 곤란한 상황에 부닥치는 경우가 많다. 주변 사람들이 피해 학생이 받은 끔찍한 일에 대해 공감하기는커녕, 피해 학생이 반 분위기를 망친다며 오히려 비난하거나 가해 학생의 미래나 대입을 걱정하며 일을 크게 만들지 말 것을 종용하기도 한다. 일부 학생들은 피해 학생이 평소 미움받을 만한 행동을 했다고 성토하며 가해 학생을 옹호하기도 한다.

선한 중재자를 가장한 협력자들의 방해

협력자들은 흔히 자신들이 중립적이고 공정하다고 믿지만, 이들은 심리적으로 희생자보다는 주도자 편에 훨씬 가깝다. 따라서 독성관계가 무너지면서 받는 주도자의 심리적 위기를 함께 겪는다. 이들은 독성관계가 지금 이 모습 그대로 유지되기를 바라기 때문에 반항하고 항변하는 희생자를 원래 자리에 주저앉히려고 시도한다. 그 방법은 논리나 대의명분으로부터 감정에 호소하는 것까지 웬만한 심리전문가 뺨칠 정도로 집요하고 다양하다. 감정에 호소하며 회유하고, 대답을 들을 때까지 놔주지 않고 집요하게 설득하며, 때로는 위협하고 협박한다. 이들이 희생자의 반항을 막기 위해 사용하는 대표적인 방법을 소개한다.

① 공동체적 가치에 대해 강조하기

앞서 설명하였듯이 독성관계는 가족, 회사, 학교, 연인관계 등 주로 폐쇄되고, 강한 결속력을 가진 공동체에서 발생한다. 그리고 이들 공동체의 존속과 공동체의 정신적 유산은 독성관계를 유지하기 위한 도구로 사용된다. 특히 가족의 화합은 어떠한 사회에서든 절대적인 가치로 여겨진다. 독성관계의 주도자나 협력자들은 독성관계를 가족 간의 정이나 도리, 문화로 포장한다. 그리고 희생자가 지금 그 자리에 그대로 있는 것이 대의나 도덕적인 행위로, 이에 반하는 것은 패륜이나 부도덕으로 단정한다. 희생자의 죄책감을 유발하는 것이다. 그러나 이는 신의 사랑을 전파하기 위해 수만의 생명을 희생시키는 것만큼이나 앞뒤가 맞지 않고 부도덕하다. 애초에 전통과 도리가 생겨난 이유는 그 공동체 안에 살아가는 사람들을 행복하게 하기 위해서이다. 그 공동체 안의 인간을 더욱 행복하게 만들고, 더 오래 생존하게 만들기 위함이지 공동체 안 권력자의 권한을 공고히 하고 그 공동체 안의 약자를 노예로 부리기 위함이 아니다. 따라서 그 공동체의 정신적 가치는 언제나 상호적이어야 한다. 도리는 혼자 하는 것이 아니다.

따라서 독성관계에서 벗어나려는 당신의 행동을 가정이나 학교나 회사의 공동체적 가치를 훼손한 것처럼 여기고 마음 불편해 할 필요가 없다. 사람의 행복과 권리를 희생해가면서까지 지켜야 할 공동의 가치란 존재하지 않는다. 두 명의 인간 중 한 명만이 일방적으로 예의를 지키는 관계는 예의를 가장한 학대이다. 한 집단에서 한 명만 일방적으로 이득과 편안함을 보는 것은 전통을 가장한 갈취이다. 이러한 전통과 문화를 허용하는 공동체가 있다면 그것은 그 집단이 대단한 구조적 문제를 가지고 있거나 혹은 그 존재가치를 잃었다는 것을 의미한다. 당신은 행복하기 위해 태어났고, 당신 자신만의 가치를 달성하기 위해 존재한다. 당신은 도구가 아니다. 당신의 행복은 공동체가 존재하는 목적 그 자체이다. 가치를 잃은 전통과 공동체에 대한 죄책감을 벗어던져라.

② 주도자와 희생자의 공동의 것을 인질로 삼기

부부간의 독성관계라면 희생자를 협박하는 도구로 자식들을 이용한다. 독성관계에서 벗어나려는 배우자들을 향해 양육의 문제나 아이들이 받게 될 상처를 들먹이며 희생자가 자녀의 미래를 망치는 주범인 양 비난한다. 때로는 자신의 자녀들에게 특정 말이나 행동을 전하게 하거나 더 나아가서 희생자의 행동을 보고하는 스파이로 만들어 버리기도 한다. 배우자가 스스로 자신의 행복을 위해 자녀를 버린 무책임한 죄인처럼 느끼게 만들기 위해 집요하게 시도한다.

이들은 인질을 잡고 자신의 요구를 관철하려는 테러리스트이다. 이들이 총구를 들이대고 희생자를 위협하고 있는 것은 잔인하게도 어린 자식들의 미래와 행복이다. 인질 신변의 책임을 아무리 상대방에게 떠넘긴다 한들, 인질의 안위에 해를 가하는 것은 본질적으로 총구를 겨누고 있는 테러리스트의 책임이다. 물론 자녀의 미래를 들먹이는데 마음이 흔들리지 않을 사람은 없을 것이다. 그러나 중요한 것은 냉정해지는 것이다. 자녀들의 미래나 상처의 책임에서 자유로울 수는 없지만, 그것은 당신과 자식들이 상의할 일이지 모든 일의 원인인 주도자가 말할 수 있는 일이 아니다. 주도자와 협력자들이 심어놓은 죄책감이 당신의 선택에 영향을 미치지 않게 해야 한다.

주도자와 희생자가 공동사업을 하거나 전체 재산 중 공동재산의 비율이 높으면 주도자와 협력자들은 이를 볼모 삼아 희생자가 관계에서 빠져나가는 것을 방해한다. 가족 간에 공동사업을 하고 있으면 대개 희생자는 그 누구보다도 많이 양보하고 희생하지만, 결정권에서는 가장 멀어져 있다. 발언권은 없고 이익의 배분에서는 가장 멀어져 있다. 독성관계에서 벗어나려고 하면 주도자와 협력자들은 지금까지 해온 것이 아까움을, 또는 가족 사업이 희생자 개인의 미래에 얼마나 도움이 되는지를 강조하며 실리적으로 생각할 것을 강요한다.

만일 이들이 희생자들의 이익을 걱정했다면 독성관계로 인해 희생자가 불이익을 당하고 있을 때는 왜 가만히 있다가 이제 와서 난리를 피우겠는가? 독성관계의 주도자는 결코 희생자에게 그동안의 수고를 치하하며 이익을 새로 분배하거나 사업 일부를 떼어주지 않는다. 이들에게 있어서 희생자의 헌신은 당연하고 마땅히 누려야 할 자신의 권리이다. 당연한 것에 왜 돈을 내겠는가? 독성관계에서 주도자와 협력자들이 공유하는 방어기제가 부정(denial)과 합리화(rationalization)임을 기억하라.

이들이 원하는 것은 공정하고 동등한 관계를 새로 만드는 것이 아니라 지금 이대로의 역학관계 그대로 독성관계를 유지하는 것이다. 내가 만났던 독성관계의 희생자들은 대부분 유산 배분 시 형제 중 가장 적은 유산을 물려받았다. 당신의 수고와 헌신을 그동안 몰라줬다면 앞으로 알아줄 가능성도 역시 희박하다. 걱정을 가장한 협박이나 기만에 속아서는 안 된다. 이들이 설명하는 자신의 의도보다는 이들의 말과 행동의 결과에 집중하라. 그들이 더는 당신을 어린애 취급하고, 기만하며, 당신의 소중한 인생을 자신들을 위해서 소모하게 하도록 놔두지 말아야 한다.

③ 잘못된 보편화로 희생자의 상식을 흔들기

앞서 독성관계에 있는 희생자에게 알로스타시스를 벗어나 정상적인 기준을 찾게 해주는 마음의 과정으로 보편화를 들었다. 그러나 독성관계의 협력자들 역시 보편화를 통해 희생자들을 구속하려 한다. 이들은 다음과 같은 방식으로 주도자들의 행동을 변명한다.

"네가 뭔가 오해하고 있는 거야. 세상에 자식을 사랑하지 않는 아버지가 어디 있겠니? 다른 집들도 그래. 그게 다 사랑의 표현이지."

"친구들끼리 어울리다 보면 힘자랑도 할 수 있는 거고 짓궂은 장난도 할 수 있는 것 아닌가요? 다른 선생님 반에도 이런 일들 많아요. 일일이 다 개입할 수 없어요."

같은 보편화이지만 문제는 보편화가 이루어지는 방향이다. 협력자들이 사용하는 보편화는 오직 주도자를 정당화시키는 데 이용된다. 이들은 독성관계에서 희생자가 받은 불이익과 비인간적인 대접이 다른 집안, 다른 관계에서도 일어나고 있음을 거듭 강조하며 희생자가 받는 대접이 정상적이고 정당한 것처럼 포장한다. 또는 이러한 방식의 보편화도 사용된다.

"세상에 나쁜 사람은 없어. 진심은 언젠가 통할 거야."

"사실 마음속에 선한 마음이 없는 사람이 어디 있어? 네가 남편을 잘 이끌어주면 되는 거지."

이러한 방식의 보편화는 모든 인간이 어느 정도의 선한 마음을 가지고 있으며 주도자도 인간이기 때문에 주도자가 보이는 악한 모습을 용납하도록 설득한다. 그러나 모든 사람 속에 잠들어 있는(아마도 인간이기 때문에 존재할 것으로 생각되는) 선한 면이 이제까지 주도자가 한 폭언과 폭력을 견딜만한 것으로 만들어 주지 않는다. 독과 섞여버린 와인은 아무리 품질이 좋다고 한들 그 와인의 달콤함이 독을 중화해주지 않는다. 희생자를 대하는 주도자의 방식이 앞으로 달라질 것으로 생각하는 근거도 되지 않는다.

우리는 누구나 자신의 인생이나 자신의 대인관계가 평균보다는 행복하고, 최소한 지나치게 불행하지는 않다고 믿고 싶다. 자신이 가장 가까운 사람에게조차 사랑받지 못하고, 부당한 대우를 받고 있다는 것은 누구에게나 인정하기 어려운 일이다. 협력자의 왜곡된 보편화는 희생자에게 있어서 이 점을 파고든다. 사실 이 관계는 그렇게 부당하지 않고, 희생자가 너무 예민하게 받아들이고 있는 것이며, '사람은 모두 선한 면이 있어서' 진심을 다하면 언젠가 관계를 회복하고 사랑받을 수 있다고 말한다. 희생자는 협력자의 말을 듣고, 자신의 관계가 그렇게까지는 나쁘지 않으며, 주도자가 언젠가는 자신의 마음을 알아줄 것을 기대하고 기다려 보기로 한다. 그렇게 기약 없는 노예살이로 돌아가게 되는 것이다.

하지만, 희생자의 왜곡된 보편화에는 한 가지 중요한 것이 빠져있다. 어째서 당신인가? 당신이 분노하는 것은 늙고, 병드는 것처럼 인간이면 누구나 겪는 보편적인 괴로움이 아니기 때문이다. 폭언을 안 한다고 해서 숨이 끊어지는 것도 아니고, 폭력을 행사하지 않는다고 해서 병에 걸리는 사람도 없다. 주변 사람은 아무도 그렇게 당하지 않는데 어째서 당신만 당하고 괴로워하는가? 그렇지 않을 백만 가지 방법이 있었는데 어째서 당신에게 이유 없는 괴롭힘을 가했는가? 이것이 당신이 부당함을 느끼고, 분노하는 이유이다. 그리고 당신이 원하는 것은 괴로움을 끝내는 것이다. 협력자들의 일견 대인배 같고, 달관해 보이는 보편화는 그 어떠한 답도 제시해주지 않는다. 버티다 보면 언젠가는 좋은 날이 올 것이니 오직 그 자리에 머물러 있으라고 설득할 뿐이다. 이것은 당신을 구해주는 것이 아니라 당신을 그물에서 벗어나지 못하게 하는 마취제와 같은 것이다. 마취가 풀리면 당신은 여전히 그 자리에서 고통스러울 것이다.

독성관계가 흔들릴 때 주도자가 보이는 반응들

희생자가 더는 독성관계 안에 있지 않겠다고 선언하거나 독성관계에 분노를 표현하였을 때 주도자들이 보이는 반응은 대개 비슷하다. 이들은 철저히 독성관계의 존재 그 자체를 부정한다. 이들의 태도가 너무도 당당하고 자신감 있기에 독성관계에서 벗어나려는 희생자들은 종종 혼란을 느낀다. 주도자의 태도가 당당하고, 동조하는 협력자들까지 있어서 혼자인 희생자가 혼란스러워하는 것도 당연하다.

이들은 자신의 폭력과 폭언을 결코 기억하지 못한다. 이들의 감정 변화는 범죄자들이나 잘못을 저지른 사람이 처벌에서 벗어나기 위해서 필사적으로 거짓말을 하는 초자아 불안과는 거리가 멀다. 이들은 희생자가 제 뜻에 따르지 않는 것에 대해 진심으로 분노하고 자신의 행동이 왜곡되게 받아들여지는 것에 대해 진정으로 억울해한다. 그러면서도 자신의 행동이나 말 하나하나를 되새기는 것 또한 강력하게 거부하며 분노한다. 일반 사람들이 보면 진심으로 억울한 사람으로 보일 수도 있겠지만 정신의학의 눈으로 바라보면 명백히 병적인 반응이다.

자신의 폭력과 폭언을 기억하지 못하면서도 이들의 상처에 대해 언급하는 행위나 공감하도록 하는 시도를 거부하고, 이에 분노하는 것은 주도자가 보이는 '평가절하(devaluation)'라는 방어기제 때문이다. 이들은 자신의 불안과 죄책감에서 벗어나기 위해 오랜 시간 동안 희생자를 이용하고 억압해왔다. 이들에게 있어서 희생자는 마음을 가지고 있지 않은, 그래서 배려할 필요가 없는 인간 이하의 존재여야만 한다. 이들이 보이는 공감에 대한 거부는 '내가 하지 않은 일에 대해 누명을 씌우지 마시오.'라는 억울함보다는 '이 하찮은 자와 나를 동등한 권리를 가진 인간으로 보다니, 어떻게 그럴 수가 있소?'라는 억울함이다. 2차 세계대전 당시 히틀러가 유대인을 대했던 방식이 이와 같았다. 진료실에서 한 주도자는 나에게 이렇게 외치기까지 했다.

"어린아이에게 마음 그딴 건 없어. 있다고 하더라도 내가 원하지 않아. 선생이 뭔데 내 아들이 자기 뜻을 말하게 한단 말이오?"

따라서 희생자가 법적인 소송을 걸거나 분리를 시도했을 때 주도자는 심각하게 분노하게 된다. 독성관계가 폐쇄된 집단에서 벗어나게 되면 자신의 내면세계에서는 무생물에 불과한 희생자를 자신과 동등한 인간으로 대해야 하기 때문이다. 결국은 자신의 행동에 대한 사과나 그 어떠한 변명도 없이 고소의 취하나 행동의 취소만을 일방적으로 주장하게 된다. 그래서 주도자가 보이는 당당함이나 억울함에 현혹될 필요는 없다. 그것은 죄 없는 자의 당당함이 아니다.

저주와 관계의 단절, 주도자와 협력자들이 결국에 도달하는 행동들

주도자와 협력자들의 인내심은 유난히 짧다. 이들은 독성관계를 거부하는 희생자를 회유하고 설득하는 이 과정 자체를 부당하다고 여긴다. 독성관계 내에서 희생자가 겪는 일들을 너무나 당연한 것으로 생각하기 때문에, 그 관계를 유지하기 위해 설득까지 해야 하는 것이 못마땅한 것이다. 그래서 희생자를 다시 독성관계 내로 끌어들이려는 이 과정을 그들 스스로는 굉장히 많이 참고 있는 것이며, 하지 않아도 될 일을 호의로 하는 것으로 여긴다. 한 마디로 많이 봐주고 있는 것이다.

"이게 보자 보자 하니까!"

중세시대의 귀족이나 조선 시대의 양반들이 하인을 훈계할 때나 할법한 일갈이 터져 나오게 된다. 아주 짧은 그들 나름대로의 관대함이 끝나면 이들은 분노에 차 자신의 본심을 드러낸다. 그리고 당연히 받아야 할 돈을 떼인 채권자처럼 소리 지른 후 관계의 단절을 선언한다.

"그래 네까짓 것 없어도 '우리'는 잘 살 테니 나중에 후회하지나 말아라."

이들은 자신들이 희생자를 회유할 때 내세웠던 가족과 공동체의 소중함, 함께 지켜야 할 어린 자식들의 미래, 조금 전까지 그 누구에게나 있다며 설득했던 인간의 그 선한 면을 순식간에 부정해 버린다. 이들이 말했던 가족과 공동체는 희생자를 뺀 '우리'였으며, 함께 지키자고 했던 자식들의 미래는 자존심과 고집보다 중요하지 않았고, 누구에게나 있다며 기다려 보자던 인간의 선한 면은 희생자에게는 해당하지 않는 이야기였다. 그리고 그 누구보다도 만신창이가 된 희생자를 향해 미래에 대한 저주를 퍼붓거나 이제까지 자신이 베푼 은혜를 갚으라며 청구서를 들이민다.

희생자의 요구는 관계를 단절하겠다는 최후통첩이 아니라, 두 가지 중 하나라도 달라는 것이다. 너무 버거운 이 관계에서 벗어나 혼자서라도 자신의 행복을 찾아갈 자유, 아니면 관계를 유지하되 자신의 처지와 권리를 최소한으로라도 인정받는 배려. 그리고 대부분의 독성관계의 주도자와 협력자들은 희생자에게 인간의 권리를 주는 것보다는 관계의 단절을 주저 없이 택한다. 독성관계에서 벗어나는데 평화롭고 상호 간에 이해 가능한 방법은 존재할 수가 없는 것이 이 때문이다.

거짓 죄책감과
부풀려진 위기감, 아노미 벗어나기

아노미(anomie), 무너져 버린 세계

　독성관계에서 벗어나는 초반의 길은 김동리의 소설 '역마'의 마지막 장면에서처럼 갈수록 발걸음이 가벼워져 콧노래마저 나오는 그런 홀가분하고 자유로운 길이 아니다. 독성관계에서 처음으로 저항한 희생자의 심리상태를 한마디로 표현하면, 아노미(anomie) 상태라고 부를 수 있을 것이다. 아노미란 외부적 혼란으로 인해 규범과 가치관이 붕괴하면서 나타나는 사회적, 개인적 불안정 상태를 말하며 이 책에서 말하는 아노미는 주로 개인적 불안정 상태를 의미한다. 그동안 소중하게 믿어오고 지켜오던 어떤 익숙하고도 단단한 것이 깨지며 이제는 무엇을 목적지로 삼고, 어디로 향해야 하는지조차 없는 상태이다. 이 시기에 희생자들이 겪는 것은 극심한 혼란이다. 자신을 괴롭히던 악성의 관계에서 저항을 시도했고, 자기 뜻을 끝내 관철했으나 왜 마음은 혼란에 빠졌을까? 그것은 다음의 두 가지 이유에서 기인한다.

① 자신이 독성관계의 희생자라는 것은 받아들이기 힘든 일이다

우리의 정신은 세상을 그대로 인식하는 것이 아니다. 세상 일부만을 받아들인 후 뇌 속에서 이를 대표 이미지로써 저장하여 다룬다. 정신분석의 아버지 '프로이트(1856~1939)'는 이것을 '표상(representation)'이라 불렀다. 예를 들면 우리는 모두 아버지, 친구 등을 스스로 정의하는 어떠한 대표 이미지를 마음속에 가지고 있다. 이 표상의 일부는 내가 실제로 경험한 현실 속에 존재하는 대상인 아버지와 친구 등에서 비롯되며, 나머지 일부는 책이나 영화 등에서 교육받고 학습된 개념적 이미지로 이루어진다. 하지만 전자와 후자는 명백한 차이가 있다. 옛날이야기나 영화, TV 드라마 등의 매체에서 부모는 대개 언제나 무한의 사랑과 책임감을 가지는 숭고한 존재였다. 설령 부모의 행동에 자식이 상처를 받더라도 그것은 부모의 더 큰 사랑을 이해하지 못했던 것으로 언젠가는 부모의 큰 사랑을 깨닫고 눈물을 흘린다. 그러나 이는 현실에 그대로 적용할 수 없는 개념이다. 현실에서는 딸이 힘들게 번 돈을 아들의 사업자금으로 탕진해버리는 어머니도 있고, 명절날 자식이 자신의 요구를 들어주지 않는다고 집에 불을 지르는 노인도 있으며, 친딸을 강간하는 아버지도 있다. 하지만 우리의 뇌는 학습된 표상과 경험된 표상을 잘 구분하지 못한다. 특히 외부로 향하는 힘이 약한 희생자의 뇌는 학습된 가상의 표상을 진실로 믿으며 자신이 직접 경험한 실제 아버지의 모습을 정신의 오류로 착각한다. 따라서 자신이 착한 아이가 되면 언젠가는 그동안 받지 못했던 사랑을 한 번에 되찾을 수 있을 것이며 마법이 풀려 왕자가 된 개구리처럼 행복한 가정의 사랑받는 아이가 될 수 있을 것이라는 환상을 믿는다. 하지만 독성관계에 저항함으로써 뇌는 이미 어느 정도의 현실적인 감각을 되찾는다. 그날이 영영 오지 않을 것임을 깨닫는 순간, 언젠가는 제 가치를 다할 것이라 손에 꼭 쥐고 있었던 전 재산을 쏟아부은 마음의 어음은 휴짓조각이 되어버린다.

② 희생자들은 인간관계에서 거리의 개념을 상실한 상태이다

독성관계는 1과 0의 이진법으로 이루어진 세계이다. 희생자는 절대복종하는 착한 아이 아니면 천인공노할 패륜아, 모든 걸 희생하는 노예가 아니면 공동체를 배신한 배반자라는 극단적인 선택을 강요받으며 살아왔다. 그래서 모든 인간과 인간의 관계는 1과 0이 아니라 그사이 어디쯤 존재한다는 인식과 한 번 사이가 틀어지더라도 얼마든지 다시 회복할 수 있다는 믿음을 갖추지 못한 상태이다. 주도자들이 끊임없이 희생자의 감정과 사생활의 경계를 무시하고, 자신의 기분에 따라 희생자의 고유 영역에 마음대로 들어와 짓밟았기 때문이다. 따라서 희생자들은 누군가가 자신에게서 거리를 유지하려는 시도를 조금이라도 하면 이를 자신의 존재에 대한 부정이라고 생각하고 심각한 위기로 받아들인다. 독성관계에 갓 반기를 든 희생자는 도망자의 심리를 가진다. 국가나 민족, 가족 등과 같은 어떤 거대한 제도권에 반기를 든 상태이며, 평범한 인간 사회 속으로 돌아갈 수 없다는 생각이 든다. 기존에 알고 있던 모든 사람에게 비난받을 것으로 생각하고 후회와 죄책감에 지배당한다. 가족, 윤리, 집단, 인간성 등 자신들에게 유리한 기존 질서를 언급하며 끊임없이 희생자의 도덕성을 공격하는 협력자들의 시도가 이러한 죄책감을 가중시킨다. 이 상태에서 희생자의 마음은 경찰들로 포위된 건물 안에 혼자 갇혀 투쟁하는 영화 속 테러리스트처럼 극단으로 몰리게 된다. 이들은 모든 것을 포기하고 건물을 나와 수갑을 차고 감옥으로 가거나, 모두 불태우고 극단적인 선택을 하는 오직 두 갈래의 길만 있는 것처럼 느끼게 된다. 독성관계는 끝까지 1과 0으로 된 극단적인 선택을 희생자에게 들이미는 것이다.

아노미 극복하기
죄책감과 위기감을 당신이 죄인이라는 증거로 받아들이지 말 것

아노미라는 개념을 정립했던 19세기 말 프랑스의 사회학자 '다비드 에밀 뒤르켐(1858-1917)'은 자살이 개인적인 문제라기보다는 사회적 조건에 의해서 발생하는 것이라 강조하고, 인간사회의 가치 기준, 규범, 윤리관이 흔들리는 상태에서 자살의 발생률이 늘어나는 '아노미적 자살'에 대해 언급했다. 실제로 자신을 둘러싼 모든 환경과 가치관이 바뀌는 이 시기는 독성관계의 희생자들에게 있어서 가장 위험하고도 불안정한 시기이며, 정신건강의학과에 가장 많이 방문하는 시기이기도 하다. 안타깝게도 많은 희생자가 이 단계를 통과하지 못하고 결국 독성관계로 돌아가 버린다. 주도자와 협력자들은 한 번 탈출하려고 했던 배신자를 잔인하게 응징하고, 이전보다 훨씬 더 심하게 압박한다. 희생자의 자유로의 외침을 빈정거리거나 놀림거리로 삼기도 한다. 그리고 이를 참지 못한 희생자들은 다시 분노로 인한 전진과 아노미로 인한 후퇴를 반복하며 독성관계의 가장 힘든 부분만을 반복해서 경험한다. 그러나 독성관계에서의 아노미는 사실 그 실체를 깨닫고 보면, 서커스에서나 쓰는 조잡한 수법으로 대마법사 행세를 하던 '오즈의 마법사'의 마술처럼 허접하다. 독성관계에서 완전히 벗어난 희생자들은 훗날 그 가벼움과 얄팍함을 알아차리고, 좀 더 일찍 벗어나지 못하고 인생을 낭비하였음에 후회하며 심지어 분노하기조차 한다.

당신 마음속의 위기감은 터무니없이 부풀려져 있다

독성관계의 희생자는 모든 면에서 터무니없이 평가절하되어 있다. 주도자들과 협력자들은 희생자를 조종하기 위해, 희생자가 무능력하고 사회성이 떨어지며 생활능력이 없는 사람이라고 믿게 만든다. 성공한 부분에 대해서는 희생자의 노력이 아니라 자신들이 지원해준 덕분이라고 그 공을 돌린다. K의 사례를 살펴보면, K의 가족들은 K가 전문의 수련을 받느라 수년간 잠도 제대로 자지 못하고, 피곤함에 절어 힘들어하는 것을 보고도 그가 사소한 일에 유난을 떤다고 여겼다. 또한, 일부 파산하는 치과들의 소문에 대한 비웃음은 가족 식탁의 단골 화제였다. 반면 서울에서 몇 년째 행정고시에 낙방하는 K의 형에 대해서는 큰 세상에서 어려운 시험을 준비한다며 아파트를 마련해주는 등 지원을 아끼지 않았다. 그러면서도 K가 자신들이 사는 A시를 떠나는 것은 허락하지 않았다. K가 능력이 없고 사회성이 떨어져서 제대로 된 인간 구실을 할 때까지 부모와 함께 살아야 한다는 것이 그 이유였다.

이처럼 독성관계 내에서 희생자는 결코 공정한 평가를 받지 못한다. 가장 많이 평가절하를 당하는 분야는 주관적인 부분인 인성, 사회성, 태도 등이다. 주도자의 기분에 따라 근거 없이 가장 쉽게 비난할 수 있는 분야지만, 비난받는 처지에서는 가장 아프게 다치는 부분이다. 희생자가 자신에 대해서 자신감을 잃는 것은 당연하다. 희생자들은 가혹하지만 그래도 익숙한 이 관계를 떠나 자신이 홀로서기를 할 수 있는지 스스로 의심하게 된다. 주도자와 협력자들이 심어놓은 '나쁜 놈들로만 가득 차고', '너를 이용할 생각만이 가득한' 세상에 대한 공포는 덤이다.

당신이 만일 독성관계의 희생자라면, 주도자와 협력자가 만들어놓은 자신에 대한 나쁜 이미지 때문에 겁먹을 필요가 없다. 그들의 평가는 객관성이라는 단어와 가장 멀리 떨어진 곳에 있다. 당신은 그들로부터 스스로 자신감을 가지지 못하도록 유도당한 것에 불과하다. 그 증거로 그들은 객관적으로 평가할 수 없는 희생자의 인성이나 태도 등에 대해서 주로 비난하였을 것이다. 구체적으로 당신의 어떤 점이 비난받아 마땅한지, 그것을 고치려면 어떻게 해야 하는지를 절대로 말해주지 않는다. 투사적 동일시를 통해 당신의 것으로 만들어 버린 무력감과 죄책감은 사실 그들 자신도 통제하지 못하는 본인들의 문제이기 때문이다. 이는 역설적으로 당신의 잠재력이 얼마나 거대한지, 의미 있는 삶에 대한 당신의 열망이 얼마나 큰지를 설명해준다.

왜냐하면, 희생자이지만 오히려 문제의 원인으로 부당하게 지목받으면서도, 그들의 감정을 받아주는 감정의 쓰레기통으로 그 오랜 시간을 보내면서도, 당신은 여전히 삶에 대한 희망을 단단히 부여잡고 있기 때문이다. 타인의 감정이 덮어 씌워지고 자신의 감정은 없는 것처럼 취급받으면서도, 가장 소중한 정신적 자산인 자존감을 훼손당하면서도, 당신은 여전히 부당함에 맞서 분노할 수 있을 만큼 용감하기 때문이다. 그토록 억눌리면서도 이만큼의 잠재력과 용기를 간직하고 있었다. 당신의 정신을 둘러싸고 있던 그 모든 악성적인 제한에서 벗어났을 때 당신의 희망이 얼마나 커질지, 당신의 인생이 지금보다 얼마나 더 의미 있을지를 상상해보라.

당신 마음속의 죄책감이 당신이 죄인이라는 증거가 아니다

희생자들의 죄책감 또한 아노미적 상태에 이르게 되는 중요한 원인 중 하나이다. 자신에게 가해지는 부당함에 더는 참지 못하고 목소리를 낸 것도 잠시, 무언가 대단한 실수나 잘못이라도 저지른 것처럼 죄책감이 든다. 아버지와의 독성관계에서 벗어난 아들은 가족 간의 사랑을 강조한 뉴스나 영화가 TV에서 나오면 견디지 못하고 채널을 돌려버린다. 수많은 소설과 교과서 등의 매체에서 되풀이되어온, 아버지가 돌아가신 후 너무나도 뒤늦게 아버지의 위대한 사랑을 깨닫고 눈물을 흘리는 아들의 환상에 시달리며 자신이 돌이킬 수 없는 짓을 한 건 아닌지 두려움에 떤다.

하지만 지금 드는 죄책감이 부당함에 분노했던 당신의 행위가 잘못이라는 증거는 되지 않는다. 인간과 인간의 관계는 백열전구의 스위치처럼 1과 0이 아니다. 하늘에 뜬 무지개처럼 어디까지가 빨강이고 어디까지가 보라색인지 구분하기 어려운 스펙트럼에 가깝다. 바람에 흔들리는 풀잎이 자신도 어쩔 수 없이 곁에 있는 다른 나무나 풀을 스치듯이 모든 인간은 곁에 있는 다른 인간의 곁을 조금씩 침범하며 침범받으며 살아간다. 그래서 인간과 인간의 관계를 유지해주는 것은 '미안함'이라는 감정과 '용서'라는 행위이다. 전세 계약이나 상업 거래처럼 각서나 계약서로 맺어진 관계가 아닌, 가족과 친구, 사제 간의 관계 등 추상적인 개념으로 묶여있는 모든 관계는 서로에 대한 미안함과 용서가 없이는 성립되지 않는다. 하지만 독성관계에서는 그 미안함과 용서가 희생자에게만 있다. 희생자의 감정은 무지개의 빨강과 보라 사이 명확하지 않은 지점을 옮겨 다니며 끊임없이 미워했다가 용서했다가 죄책감을 느끼기도 하며 흔들린다. 반면에 주도자의 감정은 백열전구처럼 켜짐 아니면 꺼짐이다. 금일까지 월세를 내지 않으면 방을 빼야 한다는 집주인과 세입자 간의 계약처럼 최후통첩을 남발한다. 용서도 없고, 미안함도 없다. 타지에서의 직장생활을 당장 그만두고 자신의 집 옆으로 이사를 오라는 요구를 들어주어야만 내 아들로 인정하고, 그 요구를 들어주지 않으면 내 아들로 인정하지 않는 중간이 없는 채권자와 채무자와의 관계를 강요한다.

그렇기에 독성관계를 끝내려고 할 때 느껴지는 죄책감은 당신이 죄인이라는 증거가 아니다. 죄책감이 느껴진다고 해서 당신의 행동이 잘못되었다는 뜻으로 받아들여서는 안 된다. 이것은 인간으로서 당연히 느끼는 감정이다. 당신이 그들을 사랑으로 대했다는 증거이며, 당신이 그들과 올바르고 건강한 관계를 바라고 있다는 뜻이다. 독성관계 내에서 투사적 동일시로 인해 덮어 씌워진 죄책감은 당신의 자존감을 끊임없이 상처 입히고 무력하게 만들 뿐이지만, 스스로 행동한 결과 나타나는 지금의 죄책감은 당신이 이제 올바른 관계의 길로 나아가고 있다는 변화의 증거이다. 이 흔들림과 죄책감을 다루는 방식에 따라 당신은 지금보다 더 강하고 행복해질 수 있을 것이다.

아노미는 변화에서 시작된다. 그 변화의 폭이 크다는 것은 독성관계가 당신에게 가한 구속이 그만큼 컸다는 것을 의미한다. 당신은 아노미 상태를 거쳐 당신을 얽매던 독성관계에서 벗어나 지금까지 보지 못했던 새로운 세계로 나가게 될 것이다. 그 세계에서는 당신이 원하는 곳에서 원하는 사람과 함께 자신의 마음이 진정으로 원하는 말과 행동을 해도, 그 누구도 단지 자신의 기분이 나쁘다는 이유만으로 당신을 욕하거나 폭행하거나 비웃지 않을 것이다.

고통이 끝나고서야
찾아오는 진정한 슬픔들

삶은 계속된다

"그래. 부모 버린 놈이 얼마나 잘 사는지 어디 한번 두고 보자! 우리도 너 같은 놈은 없는 셈 칠 거다."

"이게 경찰까지 갈 일이야? 어떻게 둘이 좀 싸웠다고 남자친구를 고발할 수 있어? 너 같은 여자는 이제 내 쪽에서 사절이야."

희생자가 더는 자신들의 협박과 회유, 위협에 조종당하지 않는다는 것을 주도자와 협력자들이 깨닫는 순간 독성관계는 끝나게 된다. 이들이 희생자의 요구를 진정으로 받아들이고 개선된 형태로 관계를 유지하는 일은 존재하지 않는다. 독성관계란 그런 것이다. 끊임없이 울리던 핸드폰이 갑자기 조용해지고 시끄럽던 주변이 거짓말처럼 고요해진다. 희생자는 남의 기분에 따라 멋대로 다루어지고 조종받는 삶에서 벗어나 처음으로 인생의 주도권을 되찾게 된다. 고요해진 마음과 자기만의 시간은 자신의 삶에 대해 생각하게 한다. 그렇다면 독성관계에서 벗어난 희생자는 이제부터 행복할 수 있을까?

잘못된 인간관계로 오래도록 힘들어했던 사람은 자신의 인생에서 그 사람만 없어지면 인생의 모든 것이 저절로 채워질 것이라 오해한다. 가난에 찌들었던 사람이 가난에서만 벗어나면 자신의 인생이 바로 행복해질 것이라 착각하는 것과 같다. 그러나 복권 당첨으로 벼락부자가 된 사람 중 어떤 사람들은 순식간에 당첨금을 탕진하고 이전보다 더 심한 나락으로 떨어지기도 한다. 불우한 어린 시절에서 벗어나 이른 나이에 유명해진 젊은 스타가 술과 마약의 늪에 빠져 자살에 이르는 경우도 적지 않다. 왜냐하면, 오래 지속된 불행은 우리에게서 당연한 감각을 앗아가기 때문이다. 나를 그토록 괴롭히던 것들이 사라져도 우리의 삶은 여전히 불완전한 채이며, 행복한 삶은 우리에게 주어지는 것이 아니라 만들어 나가는 것이라는 아주 평범한 진리가 그것이다.

독성관계가 물리적으로 종결된 직후인 이 시기에 희생자들을 가장 강렬하게 사로잡는 감정은 '슬픔'이다. 그 관계가 얼마나 나쁜 독성을 가졌든 간에 그것은 오랜 시간 동안 나의 일부였다. 그것이 건강한 장기이든 해만 끼치는 종양이든 간에 자신의 몸에서 절제될 때는 피가 나고 염증이 생기듯 우리가 인생에서 정신적인 무언가와 분리될 때에도 그 과정에서는 필연적인 아픔이 발생한다. 독성관계가 끝난 것만으로 우리는 행복해질 수 없다.

고통이 끝나고서야 찾아오는 진정한 슬픔들

정신적 외상을 겪는 이들의 고통은 언제나 그 사건이 끝난 후에 더 두드러진다. 단시간에 받아들이기 힘든 고통에 직면하면 우리의 정신은 스스로를 지키기 위해 자신의 감정을 동결시킨다. 호랑이에게 쫓기는 동안에 공포에 짓눌려 발이 굳어 멈춰버리지 않도록 감정과 육체를 연결해주는 장기인 시상하부가 감정과 육체의 반응을 차단해버리는 것처럼 말이다. 그러나 위기에서 벗어나게 되면 보류해왔던 반응이 다시 밀려온다. 몸이 사시나무 떨듯 떨리고, 갑자기 서글퍼져 울음을 터뜨리기도 한다. 하지만 이들은 이러한 감정을 다뤄본 적이 없다. 감정을 오래도록 인정받지 못했기 때문에 이 감정이 무엇인지 모른다. 어디에서 오는 것인지, 얼마만큼 지속되고 언제 끝날 것인지, 심지어는 이 고통이 감정인지도 모른다.

 그래서 어떠한 이들은 마약이나 알코올을 탐닉하기도 한다. 마약성 진통제나 알코올은 육체뿐만이 아니라 정신에서 비롯된 심적인 고통을 완화해주는 효과가 있기 때문이다. 알코올 중독 환자나 마약 사범의 상당수가 불행한 가족관계와 불우한 과거사로 고통받은 이들이었다는 연구 결과는 이러한 측면을 잘 설명해준다. 어떠한 이들은 심리서나 심리학적 지식을 탐구하는 과정을 통해 자신의 고통을 지식화함으로써 자신을 고통과 분리하려고 한다. 실제로 정신의학이나 심리학 분야에 종사하는 많은 사람이 자신들 또한 정신적 외상과 관련된 문제를 겪고 있다.

 감정은 결코 진통제나 지식으로 없어지지 않기 때문에 독성관계에서 벗어난 희생자들은 일상생활에서도 끊임없이 고통의 원인에 대해 분석하고 탐구하려는 경향이 있다. 위장에 남겨놓은 음식물을 다시 게워내어 씹는 소나 낙타와 같은 반추동물처럼 과거의 상처를 끄집어내어 계속해서 곱씹는다. 이러한 과정을 심리학에서도 똑같이 '반추(rumination)'라고 한다. 이들은 현재를 보는 대신 과거로, 과거로 파고든다.

 폭력적이고 강압적인 아버지와 결별한 아들과 딸들은 그 어떠한 효자·효녀보다도 자신의 아버지에 대해 많이 생각한다. 자식이 생겨 그 사랑스러운 모습을 바라보며 기뻐할 때도 마음 한구석에는 자신의 아버지가 자신에게 이러한 아름다운 감정을 느끼지 못한 점에 대해 슬퍼한다. 나이가 들면 드는 대로 끊임없이 자신의 나이 때 아버지의 심정에 대해 상상하고 짐작하려고 든다. 매 순간 마음의 한 부분이 독성관계에 머무르고 있다. 결과적으로 자신의 남은 인생마저 독성관계가 심어놓은 독에 침식되며 불행해진다.

필요한 것은 과거를 파고드는 것이 아니라 현재를 진행시키는 것

1917년 정신분석의 아버지 지그문트 프로이트(Sigmund Freud, 1856-1939)는 자신의 논문 '애도와 멜랑콜리(Trauer und Melancholie)'에서 상실에 대한 정상적인 반응인 '애도'와 '병적인 우울(melancholia)'의 차이에 대해 다루었다. 병적 우울(melancholia)을 겪고 있는 이들은 독성관계와 분리되면서 자신의 일부 또한 잃게 된다. 독성관계와 자신을 지나치게 동일시했기 때문이다. 자신의 중요한 부분을 독성관계에 놔두고 온 이들은 독성관계와 분리되면서 자기 자신이 무언가 결핍되어 있다고 느끼게 된다. 상실의 아픔을 받아들이지 못하고 자신과 나머지 세상을 사랑할 수 있는 힘을 잃게 된다. 당연히 새로운 관계를 만들 수도 없다. 독성관계와 진짜 나 자신의 경계가 흐릿하여 내 안의 감정 중 어떠한 것이 외부로 인한 반응이며 어떠한 것이 자신의 진짜 감정인지 구분할 수 없어 혼란스러워한다. 독성관계는 끝났지만, 이들은 여전히 희생자로 남게 된다.

반대로 애도(mourning)의 과정을 잘 거친 이들은 자신이 잃은 것이 자신의 일부가 아니라 외부대상에 불과하다는 것을 잘 알고 있다. 독성관계에서 벗어난 이후 애도 과정을 잘 거친다는 것은 독성관계가 한때는 자신의 일부였지만 이제는 더 이상 자신의 일부가 아니라는 것을 깨닫는 것을 의미한다. 당장에는 관계가 사라진 공허함과 외로움에 고통스러워하겠지만 시간이 지날수록 이들은 잃어버린 것은 외부의 관계이며 자신의 삶을 가꾸어나가는 본질적인 것은 여전히 자신에게 남아 있다는 것을 알게 된다. 결과적으로 이들은 독성관계를 마음속에서 떠나보내면서도 자기 자신과 나머지 세상에 대한 사랑을 회복할 수 있게 된다.

프로이트의 이러한 이론은 중요한 것을 말해준다. 관계에서의 이별은 현상이 아니라 스스로 행하는 적극적인 행위라는 점이다. 독성관계가 남기고 간 슬픔이 우리의 나머지 인생을 잠식하도록 하지 않기 위해서는 희생자도 이별에 적극적일 필요가 있다. 이별(離別)에서 더 나아가 결별(訣別)이 되어야 한다. 육체만이 아니라 마음조차 독성관계로부터 해방시키고, 더 나아가 인생의 나머지 관계를 새롭게 시작하는 이 과정은, '슬픔을 견디는' 수동적인 과정이 아니라 '슬픔에서 일어서는' 적극적인 과정이다. 이러한 애도의 과정을 거쳐 독성관계에서 진정으로 해방되어 자기 인생의 주도권을 되찾은 독성관계의 전 희생자들을 '독성관계의 생존자'라 부른다.

독성관계가 남기고 간 슬픔에서 일어서는 세 단계의 과정

① 상실 받아들이기

독성관계에서 막 벗어난 당신은 폐허 속에 홀로 남겨진 듯한 느낌을 받을 것이다. 희생자들은 독성관계에서 벗어난 후에도 현실을 받아들이기 어려워한다. 나를 사랑해줘야 할 위치에 있던 사람들이 나를 학대하고 왜곡된 방법으로 조종해왔다는 것을 받아들이는 것은 어려운 일이다. 나의 부모가, 나의 연인이, 나의 오랜 친구가 단지 자신들의 이기심 때문에 내 인생에 독을 푸는 것이나 다를 바 없이 나쁜 영향을 끼쳤던 것도 인정하기가 쉽지 않고, 많은 사람 중에서 하필이면 내가 그 희생자가 되어 오래도록 고통받아 왔던 것도 받아들이기 힘들 것이다.

당신은 스스로 미래가 없다는 느낌에 시달릴 수도 있다. 소중했던 젊은 시절이 독성관계 속에서 압박받는 동안 이미 지나가 버렸고, 그 과정에서 쌓아 올렸어야 할 나의 인생 전반과 인간관계 대부분이 이미 망가져 버렸다는 느낌이 그것이다. 타인들이 누리고 있는 행복한 가정, 건강한 연인관계, 친밀한 친구 관계를 보면서 자신의 상황과 비교하며 질투하고, 저항 한번 못해보고 인생의 수많은 기회를 날려버린 과거의 자신에게 증오를 품을 수도 있다. 이러한 후회와 질투와 증오들은 우리의 정신을 끊임없이 과거로 돌려보내고, 우리가 외부로 눈을 돌려 새로운 인생에 집중하는 것을 방해한다.

지금 필요한 것은 과거로 끊임없이 파고드는 것이 아니라 고개를 들어 눈앞의 현실을 직시하고 받아들이는 것이다. 교과서나 TV 드라마에서 보던 행복한 가정 또는 서로를 존중하는 부부관계, 우애 넘치는 형제 관계는 당신의 인생에 없었다. 사랑받고 존중받아야 함에도, 독성관계 안에서의 당신은 그러지 못했다. 가까운 사람으로부터 고통받았음에도 불구하고 오히려 고통받은 사실 그 자체를 부정당하거나 그 관계에 순응하도록 조종당했다. 그리고 대부분 당신의 선택이 아니었음에도, 이로 인해 인생의 많은 것을 잃었다. 하지만 이 사실을 인정은 하되 절망할 필요는 없다. 당신이 겪은 그 사실 자체가 당신이 평생 불행에 빠져 살 사람이라는 증거가 되지는 않는다. 당연히 당신의 인생이 돌이킬 수 없이 망가진 것도 아니다.

왜냐하면, 독성관계는 당신 안에 있는, 당신 스스로 문제를 해결하고 상처를 치유하고 남은 행복을 추구하는 힘을 결코 영원히 앗아가지는 못하기 때문이다. 당신이 독성관계에서 물리적으로 벗어난 순간, 당신의 정신은 발 빠르게 자신을 바꾼다. 독성관계 하에서 형성되었던 비정상적으로 억눌린 평형상태인 '알로스타시스'로부터 벗어나 정상적인 감각과 기준을 가지도록 자신을 되돌린다. 독성관계에서 막 벗어난 당신이 이제까지의 억눌린 슬픔과는 전혀 다른 적극적인 슬픔을 느낀다는 것은 독성관계에서 벗어날 수 있는 힘이 여전히 존재한다는 강력한 증거이며 긍정적인 신호이다. 이 슬픔의 과정을 견뎌내면 당신 안에 남아 있는 독성관계의 잔재들은 끊임없이 작아져 갈 것이다.

　　나는 수많은 독성관계의 희생자들을 보아 왔고, 독성관계에서 벗어난 후 이들에게 찾아온 새로운 슬픔에 대해서도 관찰해 왔다. 관계의 고통에서 빠져나온 이들이 곧바로 찾아오는 이 슬픔에 대해 매우 고통스러워하긴 하지만 이내 그 고통에서 벗어나 새로운 인생의 행복을 찾아 나가는 것 또한 수없이 목격했다. 그리고 그 변화의 첫 발걸음은 자신의 상실을 인식하고 이것이 독성관계에 의한 것임을 인정하는 것에서 시작했다. 물론 당신 앞에 보인 풍경이 너무나 황폐하고, 당장 당신의 손에 남은 것이 아무것도 없는 것 같기에 그것을 인정하는 것이 두려울 수 있다. 자신의 이러한 현실을 인정하는 순간 불행한 사람이 될 것 같고, 다가오는 슬픔에 인생이 무너질 것 같은 느낌이 들 수도 있겠지만, 독성관계의 영향에서 진정으로 회복하고 새로운 삶을 시작하는 것은 의외로 바로 이 지점에서부터이다.

　　독성관계는 당신이 아는 것보다 많은 곳에서, 당신의 생각보다 많은 사람에게서 존재한다. 그리고 많은 사람이 이 상실의 아픔을 용감하게 이겨내고, 마음 깊은 곳까지 독성관계의 영향에서 벗어나 자신의 인생을 되찾고 있다. 독성관계는 당신이 신에게 부여받은 잔인한 형벌이 아니라 그저 세상 속에 존재하는 수많은 아픔 중 하나이다. 그러므로 당신에게 일어났던 이 불행한 일을 받아들이자. 독성관계로 인한 과거의 상처는 당신이 무언가 잘못했기 때문에 입은 것이 아니다. 그것은 당신이 선택한 것이 아니었고, 당신은 그러한 대접을 받아 마땅한 사람도 아니었다. 독성관계에서 배울 점은 아무것도 없었고, 당신이 반성할 점 또한 어느 것 하나 존재하지 않는다. 너무 걱정할 필요 없다. 상실을 인정해도 당신은 무너지지 않으며, 애초에 당신의 마음속에 이를 극복할 수 있는 힘이 있었기 때문에 여기까지 올 수 있었다. 가슴을 펴고 고개를 들어 눈앞의 현실을 직시하자, 왜냐하면 다음 단계에서 당신은 자신의 마음속에서 그들의 영향력이 작아져 가고, 회복된 자아가 그 자리를 채워가는 모습을 지켜봐야 하기 때문이다.

② 독성관계와 나 사이에 경계 형성하기

독성관계 주도자와 관계를 끊는 것은 독성관계에서 해방되기 위한 필요충분조건이 아니다. 과거를 극복한다는 것은 우리가 과거와의 관계를 단절하고, 그 기억을 지워버리고 과거가 없는 사람이 되는 것이 아니다. 오히려 과거에 일어났던 일을 인정하되 그것이 과거에 불과하다는 것을 받아들이고, 같은 상황이 나에게 닥쳐왔을 때 이전과는 다른 방식으로 대응하는 것이다. 독성관계와 분리되는 것은 우리의 감정이 독성관계의 영향을 받지 않게 되고, 그럼으로써 우리의 선택이 독성관계의 주도자를 위한 것이 아닌 온전히 나 자신을 위한 것이 되는 것을 의미한다.

독성관계에 지배되고 있는 희생자는 주도자가 자신에게 한 말을 아무런 여과 없이 진실로 받아들인다. 주도자의 감정 또한 자신의 것처럼 받아들인다. 주도자가 자신의 문제로 화가 나서 희생자를 비난할 경우 희생자는 주도자가 화가 난 이유를 자신에게서 찾아 고치려는 무의미한 노력을 한다. 그러나 독성관계에서 벗어난 생존자는 주도자가 화가 난 이유가 본질적으로는 주도자 자신의 문제로 인한 것이라는 것을 알아차리고 주도자의 무절제한 분노를 피하기 위한 방법을 찾거나 자신에게 가해지는 부당한 감정의 표출에 저항한다. 희생자는 주도자가 순간적인 변덕으로 내뱉은 부정적인 평가를 자신에 대한 절대적인 평가로 받아들이지만, 생존자는 그것을 세상에 존재하는 자신에 대한 수많은 평가 중 하나로만 받아들인다.

독성관계에서 희생자의 인생은 주도자의 필요에 따라 소진되는 도구에 불과하다. 심지어 그 희생은 희생자의 전 인생을 바친 것임에도 불구하고 인정받지 못한다. 독성관계의 생존자는 모두를 만족시킬 수 없다는 것을 인정한다. 당장은 남들에게 좋지 않은 말을 듣더라도 진정으로 자신이 원하는 인생을 선택할 수 있다. 설령 그 선택이 잘못되었더라도 그것은 자신이 한 선택이기 때문에 얼마든지 자신의 오류를 반성하고 미래에 더 나은 선택을 위한 이정표로 사용할 수 있다.

희생자와 생존자의 차이는 결국 독성관계에서 비롯되는 수많은 부정적인 표현과 자기평가가 자신에게서 비롯된 진정한 자기감정인지 아니면 타인이 내게 발하는 수많은 신호 중 하나에 불과한

지를 구분할 수 있느냐에 달려있다. 연락하느냐 마느냐, 근처에 사느냐 멀리 떨어져 사느냐는 중요하지 않다. 이렇게 하나 이상의 인간이 모인 관계에서 교류하는 여러 가지 감정이나 생각 중 자신에게서 비롯된 것과 타인에게서 비롯된 것을 구분하는 능력을 심리학에서는 '자아 경계(ego boundary)'라고 한다. 이것은 한 개인의 정신이 복잡한 대인관계에서 스스로를 지키기 위한 피부나 갑옷 같은 역할을 하며, 독성관계의 주도자들이 자신들의 문제를 당신을 통해 해결하기 위해 당신으로부터 지워버렸던 정신의 필수적인 작용이다. 왜냐하면, 주도자들은 당신의 마음을 수단으로 사용하길 바라기 때문이다. 당신이 자아 경계를 가지는 것은 그들의 목적에 방해가 된다. 그래서 이들은 당신의 사생활을 침해하고, 기분에 따라 마음대로 오거나 가라고 명령하고, 이를 잘 수행하는지 감시하는 등의 비인간적인 행위를 통해 당신의 자아 경계를 끊임없이 지워왔다.

당신의 자아 경계가 견고해질수록 당신의 정신세계 안에서 주도자는 그 불법적인 영향력을 잃게 되고, 나아가 그 누구도 당신의 마음을 함부로 휘두르지 못하게 될 것이다. 그럼으로써 당신은 슬픔을 딛고 일어설 힘을 가지게 된다. 물론 당신의 자아 경계가 확고해질수록 주도자는 이를 불편해하고, 어쩌면 당신이 불편해진 나머지 스스로 당신과의 관계를 멀리할 수도 있다. 그러나 이는 당신이 아니라 그들의 문제이며 그들은 이제부터 그들의 문제를 스스로 해결해야 한다. 나는 이렇게 이야기해주곤 한다.

"만일 당신이 독성관계의 영향에서 벗어난 것이 확실해지고, 당신이 인생에서 자신을 위한 선택을 가장 앞에 둘 수 있게 된다면 그때에는 아마 아시게 될 겁니다. 이후에 그들과 다시 관계를 맺는다면 이것이 건강한 인간과 인간의 관계일지, 아니면 그들의 욕망에 또다시 휘둘리게 되는 독성관계가 될지를 말이죠. 그때 선택하세요. 그들을 내 주변의 한 관계로 받아들일지 아닐 지를요."

③ 새로운 감정과 관계를 내 몸에 새기기

독성관계에서 벗어난 희생자들은 나에게 종종 묻는다.

"선생님 덕분에 독성관계에서 벗어날 수 있었어요. 이제 전처럼 죄책감에 시달리거나 두려움에 떨지 않게 되었죠. 하지만 지금 찾아오는 감정은 뭐랄까요. 이전보다 편하긴 한데 무료하고 공허해요."

이럴 때 나는 이렇게 대답하곤 한다.

"행복은 불행이 없는 상태가 아니기 때문입니다. 불행에서 벗어난 사람들이 느끼는 감정은 의외로 무료함, 공허함 그러한 것들이에요. 이제 그 빈 곳에 새로운 감정과 새로운 관계를 채워 넣어야 할 때가 온 것이지요."

불행한 상태로 태어나는 사람은 없다. 독성관계의 희생자로 태어난 사람도 물론 없다. 그러나 독성관계는 오랜 시간에 걸쳐 희생자의 몸과 정신에 불행과 고통과 무력감을 문신처럼 새겨놓는다. 독성관계에서 벗어난 것만으로 불행의 잔재는 없어지지 않는다. 사랑하는 사람을 사고로 갑자기 잃은 사람들은 일상생활에 남아 있는 그 사람의 잔재에 오래도록 힘들어한다. 고인이 생전 모습 그대로 옆방에서 자고 있을 것만 같고, 부르면 어딘가에서 아무렇지도 않게 대답할 것 같다고 한다. 머리로는 그 사람이 없다는 것을 알지만 그 사람이 없는 세상에 몸과 정신이 익숙하지 않은 탓이다. 오랜 시간에 걸쳐 여러 번 그 사람이 없다는 것을 일상 속에서 확인한 다음에야 우리는 그 사람이 없는 새로운 세상을 받아들일 수 있다. 사랑하는 관계에서 뿐만 아니라 오랫동안 상처를 받아왔던 관계에서도 그렇다. 인생에서 주도자와 협력자들의 영향력이 사라져도 그들이 남긴 흔적들은 오래도록 남아 있다. 그래서 희생자들은 여전히 독성관계가 지속되고 있는 것 같이 착각을 하고 이전과 비슷한 불행감을 가지고 살아간다. 머리로는 알고 있어도 몸과 감정이 조건반사처럼 이전처럼 반응하게 만든다.

정신건강의학과 면담의 과정 중에 '훈습(working through)'이라는 과정이 있다. 한 번의 깨달음과 통찰만으로 사람의 사고와 행동은 변하지 않는다. 인생은 결코 한 번의 변혁으로 드라마틱하게 바뀌지 않는다. 통찰과 깨달음을 여러 번 경험하고, 이를 자신의 삶에 의식적으로 반영하는 과정을 반복해야 한다. 그래야만 정신 속의 변화가 일상생활에서 행동과 감각으로 폭넓게 적용되고, 이 과정을 통해 새로운 삶의 방식을 터득할 수 있다. 나는 이러한 훈습의 과정을 깨달음과 변화를 온몸에 '새기는 과정'이라 표현한다. 그리고 새로운 방식을 자신에게 새기는 것은 생각보다 긴 시간이 걸리고 많은 시행착오 또한 있을 것이다.

독성관계에서 주도자와 희생자와의 관계는 단순했다. 주도자는 전부 빼앗아가고, 희생자는 전부 준다. 주도자는 말하고, 희생자는 듣는다. 그리고 주도자의 의향을 일방적으로 따르지 않는다면 폭력이나 위협을 당하고 관계를 단절하겠다는 최후통첩에 시달린다. 그러나 새로운 관계는 이보다 몇 배는 복잡 미묘하다. 전부 빼앗거나 전부 빼앗기는 일 따위는 존재하지 않는다. 일방적으로 말하거나 일방적으로 듣는 일도 없다. 어떤 때는 내가 요구하기도 하고 상대방의 요구를 들어줘야 할 때도 있다. 내가 양보해야 할 때도 있지만, 상대방의 위협에 굴하지 않고 나의 뜻을 상대방에게 관철시켜야 할 때도 있다. 관계가 나에게 피해가 된다면 관계를 멀리하기도 해야 하고, 나는 관계를 좁히고 싶은데 오히려 상대방이 거부하기도 한다. 나와 상대방 모두를 만족시킬 수는 없으므로 나는 내가 원하는 것이 무엇인지를 알고, 상대방을 실망시키기도 해야 하며 그 결과에 책임을 져야만 한다.

새로운 관계에서 당신은 시행착오를 거치며 많은 혼란을 겪겠지만, 이것은 고통스럽기만 한 일이 아니다. 왜냐하면, 당신은 이 과정을 통해 강압적인 관계에서 남으로부터 강요된 자신의 모습이 아니라, 자유롭고 동등한 관계 내에서의 자신의 진짜 모습을 확인할 수 있기 때문이다. 또한, 당신은 이 과정을 통해서 다른 사람과의 관계가 생각보다 복잡하지만 동시에 안전하다는 것도 깨달을 것이다. 세상에는 수없이 다양한 종류의 관계가 존재하고, 한 번의 실패나 갈등이 무조건 관계의 영원한 단절로 이어지는 것이 아니다. 인간의 관계는 유동적이고, 기존의 관계가 단절되는 경우도 물론 있을 수 있겠지만 얼마든지 새로운 관계를 만들어나갈 수도 있다는 것을 알게 될 것이다.

그럼으로써 당신에게는 새로운 생각과 습관들이 새겨지게 된다. 세상은 생각보다 안전하고, 생각보다 살만하고 동시에 스스로가 생각했던 것보다 훨씬 괜찮은 사람이라는 것을 알게 된 당신은 그제야 자신이 진정으로 무엇을 원하는지 인식하게 될 것이다. 오랫동안 연습해왔던 춤동작이 몸에 익어 무의식적으로 몸이 움직이는 것처럼 점차 자신과 새로운 관계, 그리고 세상을 사랑하게 된다. 당신의 마음이 독성관계로 인해 상처받아 변형되기 이전으로 돌아가는 것이다. 최종적으로 당신은 사랑받기 위해 증명하고, 노력하고, 애쓰는 사람이 아니라 '있는 그대로 자연스럽게 자신을 사랑하는' 사람이 될 것이다. 이러한 변화를 이루어낸 당신을 나는 '독성관계의 생존자'라고 부른다.

벗어난 뒤 시작된 변화

새로운 세상에서 새로운 관계로 나아가다

K가 아버지와의 관계를 단절한 것은, 서울로 가고 싶다는 말을 꺼낸 날 저녁이었다. 그는 자유가 없는 A시를 떠나 보다 넓은 세상에서 많은 것을 배우고 싶었다. 아버지의 명령으로 어쩔 수 없이 A시에 남게 되었지만, 새로운 곳에서 더 많은 것을 경험해보고 싶다는 목마름은 늘 그를 조급하게 만들었다. 당연히 K의 아버지는 반대했다. 그의 아버지 의견에 따르면 자신의 가족은 서로를 떠나서는 안 되며, K가 자기 곁을 떠나 다른 곳에서 배울 것은 아무것도

없다는 것이었다. K의 형은 아버지가 마련해준 서울의 아파트에서 수년째 고시를 준비하며 살고 있었으나 그의 아버지는 결코 이것에 대해서 해명할 생각도 필요성도 느끼지 못하는 듯했다. 왜냐하면, K의 형은 K와는 달리 '특별하고', '큰일을 해낼 사람'이었기 때문이었다.

그날 밤 여지없이 K의 아버지는 K에게 다시 전화를 걸었다. 그리고 이전에 하던 대로 아무 말도 하고 있지 않다가 K가 용건을 여쭙자 다짜고짜 욕설을 시작했다. 자식이 아버지에 대한 도리를 하지 않는다는 것이었다. 언제나 그렇듯이 그 도리가 무엇인지 그 도리를 지키기 위해서는 무엇을 해야 하는지 구체적인 이야기는 없었다. 그리고 K는 처음으로 아버지에게 큰 소리를 내며 따져 물었다. 자신에게 대체 왜 이렇게 지독한 짓을 하는지. K의 아버지는 말문이 막힌 듯 말을 더듬다가 알아들을 수 없는 소리만을 질렀다. K는 자신도 알 수 없는 분노에 휩싸여 더 이상 듣지 않고 휴대폰을 벽에다 던져버렸다. 전화기는 액정만 금이 갔을 뿐이었다. 전화기 너머 K의 아버지가 소리를 지르는 것이 들렸다.

"키워준 값 내놓아라. 내가 너를 키워준 값을 내놓으란 말이다."

K는 너무나 가슴이 아픈 나머지 전원 버튼을 눌러 전화기를 꺼버리고 바닥에 다시 한번 내리쳤다. 이번에야말로 K의 휴대폰은 산산조각 나버렸다.

며칠 후, K는 나의 진료실로 찾아왔다. 그는 벌벌 떨리는 목소리로 자신에게 있었던 일을 털어놓았다. 새 핸드폰을 마련한 후에도 전화기는 여전히 꺼놓은 상태라고 했다. 어머니와 형의 전화가 빗발쳤기 때문이었다. 나중에 확인한 그들의 문자 중에는 K의 어머니가 암에 걸려 위독하다는 이야기도 있었다. 물론 건강하던 사람이 단 며칠 만에 암에 걸려 생사가 왔다 갔다 할 리 없었다. 이들은 K의 죄책감을 유발하기 위해 가족의 안위에 대한 거짓말까지도 불사했다.

K는 슬픔과 분노, 자신에게 미래가 없을 것이라는 공포, 가족관계를 망가뜨렸다는 죄책감에 제정신이 아닌 듯 보였다. 나는 그가 아노미로 인해 자살에 이를까 봐 걱정했다. 그는 울먹이며 연거푸 자신의 행동이 잘못인지 아닌지를 물었다. 죄책감에 휩싸여 누구에게든 용서를 받거나 죄책감을 덜고자 하는 것처럼 보였다. 그러나 동시에 자신이 자유가 없는 A시에서 나가지 못하고 평생 그대로일까 봐 두려움에 떠는 것 같기도 했다. 잘못한 것이 없는데도, K는 끔찍한 잘못을 저지른 다음 신부에게 와서 고해성사하는 죄인처럼 행동했다.

나는 고민했다. 환자의 행동에 옳고 그름을 이야기하는 것은 정신건강의학과 의사의 금기이다. 의사는 판사나 법률가도 아니고 신도 아니기 때문이다. 환자 인생의 중요한 결정을 대신해주는 사람은 더더욱 아니다. 그렇다고 해서 K가 다시 독성관계의 한 가운데로 돌아가게 놔두었다가는 K의 고통은 절대 끝나지 않을 것이 뻔했다.

오래 고민한 후 나는 K에게 말했다.

"우리는 오랜 시간 동안 당신이 가족들로부터 받은 마음의 고통에 관해 이야기를 나누었지요. 나는 당신이 무책임한 사람이 아니라는 것을 알고 있고, 부모에 대한 도리를 하지 않는 사람은 더더욱 아니라는 것을 알고 있어요. 어떠한 종류의 관계든 이해타산이 아니라 사랑과 정으로 엮인 관계에서는 서로 실망하더라도 용서가 따라오는 법입니다. 만일 당신과 당신 가족 간 관계의 문제가 사랑으로 인한 것인지 아니면 독성관계인지 판단하기 어렵다면, 먼저 스스로의 마음을 우선하세요. 나는 당신이 이 문제에 대해 오래도록 진지하게 고민하고 참아왔다는 것을 알고 있고, 지금 당신이 설령 가족들을 잠시 실망하게 했더라도, 가족들로부터 당신의 선택을 배려받고 용서받을 자격이 충분하다고 생각합니다."

그날 나의 조언이 K의 마음을 어떠한 방향으로 움직였는지는 모른다. 그러나 그는 다음 진료 시간에 나타나지 않았다. 수개월이 지나 K에 대한 기억이 옅어져 가던 어느 날, 불쑥 진료실에 나타난 그는 그동안 있었던 일에 대해 말하기 시작했다.

독성관계의 바깥에서

　새로운 세상에서 새 출발을 하는 것은 누구에게나 어려운 일이다. 그러나 독성관계의 희생자인 K에게는 그 몇 배는 어려운 일이었다. PTSD 환자가 일상생활로 복귀하는 데 있어서 가장 큰 장애물로 작용하는 것은 그 사고의 기억이 뒤집어놓은 일상생활의 감각이다. 작은 소음 소리도 큰 위협으로 느껴지고, 평소에 다니던 도로가 무서운 재앙의 현장처럼 느껴지기도 한다. 독성관계의 희생자도 마찬가지이다. 오래 노출된 독성관계는 그에게 정상적인 대인관계의 감각을 앗아가 버린다.

　K는 서울에서 적응하는 동안 꾸준히 나의 외래에 3주에 한 번 정도 방문했다. 그가 자신의 생활과 거기서 느낀 감정적 불편함을 이야기해주면 나는 그것을 명료화해주고, 그것이 자신의 감정인지 또는 독성관계의 잔재인지에 대해 함께 분석하는 작업을 반복했다. 독성관계의 희생자인 K가 새로운 환경에서 새로운 삶을 살아가는 데 있어서 겪었던 감정적 어려움과 이를 극복하는 과정은 다음과 같았다.

① 자신이 사라질 것 같은 불안감에서 벗어나다

　한번 분노를 표현한 K에게는 퇴로가 없어져 버렸다. K가 자신의 말을 무조건 들어주던 때에도 단 한 번도 인격적으로 대우해주지 않던 K의 아버지가 자신에게 반기를 든 아들을 용납할 수 있을

리가 없다. 그가 다시 A시로 돌아간다면 그의 앞에 기다리고 있는 것은 기나긴 시간 동안 이어질 잔인한 응징, 그리고 다시는 자신을 벗어나지 못하게 할 더 크고 튼튼한 쇠사슬일 것이었다. 그렇다고 해서 오랜 시간 동안 A시를 벗어나지 못한 그가 서울 쪽에 다른 지인이나 기반이 있을 리도 없었다. 그는 수중의 돈으로 간신히 자신과 가족이 지낼 거처를 마련하고 자신이 원래 일하던 곳보다 고되고 박봉인 직장을 구할 수 있었다.

거처와 직장이 해결되자 긴장이 풀린 그를 덮쳐온 것은 심각한 무력감이었다. 이것은 힘들게 육체노동을 하고 온 다음 집에서 죽은 듯이 자거나 전날 밤새 준비한 시험을 마친 후 겪게 되는 정상적인 피로감과는 거리가 먼 것이었다. K의 무력감은 언제나 극심한 불안감과 함께했다. 벼랑에 매달린 침대에서 자는 사람이 결코 휴식을 취하지 못하는 것처럼 그의 머릿속은 실체를 알 수 없는 불안이 가득 차 잠시도 쉬지 못했다. 자신이 잘하고 있는지 잘못하고 있는지 판단조차 되지 않았다. 원래 술을 그다지 즐기지 않았던 그였지만 매일 밤 마시는 술의 양은 점점 더 늘어만 갔다.

그럴 수밖에 없었다. 독성관계에 노출되어온 그의 정신은 매사에 독성관계의 역학대로만 느끼고 판단했다. 독성관계에서 벗어난 그의 환경은 마치 처음으로 또래와의 생활을 앞두게 된 유치원생이나 우주 공간에 내던져진 우주비행사만큼 낯설고 혼란스러운 것이었다. 심지어 그는 실패한 가족관계로 인해 대인관계에 대한 신뇌나 자신감을 완전히 잃어버린 상태였다. 초기의 서울 생활에서 그가 보인 증상들은 영아에게서나 관찰 가능한 멸절에 대한 공포(annihilation fear), 즉 자기 자신의 존재가 없어지거나 세상에서 지워질 것만 같은 존재적 불안처럼 보였다. 새로운 세상에서 그는 영아나 다름없는 존재였다.

이때 당시의 K는 정신건강의학과 진료조차도 포기한 상태였었다. 정신건강의학과 의사나 상담사를 통해 도움을 청할 기력조차도 가지고 있지 않았다. 그러나 현재의 시점에서 만난 K는 이 무기력의 시기를 극복하고 어느 정도 자신의 생활을 안정시킨 상태였다. 궁금해진 나는 K에게 물어보았다. 어떠한 방법과 마음가짐으로 그 심한 불안과 혼란 상태를 극복했느냐고. 돌아온 K의 대답은 아주 많이 의외였다.

"나를 무기력 상태에서 벗어나게 해준 것은 마음가짐이나 어떤 방법들이 아니에요. 나를 구해준 것은 바로 새로운 사람들과의 관계들이었어요."

② 타인과의 갈등을 극복하고 타인을 용서하기 시작하다

K의 대답을 들은 나는 처음에는 K가 굉장히 행운아라 생각했다. 나는 그가 새로운 곳과 새로운 직장에서 매우 좋은 사람들을 만났으며 그 긍정적인 관계의 경험들이 그를 회복시켰음이 분명하다고 생각했다. 그러나 K와 지속해서 만나며 K의 생활을 들어본

결과 나는 내 생각이 완전히 빗나갔다는 것을 깨달았다.

K가 새로운 환경에서 형성한 인간관계들은 이상적인 관계와는 전혀 거리가 멀었다. K가 새로이 만난 사람 중에서 어떠한 사람은 겉으로는 잘 대해주지만, 속으로는 그를 멀리했다. 어떠한 사람은 끊임없이 그에게 완벽함을 요구하고 책임을 다하도록 압력을 넣었다. K가 거만하고 자기애적이라며 대놓고 그의 인격을 비판하거나, K를 얕잡아보고 은연중에 그를 무시하는 사람도 있었다. 한마디로 그가 새로이 만난 사람들은 어디에나 있는 '아주 보통의 사람들'이었다.

이들과의 관계에서 K는 또다시 많은 상처를 받았다. 애초에 K는 대인관계에 있어서 사람들이 자신을 무시하고 이용하려 든다고 생각했다. 독성관계에 있었을 무렵 그는 주도자인 자신의 아버지에게 그렇게 교육받았고, 그의 아버지와 가족들은 실제로 그를 무시하고 자신들이 편할 대로 이용하기만 했기 때문이다. 그는 아버지의 말을 사실이라고 믿었고 이러한 경험들과 믿음은 그를 매사에 타인을 믿지 못하고 경계하도록 만들었다. 다른 사람들과 함께 있을 때 부정적인 평가를 받지 않도록 자신의 말과 행동을 검열했고, 타인이 자신에게 하는 부정적인 말과 제스처에 집중하고 속으로 괴로워했다. 점차 크고 작은 갈등이 그의 대인관계에 잡음처럼 생기기 시작했다. 하지만 놀라운 일이 벌어졌다. A시에 머물고 있었을 때는 내가 아무리 애를 써도 이루지 못했던 K의 내면세계의 성장이 자연스럽게 일어나기 시작한 것이다. 사람들과의 갈등을 반복할수록 그는 갈등을 풀어내는 것에 능숙해졌다. 잡음이 생기면 생길수록 그의 정신은 강인해졌다. 그의 말대로 새로운 관계가 그를 회복시키고 있었다. 단, 그 방식은 내가 예상했던 것과는 전혀 다른 방식이었다.

겉과 속이 다른 사람을 대하는 것을 통해 K는 진심이 아닌 사람들과 피상적인 관계를 유지하는 법을 배웠다. 이는 수많은 관계로 이루어진 인간관계의 부담을 줄여주었고, 타인에게 거절당하기 전 미리 마음의 준비를 하는 습관을 만들어 그의 상처를 줄여주었다. 완벽함을 집요하게 요구하는 사람을 통해 K는 타인의 기준을 백 퍼센트 만족시키는 것은 모두에게 불가능하고, 그럴 필요 또한 없다는 것을 알게 되었다.

그를 면전에서 비판하는 사람에게 곧바로 항의하고 사과받는 경험을 통해 부당한 일을 당했을 때 자신이 무력하지 않다는 점을 확인할 수 있었다. 그리고 은연중에 그를 무시하는 사람과 충돌 없이 거리를 벌리는 과정을 통해, 모든 대인관계가 영원히 가지고 가야 할 짐이 아니라는 것을 알게 되었으며 이후로는 오히려 가벼운 마음으로 다른 사람을 대할 수 있게 되었다.

이 놀라운 변화가 말해주는 것은 단 한 가지뿐이다. 독성관계 하에서는 영아와 마찬가지로 무력하던 그가 독성관계에서 벗어나

자 이제까지 미루어 두었던 대인관계에서의 성장을 빠른 속도로 따라잡고 있었던 것이다.

③ 세상을 용서하고 스스로와 화해하다

K가 서울에 올라간 지 1년의 시간이 흘렀다. 그동안에도 진료는 계속되고 있었다. K는 예전보다 훨씬 편안해 보였다. 그러나 이것은 K가 예전보다 훨씬 매력적이고 능력 있는 사람이 되어 모두의 사랑을 받고 있다는 의미는 아니었다. 여전히 그의 주변 사람 중에서 일부는 그를 사랑했고, 일부는 그를 미워했으며, 일부는 그를 예의 바르게 대했고, 또 어떠한 사람들은 그를 무시하고 무례하게 굴었다.

그러나 K의 반응은 이전과는 전혀 달랐다. 이전의 K는 다른 사람이 자신에게 부정적인 반응을 보이면 하늘이 무너진 것처럼 공포에 떨었다. 독성관계하에서 주도자와 협력자의 분노를 산다는 것은 곧이어 이어질 심한 모욕과 폭력, 고달파지는 인생을 의미하기 때문이었다. 그러나 K는 이제 다른 사람의 부정적인 반응을 두려워하지 않게 되었다. 이것은 그에게 주어지는 절대적인 평가가 아니라 그가 취사선택할 수 있는 다른 사람의 수많은 의견 중 하나였다. 이제 그는 다른 사람에게 부정적인 평가를 받을까 봐 필요 이상으로 주눅 들거나 과도하게 예의 바르게 행동하지도 않았고, 오래 참아왔던 분노가 쌓인 나머지 다른 사람이 예상하지 못하는 엉뚱한 타이밍과 맥락에서 폭발하는 일도 거의 없었다. 대신 자신이 부당한 대우를 받고 있다고 생각하면 그 자리에서 즉시 이야기하고 상대방에게 사과를 받았다. 그는 불안감과 아픔을 달래기 위해 술을 먹지도 않았다.

독성관계 속의 K는 분노와 수치심에 차 있었다. 그는 부정적인 것들만 기억했다. 아침 출근 시간마다 한국의 정치 상황에 대해, 세상에 일어나는 수많은 부조리한 일에 대해 종일 이야기하고 불평을 쏟아내었다. 퇴근하고 집에 와서는 그날 자신이 했었던 실수와 미성숙한 행동을 곱씹으며 자신을 증오했다. 그러나 이제 그는 자신과 세상을 그다지 미워하지 않았다. 누군가가 자신에게 잘못하더라도 쉽게 용서할 수 있었다. 왜냐하면, 그에게 있어서 상대방의 실수는 말 그대로 상대방의 실수이지 자신에 대한 모욕이 아니었기 때문이다. 설령 그것이 모욕적이라 하더라도 자신이 더는 그것에 대해 상처받지 않는다는 것을 알고 있었다. 타인에 대한 용서는 자신에 대한 용서로 이어졌다. 자신이 저지른 실수에 대해 자신의 나약함이나 어리석음을 탓하며 괴로운 시간을 보내는 대신 그 실수를 다시 저지르지 않을 것이라 반성하고 자신이 사랑하는 사람들과 좋아하는 일들에 몰두했다.

K는 자신이 예전보다 훨씬 더 세상으로부터 사랑받고 있다는 느낌이 든다고 했다. 내가 보기에도 그는 무척 자연스러워 보였고, 자유로워 보였다. 누구에게 사랑받고 있다는 느낌이 드냐고 묻자 그는 잘 모르겠다고 했다. 잘은 모르겠지만 단지 그런 느낌이 든다

고 했다. 나는 K의 변화에 대한 나의 의견을 말했다.

"아마 그것은 K씨가 예전보다 스스로를 사랑받을만한 사람이라고 여기기 때문일 겁니다. 당신을 조종하던 당신의 것이 아닌 죄책감과 수치심에서 벗어나 자기 삶의 통제권을 되찾은 증거입니다. 자신의 삶을 주도하는 사람은 스스로와도 화해할 수 있게 되지요."

K는 겸연쩍게 웃으며 고개를 끄덕였다. 비록 수줍게 웃는 작은 미소였지만, 그가 웃는 것은 드문 일이었기에 나에게는 그의 미소가 매우 시원스럽게 느껴졌다.

독성관계에서 벗어나 다시 찾은 삶의 자유

독성관계는 주도자가 받아들이지 못하는 자신의 모습을 희생자에게 투사하여 만들어진다. 그리고 주도자는 자신의 권력과 지위 그리고 자신에게 동조하는 협력자를 이용해 주도자의 머릿속에 있는 병적인 생각을 현실로 만들어간다. 희생자는 현실에서도 점차 주도자가 덮어씌운 심상대로의 사람이 되어간다. 그리고 주도자는 희생자가 제 생각대로의 사람인 것에 안심하고 그 관계에서 결코 희생자를 벗어나지 못하게 한다. 사랑을 가장한 압력과 협박을 일삼는다. 한번 독성관계가 성립되면, 희생자는 결코 변화하거나 성장하지 못한다. 마치 바닷가에 떠 있는 배 위에서 배를 아무리 밀어봤자 배가 앞으로 나가지 못하는 것과 비슷하다. 배를 앞으로 나가게 하려면 배의 바깥으로 나가서 밀어야 한다.

독성관계에서 벗어난 K가 보인 단기간의 빠른 성장은 의미심장하다. 소아 정신분석과 대상 관계 정신분석의 창시자로 알려진 정신분석가 멜라니 클라인(Melanie Klien)은 인간의 발달단계를 자신과 세상과의 관계를 어떻게 파악하고, 그 가운데에서 어떠한 형태의 불안을 느끼느냐에 따라 나누었다. 독성관계에서의 K가 맞닥뜨린 불안과 그 불안이 변해가는 과정, 그리고 K가 새로운 세상에서 다른 사람과 관계를 맺어가는 과정은 멜라니 클라인이 기술한 영아에서의 발달과정과 거의 비슷했다.

다른 사람과 관계를 맺기 이전의 유아는 자기 자신이 세상에서 사라지게 될 것 같은 멸절에 대한 공포(annihilation fear)를 느낀다. 그리고 다른 대상과 처음 관계를 맺은 유아는 이윽고 다른 사람이 자신을 공격할 것이라는 박해 불안(persecutory anxiety)에 시달리게 된다. 이 시기의 유아와 세상과의 관계에는 중간이 없다. 세상이 전부 나쁘고 강력하고, 나는 착하고 무력한 것이다. 이러한 박해 불안을 견뎌내면 세상과의 관계에서 중간지점이 생기고 세상을 점차 입체적으로 볼 수 있게 된다. 점차 박해 불안은 우울 불안(depressive anxiety)으로 변화하게 된다. 세상의 좋은 면과 나의 좋은 면, 세상의 나쁜 면과 나의 나쁜 면을 함께 다루는 과정이다. 그리고 우울 불안을 다루고 견디는 과정을 통해 세상의 나쁜 면에도 불구하고 세상을 사랑하고, 자신의 나쁜 면에도 불구하고 스스로에 대한 사랑과 자신감을 가지게 된다. 독성관계에서 벗어나 새로운 삶을 맞은 K는 마치 정상적인 유아처럼 세상과 올바른 관계 맺기 과정을 충실하게 밟아나갔다.

이러한 긍정적인 과정이 일어날 수 있었던 이유의 중심에는 독성관계와 이에 대한 분리가 있었다. 독성관계 내에서는 이를 해결하려는 K와 나의 수많은 노력에도 불구하고 K는 거의 성장하지 못했다. 독성관계에서 벗어난 K가 다른 사람을 대할 때, 마치 세상과 처음으로 관계 맺기를 하는 영아와 흡사한 불안 양상을 보였던 것도 이 때문이다. 한 인간이 사회적으로 성장하는 데 필요한 내면의 변화와 도전, 반성을 독성관계가 대신해버렸기 때문이다. 독성관계 안에서의 그는 주인공이 아니라 다른 주인공을 위한 소품에 불과했다. 그렇기 때문에 그 안에서 그는 결코 내적 성장을 이루어내지 못하고 그동안 이루어냈던 성장마저 잃어버렸던 것이다. 외부압력과 학대로 인한 정신 사회적 성장지연(psychosocial dwarfism)이었다. 반대로 독성관계에서 벗어난 후 새롭게 시작된 관계 맺기를 통해 결과적으로 K는 멸절에 대한 공포, 박해 불안, 우울 불안을 훌륭하게 극복할 수 있었다.

이제 K는 진정으로 자신의 인생에서 주연으로 올라서게 되었다. 세상과 나와의 경계를 충분히 잘 유지하고, 다른 사람과의 관계의 거리를 스스로 조절할 수 있었다. 타인에게 지나친 기대를 하지 않으면서도 동시에 세상에 대한 사랑을 잃지 않았다. 무엇보다도 그는 자신을 믿기 시작했고, 더는 심각한 수치심이나 필요 이상의 죄책감을 느끼지 않았다. 한때 독성관계의 희생자였던 K는 독성관계에서 벗어남으로써 이제는 독성관계의 생존자가 되었다.

K와 나는 이전처럼 자주 만나지 않았다. 그러나 그것으로 충분했다. 애초에 내가 해줬던 일은 단지, K가 다른 사람과의 관계를 포기하지 않도록 격려하는 일과, 예민하고 상처를 잘 받는 K가 상사나 동료 등의 인간관계에서 힘들어할 때 그와 의견을 나누며 함께 해주는 것뿐이었다. 그에게 필요했던 것은 부족한 것을 채우는 일이 아니었다. 그에게 필요했던 것은 덜어내는 것이었다. 자신을 압박하고 자신의 삶을 타인의 도구로 만드는 독성관계와 그 잔재에서 벗어나는 것 말이다.

3장 나는 지금 독성관계에 빠져 있는가?

내 독성관계 측정하기

내 독성관계 측정하기

1장과 2장에 걸쳐 우리는 독성관계란 무엇이고, 그것을 구성하고 있는 요소는 무엇인지, 그리고 독성관계가 우리의 인생을 어떻게 파괴하는지에 대해 알아보았다. 동시에 우리는 독성관계에서 벗어나는 방법과 그 과정에서 일어나는 심리적인 고충 또한 살펴보았다. 이해를 쉽게 하도록 독성관계라는 개념을 정립하는데 아주 지대한 영향을 준 환자 K의 사례를 함께 들었다.

K의 사례가 지나치게 비정상적이고 가혹했기 때문에 누군가는 이러한 일들이 아주 비정상적인 일부 가족 사이에서만 일어나는 일로도 생각할 수 있다. 그러나 그렇지 않다. 실제로 내 진료실에는 이와 유사한 문제를 호소하는 사람들이 많이 방문한다. 또래

에서 일어나는 따돌림의 문제를 호소하는 학생도 있었고, 부부간에서 일어나는 언어 및 육체적 폭력에 병들어 가는 사람들도 있었다. 시댁과의 문제에서 인간적인 대접을 받지 못하는 며느리도 있었다. 그 형식과 폭력의 정도는 다르나 관계의 양상에서는 K의 사례와 매우 유사했다.

안타까운 점은 인간과 인간의 관계는 매우 복잡하고 다양한 요소들이 영향을 미치고 있어 한 사람이 자신의 인간관계 안에서 어떠한 영향을 받고 있는지 스스로는 쉽게 파악하기 어렵다는 점이다. K의 사례에서처럼 인간관계에서 그 독성이 일정 이상이라면 그 관계는 되돌리거나 개선을 시도하기보다는 거리를 두고, 그 독성으로부터 최대한 벗어나야 함에도, 우리는 특정한 밀접한 관계, 즉 가족, 친구, 연인, 선후배와 같은 관계에 있어서 벗어나거나 거리를 벌린다는 상상조차 하지 못하고 있다. 즉 자신이 독성관계로 고통받으면서도 이를 당연한 것으로 생각하는 것이다. 이는 한 사람의 정신세계에 있어서 지대하고도 지속적인 손상을 입힌다.

따라서 자신이 한 관계에 있어서 문제를 느낀다면 이 관계가 독성관계에 얼마나 가까운지, 즉 관계의 독성을 파악하는 것이 중요하다. 인간과 인간의 관계나 행동 등 다요인적이고 관념적인 현상을 측정하는 방법으로 정신의학이나 심리학에서는 다양한 척도(scale)를 사용한다. 척도는 비록 그 자체가 현상을 그대로 설명하지 않을지라도 우리가 단지 한 문장이나 단어로 설명하기 복잡하고 다축적인 개념을 입체적으로 나타낼 수 있다. 따라서 이번 장에서는 아래와 같이 독성관계를 이루는 5가지의 주요 요소인 주도자 요인, 희생자 요인, 협력자 요인, 고립성 및 지속성 요인, 폭력성 요인을 수치로 나타내어 한 인간과 인간의 관계에서 당사자가 받는 독성 영향을 시각적으로 표현하는 법을 배울 것이다. 위 5개 축(axis)을 표현하는 형식은 아래와 같다. 그리고 4장에서 우리는 일상생활에서 마주치는 다양한 관계를 살펴보고 그 관계의 독성 정도를 아래의 표에 적용해볼 것이다.

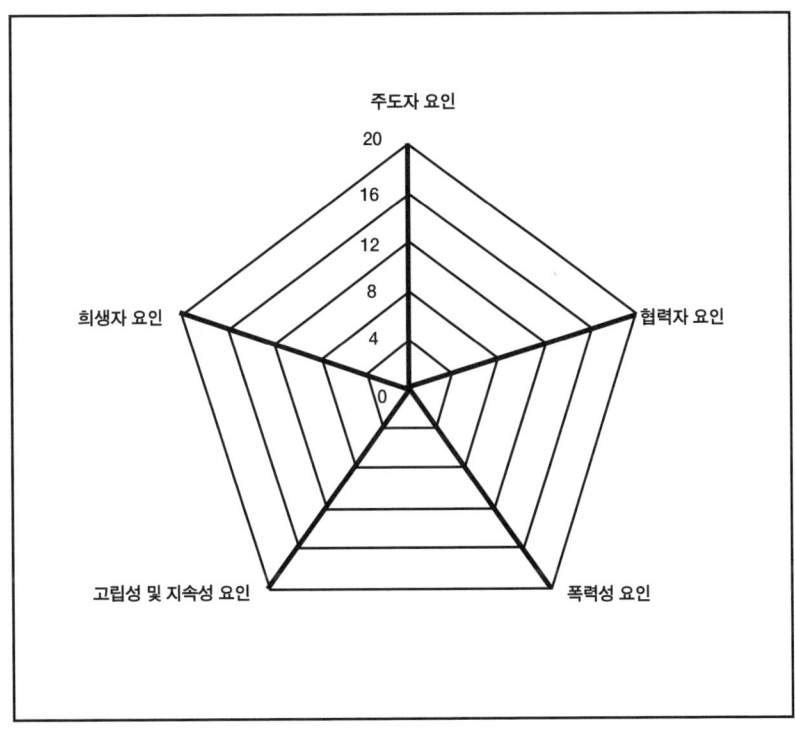

주도자 요인

지금부터 여러분은 당신과 주변 한 사람의 관계에 대해 여러 가지 질문을 받게 될 것입니다. 아래의 5개의 질문을 잘 읽고 자신에게 해당하는 사항을 골라주십시오. 그리고 당신이 고른 답의 총합을 골라 앞 그림의 5각형 중 한 축에 표시하여주십시오. 각각의 보기에 따른 답은 아래와 같습니다.

0. 전혀 그렇지 않다 :　　　0점
1. 가끔 그렇다 :　　　　　　1점
2. 보통 그렇다 :　　　　　　2점
3. 자주 그렇다 :　　　　　　3점
4. 항상 그렇다 :　　　　　　4점

질문 1. 같은 그룹 내에 있는 당신과 상대방 두 사람의 관계에 있어서 상대방이 당신에 비해 압도적인 영향력을 가진다.

0. 전혀 그렇지 않다
1. 가끔 그렇다
2. 보통 그렇다
3. 자주 그렇다
4. 항상 그렇다

질문 2. 당신과 상대방의 관계에 있어서 상대방과 당신은 사회통념이나 조직 내 규율상 수직적인 상하 관계이다.

0. 전혀 그렇지 않다
1. 가끔 그렇다
2. 보통 그렇다
3. 자주 그렇다
4. 항상 그렇다

질문 3. 상대방이 당신에게(보편적, 사회적인 기준으로) 실수하거나 예의에 어긋나는 행동을 했을 경우 잘못을 인정하지 않고 부정해 버리거나 합리화하는 경향이 있다.

0. 전혀 그렇지 않다
1. 가끔 그렇다
2. 보통 그렇다
3. 자주 그렇다
4. 항상 그렇다

질문 4. 상대방이 당신의 시간, 기회, 돈, 자유를 마치 자신의 것처럼 다루고, 실제로 그렇게 생각한다.

0. 전혀 그렇지 않다
1. 가끔 그렇다
2. 보통 그렇다
3. 자주 그렇다
4. 항상 그렇다

질문 5. 당신과 상대방의 관계에서 상대방은 당신을 자신과 동등하다고 생각하지 않는다. 즉 상대방과 자신 사이에 같은 규칙이나 예의범절이 적용된다고 생각하지 않는다.

0. 전혀 그렇지 않다
1. 가끔 그렇다
2. 보통 그렇다
3. 자주 그렇다
4. 항상 그렇다

주도자 측 총점 : _____

주도자 축에 대한 질문 5개는 당신과 특정 상대방의 관계에서 상대방의 위치와 태도, 행동이 독성관계의 주도자에 얼마나 가까운지를 묻는다. 각각의 질문에 대한 세부사항은 다음과 같다.

> 질문 1.
> 같은 그룹 내에 있는 당신과 상대방 두 사람의 관계에 있어서 상대방이 당신에 비해 압도적인 영향력을 가진다.

만일 한 집단에 속한 당신과 상대방의 관계에서 독성관계가 일어나고 있다면, 즉 당신이 희생자이고 상대방이 주도자의 위치에 있으려면 상대방은 당신에 비해 압도적인 영향력을 가질 것이다. 아버지와 아들의 관계라면 당연히 아버지가 자식이나 다른 가족들에게 미칠 수 있는 영향력이 더 클 것이다. 어머니와 딸과의 관계나 형과 동생과의 관계도 마찬가지일 것이다.

만일 연인이나 학교 친구, 같은 직급의 직장 동료와 같이 일견 동등해 보이는 관계일지라도 서로 간에 명확한 영향력의 우열 관계는 있을 것이다. 인간과 인간의 관계에 있어서 완전히 동등한 관계보다는 동등하지 않은 관계가 훨씬 더 많다. 예를 들면 서로 사귀고 있는 남녀관계에서도 관계의 주도권을 쥔 사람이 있기 마련이고, 같은 대리이더라도 상사나 동료들에게 더 영향력이 있는 사람이 있을 것이다. 당연한 이야기이지만 영향력이 많은 사람이 언제나 옳은 것은 아니다. 하지만 영향력이 있는 사람이 영향력이 없는 사람보다 관계의 많은 것을 통제할 수 있다.

> 질문 2.
> 당신과 상대방의 관계에 있어서 상대방과 당신은 사회통념이나 조직 내 규율상 수직적인 상하 관계이다.

한 관계에 있어서 기본적으로 상하 관계가 명확히 나뉘는 관계들이 있을 것이다. 부모와 자식이나 직장이나 학교 내 선후배, 연상과 연하, 스승과 제자 등이 그것이다. 이러한 관계는 시작부터 명확한 영향력과 힘의 차이를 가지고 시작한다. 이러한 관계에서는 윗사람과 아랫사람 나름의 의무와 책임이 존재한다.

물론 상하 관계가 명확한 모든 관계에서 독성관계가 성립되는 것은 아니다. 맡은 자리에서 본분을 다하고 자신의 권한을 남용하지 않는 공정하면서도 인간적인 상하 관계도 분명히 존재한다. 그러나 많은 경우 이러한 관계에서 높은 위치에 존재하는 사람의 잘못은 가려지고, 아래의 위치에 존재하는 사람의 잘못은 부각되기 쉽다. 더군다나 이를 자정할 수 있는 피드백을 전달하기 쉽지 않다. 만일 높은 위치에 존재하는 사람이 그 위치에 걸맞지 않게 미성숙하거나 자신의 감정이나 병리를 통제하지 못한다면 이러한 상하 관계는 독성관계로 이어질 가능성이 크다. 또한, 이러한 상하 관계는 사회적 통념이나 전통으로 규정된 것이기 때문에 여간해서는 힘의 균형이 깨지기 어렵다.

> 질문 3.
> 상대방이 당신에게(보편적, 사회적인 기준으로) 실수하거나 예의에 어긋나는 행동을 했을 경우 잘못을 인정하지 않고 부정해 버리거나 합리화하는 경향이 있다.

이 문항은 독성관계에 있어서 주도자가 보이는 대표적인 방어기제인 부정과 합리화를 나타낸다. 물론 앞선 장에서 우리는 주도자가 보이는 대표적인 방어기제로 부정과 합리화 그리고 투사 및 투사적 동일시를 들었다. 그러나 단 한 가지 문장으로 투사와 투사적 동일시의 모든 것을 포함하기는 어려우므로 이어지는 문항에서 위 두 가지의 방어기제를 포함하는 개념을 분산시켜서 배치했다.

어떠한 중요한 관계에서도 넘어서는 안 되는 선이 있다. 아무리 친밀한 관계라 하더라도 예의가 필요하고 부모·자식 관계라 하더라도 해서는 안 되는 일이 있다. 상대방의 육체를 훼손시키는 폭력, 상대방의 영혼을 짓밟고 자존감을 꺾는 폭언, 성적 자기 결정권의 침해 등이 그것이다. 만일 실수라면 사과하고 재발 방지를 약속하는 것이 올바른 관계에서의 행동이다. 그러나 독성관계에서는 주도자가 희생자에게 하는 어떠한 말과 실수도 허용된다. 주도자와 협력자의 교묘한 합리화를 통해 죄책감은 부정된다. 같은 종류의 폭력이 반복되기 쉽다.

> 질문 4.
> 상대방이 당신의 시간, 기회, 돈, 자유를 마치 자신의 것처럼 다루고, 실제로 그렇게 생각한다.

독성관계의 공통적인 특징이다. 주도자는 희생자의 소유인 유형, 무형의 것들을 자신의 마음대로 갈취하거나 소유하려고 한다. 이는 돈이나 재산과 같은 물질적인 것에만 국한되지 않는다. 핸드폰에 위치추적을 하여 상대방의 동선을 확인하려는 배우자나 연인도 있고, 제자의 취업 기회를 가로막고 제자의 미래의 기회를 제자가 아니라 자신을 위해서만 사용하려 하는 스승도 있다. 또는 자식에게 거주의 자유를 제한하고 자신의 거주지 근처에서 살게 한 후 자신이 원하면 언제든지 달려오게 하는 부모 또한 존재한다. 10대 청소년의 경우 처벌이 가볍다는 이유로 자신보다 힘이 약하거나 영향력이 적은 동료의 물건이나 금전을 자신에게 바치게 하는 경우가 있다.

위 문항은 이러한 상황을 말한다. 어떠한 관계이든 예외를 두지 말고 위의 경우에 해당된다면 그 정도에 따라 '그렇다'에 표기하라.

> 질문 5.
> 당신과 상대방의 관계에서 상대방은 당신을 자신과 동등하다고 생각하지 않는다. 즉 상대방과 자신 사이에 같은 규칙이나 예의범절이 적용된다고 생각하지 않는다.

독성관계가 만성화되고 고착되었다면 일어나는 일이다. 관계에서의 위치를 떠나 모든 인간의 기본 권리는 동등하다. 어떠한 폐쇄된 집단에서건 기본권은 지켜져야만 한다. 그러나 일방적인 관계가 지속된다면 주도자는 희생자를 자신과 동등한 인간이라고 보지 않게 된다. 주도자의 행동은 정당화되고, 희생자의 피해나 마음의 상처는 부정된다. 이러한 관계는 너무나 빈번하게 일어나기 때문에 때로는 희생자마저도 이를 당연한 것으로 여기게 되기도 한다.

희생자 요인

질문 6. 상대방에게 부당하거나 비인간적인 대우를 받더라도 항의하지 못한다. 또는 항의를 하는 것이 잘못된 것처럼 느껴지거나 죄책감을 느낀다.

0. 전혀 그렇지 않다
1. 가끔 그렇다
2. 보통 그렇다
3. 자주 그렇다
4. 항상 그렇다

질문 7. 상대방에게 부당하거나 비인간적인 대우를 받는다고 하더라도 주변 사람들이 자신을 도와주지 않을 것이라고 느낀다.

0. 전혀 그렇지 않다
1. 가끔 그렇다
2. 보통 그렇다
3. 자주 그렇다
4. 항상 그렇다

질문 8. 같은 그룹 내에서 다른 사람에게 적용되지 않거나 일어나지 않는 부당한 일이나 비인간적인 대우가 나에게만 일어난다고 느낀다.

0. 전혀 그렇지 않다
1. 가끔 그렇다
2. 보통 그렇다
3. 자주 그렇다
4. 항상 그렇다

질문 9. 같은 그룹 내에서 나의 위치상 보통은 주어져야 할 권위나 혜택 또는 역할이 나에게만은 주어지지 않는다.

0. 전혀 그렇지 않다
1. 가끔 그렇다
2. 보통 그렇다
3. 자주 그렇다
4. 항상 그렇다

질문 10. 나에게 가해지는 상대방의 부당한 대우나 폭력에서 결코 벗어나지 못할 것 같아 무력감을 느낀다.

0. 전혀 그렇지 않다
1. 가끔 그렇다
2. 보통 그렇다
3. 자주 그렇다
4. 항상 그렇다

희생자 측 총점 : _____

희생자 요인에 대한 질문 5개는 당신과 특정 상대방의 관계에서 당신의 위치와 태도, 생각이 독성관계의 희생자에 얼마나 가까운지를 묻는다. 각각의 질문에 대한 세부사항은 다음과 같다.

질문 6.
상대방에게 부당하거나 비인간적인 대우를 받더라도 항의하지 못한다. 또는 항의를 하는 것이 잘못된 것처럼 느껴지거나 죄책감을 느낀다.

> 질문 7.
> 상대방에게 부당하거나 비인간적인 대우를 받는다고 하더라도 주변 사람들이 자신을 도와주지 않을 것이라고 느낀다.

희생자 축 요인에 대한 질문에서는 '부당하거나 비인간적인 대우'에 대해 지속해서 언급한다. '부당하거나 비인간적인 대우'라는 의미는 법률상, 그리고 사회적으로 보편타당한 기준에서 어긋난 대우, 대표적으로 폭력이나 폭언, 모욕과 비꼼 등을 의미한다.

간혹 부모와 자식 간의 관계에서 일어나는 체벌이나 훈육과 혼동될 수 있다. 여기서 말하는 '부당하거나 비인간적인 대우'의 기준을 두 가지로 나눌 수 있는데, 첫 번째 기준은 공식적인 대인 관계에서 행해졌을 때 사회적으로 지탄받을 정도가 되어 이를 숨기려고 할 정도이고, 두 번째 기준으로는 같은 행위를 자신의 그룹의 외에서, 즉 자신과 친밀하지 않은 사람에게 절대로 할 수 없는 정도의 대우를 의미한다.

예를 들면 아이와 언쟁을 하다가 순간적으로 폭언을 한 후 바로 사과를 하는 경우라면 이것이 다른 사람에게 알려질 경우에도 큰 문제는 일어나지 않을 것이기 때문에 적극적으로 숨기려 하지 않을 것이다. 반면 부모가 아이를 훈육한다는 명목으로 골절이 일어날 정도의 매질을 한다거나 흉터가 남을 정도의 폭력을 가한다면 이 부모는 자신이 한 행동을 반드시 숨기려고 할 것이다. 언어적 폭력도 예외가 아니다. 모두가 듣는 앞에서 할 수 없는 모욕적이고 폭력적인 말을 단둘이 있을 때는 자신의 아이에게 할 경우에도 '부당하거나 비인간적인 대우'로 간주한다.

어떠한 부부나 연인관계에 있어서는 한 사람이 상대방의 모든 행동에 대해 감시를 하고 자신에게 보고하도록 하는 종류의 학대가 일어나곤 한다. 이러한 학대를 하는 당사자는 이러한 행위를 자신의 배우자나 애인에게만 할 수 있다. 자신의 직장 동료에게 같은 행위를 한다면 고발당할 것이다. 이러한 경우에도 '부당하거나 비인간적인 대우'로 간주한다.

만일 당신과 상대방 사이의 관계에서 다른 관계에서는 통상적으로 용납되지 않고 사회적으로 지탄받을 만한 폭력이나 언어폭력이 지속해서 일어나고, 이에 대해 항의하거나 이를 막으려고 시도하는데 오히려 당신이 죄책감이나 부담감을 느낀다면 이 관계는 독성관계에 가까울 확률이 높다. 또한, 주변 사람들이 이를 보고서도 당신을 도와주지 않는다면 이 또한 이 관계가 독성관계라는 증거가 될 수 있다.

질문 8.
같은 그룹 내에서 다른 사람에게 적용되지 않거나 일어나지 않는 부당한 일이나 비인간적인 대우가 나에게만 일어난다고 느낀다.

> 질문 9.
> 같은 그룹 내에서 나의 위치상 보통은 주어져야 할 권위나 혜택 또는 역할이 나에게만은 주어지지 않는다.

　만약 여러 사람으로 구성된 관계에서 다른 사람에게는 가해지지 않는 부당하거나 비인간적인 일이 나에게만 가해진다면 이 또한 독성관계의 증거가 된다. 또는 한 집단에서 상대방이 내가 당연히 가져야 할 위치나 권위상의 대접을 인정하지 않아 집단 내의 다른 구성원 또한 이를 인정하지 않는 경우도 있다.

　이러한 일은 군대나 동문, 대학원 등 엄격하게 계급이 정해진 상하 관계에서 자주 일어난다. 소위 '기수 열외' 또는 '투명인간 취급'이라고 불리는 일이다. 이는 특히 대한민국 군대에서 일어나는 대표적인 악습으로 상급자에게 찍힌 후임에게 그보다 더 낮은 후임에게 선임 대접을 하지 못하게 하거나 그 조직 내 모든 사람이 그 사람의 말에 대답하지 않도록 하는 악의적인 괴롭힘이다. 이는 주변인들에게는 별것 아닐지 몰라도 상기 행위의 희생자에게는 심각한 정신질환을 일으킬 수 있는 행위로 군대에서 일어난 여러 불행한 사고들의 원인이 되었다.

　그러나 이는 군대에서만 일어나는 일이 아니다. 직장이나 병원 내에서도 인간은 대리, 과장, 부장 또는 교수와 조교수, 레지던트와 인턴 등 여러 가지 직급으로 나뉜다. 그리고 각각의 직급을 온전히 수행하기 위해서는 그 직급에 맞는 대우를 받을 필요가 있다. 그러나 이러한 기수 열외나 투명인간 취급을 통해 그 사람이 받아야 했을 대우나 혜택, 또는 그 사람의 영향력을 없애버리도록 조종하여 직무의 수행을 방해하면서도 동시에 이를 이 사람이 능력이 없거나 심각한 문제를 가진 증거로 치부하는 경우가 많다. 집안에서라면 며느리와 시누이는 위계로 나눌 수 없는 관계이며 서로 동등한데도 불구하고 시댁에 미치는 영향력이 달라서 며느리의 말을 시누이가 무시하거나 무례하게 대하는 케이스가 이 상황에 해당한다.

> 질문 10.
> 나에게 가해지는 상대방의 부당한 대우나 폭력에서 결코 벗어나지 못할 것 같아 무력감을 느낀다.

독성관계의 결과 희생자는 자신에게 가해지는 폭력이나 폭언에 괴로움을 느끼면서도 동시에 이를 벗어날 판단력이나 행동력을 잃게 되는 '학습된 무기력' 상태에 빠지게 된다. 이 상태에서는 자신이 어떠한 행동을 해도 이 관계가 절대로 깨지지 않을 것이라고 느끼고 이를 벗어날 모든 노력을 포기하게 된다. 위 질문은 이러한 학습된 무기력의 정도에 대해 묻는다.

협력자 요인

질문 11. '당신과 상대방과 같은 집단 내에 속한 주변의 사람들'이 상대방이 당신에게 가하는 부당하거나 비인간적인 대우를 묵인하거나 방조하는 경우가 있다.

0. 전혀 그렇지 않다
1. 가끔 그렇다
2. 보통 그렇다
3. 자주 그렇다
4. 항상 그렇다

질문 12. '당신과 상대방과 같은 집단 내에 속한 주변의 사람들'이 상대방이 당신에게 가하는 부당하거나 비인간적인 대우에 동참한다.

0. 전혀 그렇지 않다
1. 가끔 그렇다
2. 보통 그렇다
3. 자주 그렇다
4. 항상 그렇다

질문 13. '당신과 상대방과 같은 집단 내에 속한 주변의 사람들'이 보편적 사회적 통념상으로는 당신과 동등한 위치에 있지만, 실제로는 자신들이 당신보다 지위나 권한이 높다고 생각하고 그렇게 행동한다.

0. 전혀 그렇지 않다
1. 가끔 그렇다
2. 보통 그렇다
3. 자주 그렇다
4. 항상 그렇다

질문 14. 상대방이 당신에게 행하는 부당하거나 비인간적인 대우에 대해 '당신과 상대방과 같은 집단 내에 속한 주변의 사람들'이 이것이 그룹 전체를 위한 일이라면 어쩔 수 없거나 허용되어야 한다고 생각한다.

0. 전혀 그렇지 않다
1. 가끔 그렇다
2. 보통 그렇다
3. 자주 그렇다
4. 항상 그렇다

질문 15. '당신과 상대방과 같은 집단 내에 속한 주변의 사람들'이 당신이 집단 내에서 당하는 부당하거나 비인간적인 대우의 원인이 실제로는 그렇지 않음에도 불구하고 당신의 잘못 때문이라고 생각한다.

0. 전혀 그렇지 않다
1. 가끔 그렇다
2. 보통 그렇다
3. 자주 그렇다
4. 항상 그렇다

협력자 축 총점 : _____

협력자 요인은 표기에 주의를 기울여야 한다. 모든 독성관계가 협력자를 가지는 것은 아니지만 부모, 형제, 상사와 부하 등 대부분의 관계에서는 한 명 이상의 같은 집단 안에 소속되는 주변인을 가진다. '0 ~ 4' 중 자신의 상황을 가장 잘 표현해주는 보기를 고르면 된다.

> 질문 11.
> '당신과 상대방과 같은 집단 내에 속한 주변의 사람들'이 상대방이 당신에게 가하는 부당하거나 비인간적인 대우를 묵인하거나 방조하는 경우가 있다.

> 질문 12.
> '당신과 상대방과 같은 집단 내에 속한 주변의 사람들'이 상대방이 당신에게 가하는 부당하거나 비인간적인 대우에 동참한다.

위의 질문 11과 12는 당신과 상대방 주변의 사람들이 독성관계의 협력자들인지에 관해 묻는다. 제1장에서 설명한 대로 독성관계의 협력자들은 주도자와 희생자 사이의 교집합이며 희생자에 대한 주도자의 폭거를 용인하는 허용자들이자 공범들이다. 이들은 주도자의 폭력을 묵인하고, 허용하며 주도자와 자신을 동일시하고 주도자의 역할에 가담하기까지 한다.

예를 들면 시어머니가 며느리에게 지속해서 행하는 폭언이나 집요한 요구를 남편이 알면서도 묵인하는 경우, 또는 이에 관해 이야기도 꺼내지 못하는 경우라면 질문 11에 해당할 가능성이 크다. 중·고등학교 내에서 집단 따돌림의 희생자가 되어버린 경우 주변의 일반 학생들도 가해에 동참하는 경우가 있는데 이러한 경우라면 질문 12에 해당한다. 주변인들이 희생자에 대한 주도자들의 폭거를 용인하거나 동조하여 동참해버리는 경우 독성관계의 독성은 지속되고, 강화된다.

> 질문 13.
> '당신과 상대방과 같은 집단 내에 속한 주변의 사람들'이 보편적 사회적 통념상으로는 당신과 동등한 위치에 있지만, 실제로는 자신들이 당신보다 지위나 권한이 높다고 생각하고 그렇게 행동한다.

> 질문 14.
> 상대방이 당신에게 행하는 부당하거나 비인간적인 대우에 대해 '당신과 상대방과 같은 집단 내에 속한 주변의 사람들'이 이것이 그룹 전체를 위한 일이라면 어쩔 수 없거나 허용되어야 한다고 생각한다.

독성관계가 지속되면 집단 내에서 희생자의 지위는 한없이 낮아진다. 그 피해는 불편함을 감수하는 것에서 당연히 받아야 할 인간적인 대우를 박탈당하기까지에 이른다. 당사자가 아닌 주변인들까지 자신이 당했다면 부당하다고 느끼고 분노할 것이 분명한 대우를 희생자가 받는 것이 마치 당연하고 정당한 것처럼 느끼게 된다. 그리고 이러한 전체적인 분위기는 문화나 전통과 같은 관습과 교묘하게 뒤섞여 암묵적인 룰을 형성함으로써 독성관계의 희생자를 혼란시키고 항거불능으로 만든다.

단지 이제까지 그렇게 해왔다는 이유만으로 형제간 중 특정 사람만 본인이 원하지 않는데도 부모님을 곁에서 모시거나 온갖 집안 행사를 혼자 준비해야만 하는 경우도 있다. 희생자가 된 사람은 당연히 다른 형제들과 동등한 권리를 가짐에도 불구하고 암묵적인 분위기에 눌려 의문조차 제기하지 못하게 되기도 한다. 더욱이 주변인들은 자신들이 명백하게 희생자에게 지독하고 부당한 행위를 가하는 것이 분명하지만 그것을 느끼지 못하게 된다.

> 질문 15.
> '당신과 상대방과 같은 집단 내에 속한 주변의 사람들'이 당신이 집단 내에서 당하는 부당하거나 비인간적인 대우의 원인이 실제로는 그렇지 않음에도 불구하고 당신의 잘못 때문이라고 생각한다.

독성관계가 고착되면 일어나는 일이다. 희생자는 한 집단에서 가장 부당한 대우를 받는 동시에 그러한 부당한 일이 발생하는 이유의 원인으로 몰리게 된다. 그리고 이러한 집단 역동에서 희생자는 소수이며 희생자를 제외하고는 그 누구도 피해를 보지 않고 오히려 이득만 되기 때문에 무의식적으로 이러한 집단 구조를 지지하고 이에 동조하게 된다. 심지어 희생자는 그 숫자마저도 주도자와 협력자에 비해 적다. 당연히 주도자의 희생자에 대한 부당한 행위는 지속되거나 강화되며 집단 내에서 아무도 이의를 제기하는 사람이 없게 된다. 설령 희생자가 부당함을 토로해도 아무도 그의 말을 들어주는 사람이 없게 된다.

고립성 및 지속성 요인

질문 16. 당신이 상대방과 아주 오랫동안 같은 집단에 소속되어 있거나 일정 이상의 기간 동안 밀접한 환경에 함께 있어야만 한다.

0. 전혀 그렇지 않다
1. 가끔 그렇다
2. 보통 그렇다
3. 자주 그렇다
4. 항상 그렇다

질문 17. 다른 관계나 기본 사회적 통념상에서는 심각한 도덕적 일탈이나 기본권의 침해로 보이는 일들이 당신과 상대방 사이에서 일어난다.

0. 전혀 그렇지 않다
1. 가끔 그렇다
2. 보통 그렇다
3. 자주 그렇다
4. 항상 그렇다

질문 18. 당신이 당한 부당하고 비인간적인 대우가 외부에 알려지는 것을 막으려고 하는 상대방 또는 협력자들의 적극적인 시도가 있다.

0. 전혀 그렇지 않다
1. 가끔 그렇다
2. 보통 그렇다
3. 자주 그렇다
4. 항상 그렇다

질문 19. 상대방은 당신과 상대방의 관계가 변화하는 것을 절대 인정하지 않는다.

0. 전혀 그렇지 않다
1. 가끔 그렇다
2. 보통 그렇다
3. 자주 그렇다
4. 항상 그렇다

질문 20. 당신이 다른 사람과 밀접하거나 친밀한 관계를 만드는 것을 상대방이 용납하지 않거나 적극적으로 방해한다.

0. 전혀 그렇지 않다
1. 가끔 그렇다
2. 보통 그렇다
3. 자주 그렇다
4. 항상 그렇다

고립성 및 지속성 축 총점 : _____

고립성 및 지속성 요인은 상대방과 당신이 얼마나 고립되어 있고, 그 관계의 지속성이 얼마만큼 강한지를 파악한다. 관계의 고립성이 강할수록 그 관계는 통상적인 다른 관계와 다른 비정상적인 양상이나 룰의 발생이 일어나기가 쉽고 관계의 지속성이 강할수록 그 희생자는 그 관계에서 빠져나오거나 관계를 변화시키는 데에 어려움을 느낀다.

> 질문 16.
> 당신이 상대방과 아주 오랫동안 같은 집단에 소속되어 있거나 일정 이상의 기간 동안 밀접한 환경에 함께 있어야만 한다.

독성관계가 시작되기 위한 중요한 조건이다. 우리는 평생 한 개 이상의 그룹이나 집단에 소속되어 살아간다. 그리고 일부는 사회에서 의무적으로 소속되어야 하는 경우도 있고, 처음에는 선택으로 들어갔지만, 생계나 특정 자격을 얻기 위한 긴 수련 과정으로 인하여 선택이 아니게 된 경우도 있다. 그리고 이러한 집단 전부의 구성원에서 독성관계는 나타날 수 있다.

- 태어나자마자 소속되는 집단과 그 구성원

  가족 : 아버지, 어머니, 형제, 자매, 친척 등

- 사회에서 의무적으로 일정 기간 동안 소속되어야 하는 집단

과 그 구성원

초등학교, 중학교, 고등학교 : 같은 반 동료, 선배나 후배, 선생님
군대 : 동기, 상관, 부하

■ 처음에는 선택이었지만 나중에는 그 선택에서 빠져나오기 어려운 집단과 그 구성원

배우자 : 남편, 부인
결혼으로 성립되는 관계 : 시아버지, 시어머니, 장인, 장모
직장 : 동기, 상사, 부하, 타부서 직원, 사장

■ 선택도 자유롭고 관계를 종료하기도 쉬운 집단과 그 구성원
연인, 동창생, 이웃

> 질문 17.
> 다른 관계나 기본 사회적 통념상에서는 심각한 도덕적 일탈이나 기본권의 침해로 보이는 일들이 당신과 상대방 사이에서 일어난다.

타인에게 폭언하거나 상대방의 신체를 훼손하는 행위 등은 전혀 모르는 타인에게 하면 체포되어 법의 처벌을 받을 수 있는 위법 행위이다. 그러나 현대사회에서는 부모가 훈육의 목적으로 자식에게 가하는 폭력은 대체로 허용된다. 자신의 감정이 좋지 않은 경우 그 감정을 해소하기 위해 아이에게 심각한 신체적 학대를 하더라

도 이것이 법적인 공방까지 가게 되는 경우는 거의 없다.

　군대나 직장, 학교에서도 마찬가지이다. 상대방의 인격에 대한 모욕, 상대방을 때리거나 가격하는 것, 노골적인 기수 열외와 따돌림 등이 빈번하나 대부분의 경우 조직 내 규율과 기강을 유지한다는 이유로 허용된다. 이러한 고립된 조직에서 큰 상처를 받았던 이들은 훗날 뒤늦게 분노를 다스리거나 정신적 외상을 회복하는데 수십 년을 허비하기도 한다.

　단지 폭력이 아니라 기본권이나 성적 자기 결정권을 침해하는 경우도 위의 질문에 해당한다. 모르는 타인에게 하면 성추행이나 성희롱에 해당하는 말을 부하나 친척에게 서슴없이 하는 경우, 그리고 그 말을 들은 당사자가 분위기 때문에 어쩔 수 없이 이를 듣고 있어야 하는 경우가 그것이다. 부모가 성인이 된 자식에게 자신이 부르면 언제든지 달려올 것을 명령하고 자식이 타지에 나가 사는 것을 절대 용납하지 않는 등의 기본권을 침해하는 유형도 있다.

질문 18.
　당신이 당한 부당하고 비인간적인 대우가 외부에 알려지는 것을 막으려고 하는 상대방 또는 협력자들의 적극적인 시도가 있다.

> 질문 19.
> 상대방은 당신과 상대방의 관계가 변화하는 것을 절대 인정하지 않는다.

관계에 있어서 상대방 또는 주위 사람들이 관계의 역동이 변하는 것을 막기 위해 당신에게 하는 행위에 관한 질문들이다. 부당한 일을 당한 희생자가 자신이 집단 내에서 당한 행위를 외부에 알렸을 때 행위의 옳고 그름이나 희생자의 상처를 아랑곳하지 않고 자신 집단의 일을 외부에 알린 것 그 자체만을 가지고 당사자를 비난하는 경우가 있다.

희생자의 상처를 외부에 알리는 것을 막는 상대방과 주변인들은 겉으로는 집단의 명예와 집단 구성원들의 이익을 대의명분으로 삼지만, 실제로 이들이 원하는 것은 희생자가 상처받는 행위를 통해 본인들의 안정과 결속력을 얻고 죄책감조차 느끼지 않는 이 편리한 구조를 유지하는 것이다. 따라서 이들은 희생자가 외부와 접촉하여 집단 내의 상황을 알리거나 희생자가 성장하여 생기는 어떠한 관계의 변화도 원하지 않는다.

집단 따돌림의 희생자가 피해 사실을 교육청에 알렸을 경우 해당 학교의 교사들이 희생자에게 곱지 않은 눈길을 보내는 것이나 자신이 수련 중인 병원의 수련의가 선배 수련의에게 받은 부당한 폭력에 대해 외부에 알리자 오히려 수련의를 징계하는 경우가 그 예에 해당한다. 또한, 자신의 딸이 자신을 떠나는 것을 두려워하여 딸의 연애나 결혼을 반대하는 어머니, 혹은 회사에서 자신의 부하였던 이가 자신과 같은 직급이 되었는데도 이를 인정하지 않고 지속해서 자신이 상사였을 때의 말투와 행동으로 공공연하게 모욕을 주는 등 독성관계가 주는 만족감을 유지하기 위해 희생자의 성장을 인정하지 않는 유형도 있다. '0 ~ 4' 중 자신의 상황을 가장 잘 표현해주는 보기를 고르면 된다.

> 질문 20.
> 당신이 다른 사람과 밀접하거나 친밀한 관계를 만드는 것을 상대방이 용납하지 않거나 적극적으로 방해한다.

만일 당신과 상대방의 관계가 독성관계에 가까울 경우 상대방이나 상대방의 협력자들은 당신을 고립시키려 할 것이다. 이는 중고등학교 교실에서 흔히 일어나는 일이다. 만일 당신이 고등학교 교실에서 독성관계의 희생자가 된다면 주도자들은 당신이 다른 친구를 만들려고 할 때마다 방해할 것이다. 당신의 남편이 독성관계의 주도자이고 당신이 희생자라면 당신의 남편은 높은 확률로 자식을 자신의 편으로 끌어들이기 위해 자식 앞에서 당신을 험담할 것이다.

반대로 당신에게 세상의 사악함이나 두려움에 대해 교육하는 주도자도 있을 것이다. 자식과의 독성관계가 유지되기 원하는 부모라면 자식에게 결혼의 좋지 않은 점이나 세상 사람들이 얼마나 잔혹하고 악마 같은지를 거듭 주입할 것이다. 자식에게 배우자가 생긴다고 하더라도 의사결정 과정에서 배우자를 배제하고 부모하고만 소통하게 만드는 경우도 있다. 독성관계에서 제삼자가 끼어들면 희생자에 대한 주도자의 지배력이 약화되기 때문에 이들은 희생자를 고립시키려는 이러한 시도를 계속하게 된다. 위의 질문은 이러한 상황에 관한 질문이다.

폭력성 요인

질문 21. 상대방이 자신의 기분에 따라 당신의 잘못 여부와 상관없이 당신에게 비인간적인 대우를 한다.

0. 전혀 그렇지 않다
1. 가끔 그렇다
2. 보통 그렇다
3. 자주 그렇다
4. 항상 그렇다

질문 22. 상대방이 다른 사람에게는 용납받을 수 없는 욕설, 심각한 수준의 인격에 대한 비난, 저주를 담은 말을 당신에게 사용한다.

0. 전혀 그렇지 않다
1. 가끔 그렇다
2. 보통 그렇다
3. 자주 그렇다
4. 항상 그렇다

질문 23. 상대방이 당신의 신체를 맨손 또는 도구를 사용하여 훼손한다. 혹은 폭력을 사용하겠다는 제스처로 당신을 위협한다.

0. 전혀 그렇지 않다
1. 가끔 그렇다
2. 보통 그렇다
3. 자주 그렇다
4. 항상 그렇다

질문 24. 상대방이 당신을 조종하기 위해서 일반적인 관계에서는 용납되지 않는 방법으로 당신의 죄책감을 유발하거나 당신을 혼란시키려 한다.

0. 전혀 그렇지 않다
1. 가끔 그렇다
2. 보통 그렇다
3. 자주 그렇다
4. 항상 그렇다

질문 25. 상대방이 당신의 생존이나 인간적인 삶을 위해 반드시 필요한 요소(숙소, 식사, 직장생활 등)를 개인적인 이유로 박탈하거나 박탈하겠다고 위협한다.

0. 전혀 그렇지 않다
1. 가끔 그렇다
2. 보통 그렇다
3. 자주 그렇다
4. 항상 그렇다

폭력성 축 총점 : _____

폭력성 요소는 당신과 상대방의 관계가 어느 정도로 파괴적이고 비인간적인지에 대해 표기하는 축이다. 각각의 질문에서 말하는 세부사항과 그 예는 다음과 같다.

> 질문 21.
> 상대방이 자신의 기분에 따라 당신의 잘못 여부와 상관없이 당신에게 비인간적인 대우를 한다.

질문 21은 정서적 폭력성에 대한 질문이다. 독성관계에서 일어나는 폭력성의 가장 큰 특징은 명확하고 합리적인 이유가 없는 비난이다. 주도자는 별다른 이유 없이 단지 자신의 기분이 언짢거나 혹은 외부에서 전혀 다른 이에게 받은 스트레스로 희생자를 비난한다. 물론 자신은 자신이 이유 없이 비인간적인 행동을 한다는 것을 받아들일 수 없기 때문에 그 나름대로 이유를 대며 합리화한다.

앞선 케이스에서 보면 K의 아버지는 K의 표정이 자신이 보기에 좋지 않다거나 기가 죽은 K가 집에서 아버지에게 아무 말도 하지 않는다는 이유만으로 K가 마치 인격에 문제를 가진 것처럼 비난했다. 그러나 K의 아버지가 화가 난 이유는 언제나 다른 곳에 있었다. 학교폭력의 현장에서 가해자에게 희생자를 괴롭힌 이유를 물어보면 가해자는 나름대로 자신만의 이유를 대는 경우가 많으며 심지어는 희생자가 원인제공을 했다고 스스로 확신하기도 한다. 그러나 이들이 자신의 행동에 대해 가져다 붙이는 원인은 제삼자가 들었을 때 황당하거나 그 자신이 행한 폭력의 정도에 비해서 너무나 사소한 경우가 많다. 심지어 어떠한 주도자는 자신이 원인이 된 희생자의 불행을 보고 희생자가 운마저 없다며 비웃기까지도 한다.

> 질문 22.
> 상대방이 다른 사람에게는 용납받을 수 없는 욕설, 심각한 수준의 인격에 대한 비난, 저주를 담은 말을 당신에게 사용한다.

질문 22는 언어적 폭력성의 정도에 관한 질문이다. 언어는 의사소통의 도구이지만 인간의 정신을 파괴하기에 충분한 무기가 되기도 한다. 독성관계의 주도자는 희생자에게 보통의 관계에서라면 용납될 수 없는 욕설을 거리낌 없이 하거나 심각한 수준의 비합리적인 비난을 하기도 한다. 물론 인간관계에 있어서 상대방에 대한 비판이 없을 수는 없다. 비판은 인간의 의사소통 과정과 협력에 있어서 중요한 과정이다. 그러나 독성관계의 주도자는 희생자의 '행위'가 아니라 '인격', '출신' 등의 존재론적인 부분에 대해 초점이 맞추어져 있다.

보통의 관계에서라면 상대방이 실수를 저질렀다고 한들 상대방의 지역이나 인격, 출신에 대해서 언급하지는 않을 것이다. 그러나 독성관계에서의 비난은 거의 언제나 '너는 언제나 그래'라든지

'존재 자체가 잘못이야.' 등의 의미를 담은 상대방의 존재에 대한 폭력적인 언어가 난무한다.

사실 일상적인 언어와 언어폭력 사이의 관계는 명확하지 않다. 이러한 모호함 때문에 독성관계에서 종종 희생자는 폭력을 당하면서도 자신이 폭력을 당하는 줄도 모르게 되는 경우가 많다. 가장 믿을만한 기준을 제시하자면, 이러한 언어사용이 타인에게 공개되어도 괜찮을지의 여부이다. 만일 당신과 상대방의 관계가 독성관계이고 당신이 상대방에게 언어폭력을 당하고 있으며 당신이 주도자에게 외부에(제삼자) 이를 공개하겠다고 말한다면 상대방은 반드시 당신을 회유하거나 위협하거나 달래서라도 이를 막으려 할 것이다.

질문 23.
상대방이 당신의 신체를 맨손 또는 도구를 사용하여 훼손한다. 혹은 폭력을 사용하겠다는 제스처로 당신을 위협한다.

신체적 폭력은 존재하는 모든 폭력 중 가장 파괴적이고 즉각적이며 때로는 희생자의 생명마저 위협할 수도 있다. 그리고 독성관계의 특징인 폐쇄성과 고립성, 그리고 협력자 요인이 희생자에게 가해지는 폭력을 극대화한다. 독성관계에서의 폭력은 중요한 두 가지 특징이 있다.

첫 번째로 폭력의 강도는 점진적으로 강해지는 경우가 많다. 대부분 폭력은 사소한 것에서 시작된다. 어깨를 밀치는 등의 사소한 행위로 시작하지만, 희생자가 그 폭력의 애매함에 반응하지 못하거나 힘과 영향력의 격차에 밀려 저항하지 못한다면 나중에는 멍이 들거나 뼈를 부러뜨리는 수준의 폭력으로까지 발전한다. 그 폭력의 진행 정도가 점진적이고 일상적으로 이루어지기 때문에 주도자는 자신이 범죄를 저지른다는 가책에서 벗어나고, 희생자마저 선뜻 이를 외부에 알리거나 저항하기 어려워진다.

두 번째로 폭력은 기만적인 형태를 띤다. 즉 실제로는 주도자가 충동 조절을 하지 못하고 미성숙한 욕구를 저항할 수 없는 타인에게 푸는 것일 뿐인데, 이를 교육이나 사랑으로 포장하는 경우가 많다. 그리고 자신의 의도를 타인에게 강요하여 굴복시킨다. 특히 스포츠업계나 예술계처럼 인맥이 큰 영향을 미치는 폐쇄적인 업계에서 두드러진다. 폭력을 조직의 기강을 잡는 수단이나 교육의 과정으로 포장한다. 그 누구보다도 건강한 신체와 정신력이 중요한 분야에 종사하는 이들이 상대방의 신체와 정신을 완전히 망가뜨리는 방법을 쓰고서는 이것이 상대방을 위한 것이라고 기만하는 경우가 많다. 폭력을 사용한 주도자들은 언제나 자신의 의도를 강조한다. 그러나 이들은 결코 폭력의 결과에 대해서는 책임지려 하지 않는다.

> 질문 24.
> 상대방이 당신을 조종하기 위해서 일반적인 관계에서는 용납되지 않는 방법으로 당신의 죄책감을 유발하거나 당신을 혼란시키려 한다.

질문 24는 주도자와 희생자 사이에서 조종과 가스라이팅이 일어나고 있는지에 관해 묻는다. 조종과 가스라이팅은 독성관계에서 가장 교묘하고 복잡한 형태의 정신적 폭력이다. 주도자는 어린애처럼 행동하거나 희생자를 놔주지 않고 끊임없이 논쟁하거나, 또는 자살하겠다거나 관계를 아예 끊어버리겠다고 위협하는 등 다양한 수법을 써서 희생자를 제 뜻대로 움직이게 한다. 가스라이팅(gaslighting)은 1938년 영국에서 공연된 연극 '가스등'에서 유래된 심리학 용어로 상대방 주변의 상황을 조종하고, 상대방에게 제 생각을 끊임없이 강요함으로써 현실감을 잃게 만드는 정신적 학대와 착취의 일종이다.

사적인 관계로 들어가면 들어갈수록 조종과 가스라이팅은 알아차리기 어렵다. 왜냐하면, 조종과 가스라이팅을 일삼는 주도자는 일정한 도덕적 기준이나 합리적 규칙을 가지고 의견을 내세우는 것이 아니라 오직 희생자를 자신의 통제하에 두거나 입을 막기 위해서 그때그때 자유자재로 논리와 전제를 바꿔가며 혼란시키기 때문이다. 전제를 바꾸는 논리를 이길 수 있는 방법은 없다. 그리고 이들의 논쟁 뒤에는 언제나 육체적 폭력에 대한 암시와 윽박지

름이 깔려 있다. 영향력이 약하기에 논리에 기대어야 하는 희생자는 논쟁에서 질 수밖에 없다. 그리고 자신이 논리로 앞선다고 착각한 주도자는 자신의 정당성을 더욱 확신하게 된다.

연인관계나 부모·자식 관계에서는 자살과 관계의 단절로 상대방을 조종하려는 경우도 많다. 상대방과 올바른 관계를 맺기 위해서는 자살과 관계를 끊는 것은 논외임에도 불구하고 어떤 주도자는 '자신의 요구를 전부 들어주지 않으면 죽음과 단절'이라는 최후통첩을 일삼는다. 이쯤 되면 이것은 이미 인간과 인간의 관계조차도 아니게 된다.

> 질문 25.
> 상대방이 당신의 생존이나 인간적인 삶을 위해 반드시 필요한 요소(숙소, 식사, 직장생활 등)를 개인적인 이유로 박탈하거나 박탈하겠다고 위협한다.

질문 25는 박탈에 관한 질문이다. 신체를 훼손하거나 정신을 압박하는 것만이 폭력이 아니다. 한 사람에게 있어서 필요한 의식주나 미래로의 기회를 박탈하는 것도 훌륭한 폭력이다. 이는 독성 관계의 폐쇄성과 맞물려 희생자를 극한으로 몰아간다. 회사, 대학원 등 윗사람이 아랫사람의 미래의 기회를 전적으로 쥐고 있거나 부모에게 의식주를 완전히 의지하는 유·소아기, 청소년기에 이러한 박탈로 인한 폭력이 일어나기 쉽다.

어떠한 가족관계에서는 훈육 방법의 하나로 밥을 굶기거나 옷을 벗기는 경우가 있다. 심지어는 옷을 벗긴 채로 밖으로 쫓아내기도 한다. 전형적인 의식주에 대한 박탈이다. 학교에서 일어나는 집단 따돌림의 한 방법으로 따돌림 가해자가 희생자의 책상을 없애거나 훼손하는 경우가 있다. 이는 수업권에 대한 박탈이다.

이러한 박탈로 인한 폭력은 공통적으로 의식주나 기본권과 연결되어있고, 폭력의 희생자에게 지워지지 않을 정신적 외상을 남긴다. 알몸으로 집 밖으로 쫓겨난 아이는 집 밖에 돌아다니는 옷 입은 사람을 보며 자신을 가축처럼 느끼게 된다. 모두가 책상에서 수업을 받는데 혼자 책상을 빼앗긴 학생은 자신이 반 친구 대부분과 비교해 열등하다고 느껴진다. 세상 모두가 부여받는 권리를 박탈당해 받은 상처는 희생자에게 평생토록 세상을 두렵게 느끼게 한다. 길거리에 다니는 전혀 모르는 사람이 마음만 먹으면 나를 헤칠 수 있다고 느끼게 된다. 박탈에 의한 폭력은 후에 일어날 여러 가지 정신병리의 원인이 되는 경우가 많다.

인사권자나 승급에 대한 추천권을 가진 주도자가 미래에 대한 기회를 쥐고 희생자를 조종하려는 경우도 있다. 대표선수 선발을 놓고 희생자를 학대한 감독이나 코치가 그것이다. 이러한 경우 이것이 결정권자가 권한을 행사하여 우수한 인재를 선발하려는 과정인지 아니면 폭력인지 구분하기 힘들다. 그러나 만일 당신이 독성 관계의 희생자라면 상대방이 당신으로부터 박탈하겠다고 위협하는 것은 구체적이고 범위가 명확할 것이며 상대방이 당신에게 박탈하지 않는 대가로 요구하는 것은 추상적이고 범위가 넓을 것이다. 예를 들면 대표선수 선발 기회를 박탈하겠다고 위협하며 선수를 성추행하거나 폭행하는 감독이 있다면, 그 감독이 박탈하겠다고 위협하는 것은 '대표선수 자격' 등과 같이 명확하고 구체적이며 그것을 박탈당하지 않기 위해 감독에게 제공해야 하는 것은 절대적인 복종, 수치심에 대한 끊임없는 인내, 신체적 자율권 등 거의 무한한 범위를 가질 것이다.

총점 기입하기

〈총점〉

위의 5가지 요인에 대한 점수를 아래의 표에 기입하여 주시고, 그 아래의 그래프에는 해당하는 점수에 점을 찍고 각각의 선을 연결하여 오각형을 그려주십시오.

주도자 축 총점	
희생자 축 총점	
협력자 축 총점	
고립성 및 지속성 축 총점	
폭력성 축 총점	

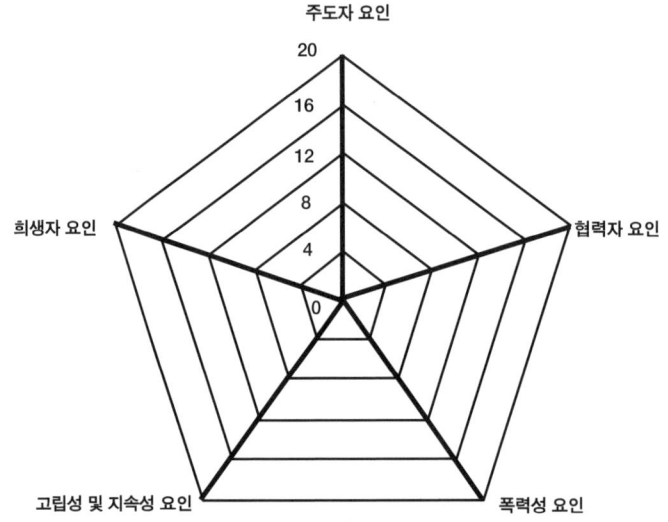

- ■ 만일 총점이 12점 이상인 축이 3개 이상이라면 그 관계는 독성관계일 가능성이 큽니다.
- ■ 만일 폭력성 축의 총점이 12점 이상이라면 상대방과의 관계에서 즉각적인 분리가 필요할 수 있습니다.

※ 아직 통계적으로 정확히 측정된 연구 결과가 없으므로 참고용으로만 사용하십시오.

위 설문지의 결과로 당신과 상대방의 관계가 독성관계에 얼마만큼 가까운지, 그리고 당신의 관계가 독성관계라면 각각의 요인 중 어느 요인이 중요하게 작용하는지를 나타낼 것이다. 대부분의 독성관계에서는 총점이 12점 이상인 축이 3개 이상으로 나타났다. 또한, 폭력성 축의 총점이 12점 이상일 경우는 독성관계 여부와 관계없이 그 관계는 당사자에게 심각한 고통을 유발하였다.

물론 위의 척도는 아직 정량화된 연구 결과가 없으므로 절대적인 것으로 받아들여서는 안 된다. 그러나 우리는 상대방과의 관계의 여러 독성요소를 시각화하는 과정을 통해 우리가 지금 독성관계로 인하여 고통받고 있는지를 스스로 점검해 볼 수 있을 것이다.

〈총점 – 예시〉

위의 5가지 요인에 대한 점수를 아래의 표에 기입하여 주시고, 그 아래의 그래프에는 해당하는 점수에 점을 찍고 각각의 선을 연결하여 오각형을 그려주십시오.

주도자 축 총점	17
희생자 축 총점	14
협력자 축 총점	4
고립성 및 지속성 축 총점	20
폭력성 축 총점	18

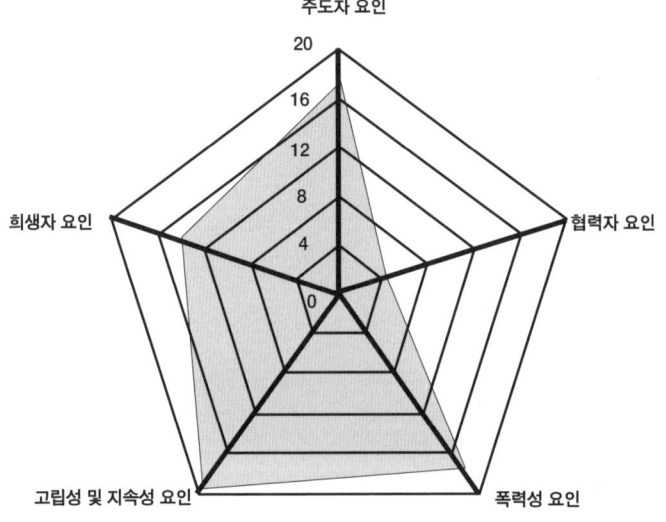

■ 만일 총점이 12점 이상인 축이 3개 이상이라면 그 관계는 독성관계일 가능성이 큽니다.
■ 만일 폭력성 축의 총점이 12점 이상이라면 상대방과의 관계에서 즉각적인 분리가 필요할 수 있습니다.

※ 아직 통계적으로 정확히 측정된 연구 결과가 없으므로 참고용으로만 사용하십시오.

4장
고부 간, 연인 간, 직장에서의 독성관계

실전 솔루션

며느리 P씨의 독성관계

P씨의 사례

회사원 P씨는 시댁 근처에 사는 30대 후반의 워킹맘이다. 그녀가 내 진료실에 찾아온 이유는 가슴의 답답함과 시도 때도 없이 화가 나는 감정 조절의 어려움 때문이었다. 그녀는 자신과 자신의 주변 환경에 관해 이야기하기 시작했다.

P씨는 남편과 초등학생인 아들과 함께 살고 있었다. 비교적 젊은 나이에 직장 동료인 남편과 만나 연애를 시작했고, 아이가 생겨 급히 결혼을 결정했다. 당시 P씨의 시댁은 큰 서점을 운영하는 부유한 집안이었다. 남편은 그 집안의 둘째 아들이었다. P씨의 결혼은 그 시작부터 순탄치가 않았다. 시부모님에게 인사드리던 그 날

을 생각하면 아직도 손이 떨리고 눈물이 글썽거린다고 했다.

"내가 아이만 아니었으면 이 결혼 절대 허락 안 했을 거다. 우리 집에 얼마나 많고 대단한 곳에서 선 자리가 많이 들어오는지 아마 모를 거다. 우리 집안은 원래 너희 같은 집에 사돈 맺을만한 집이 아니다. 너희 동서 되는 사람 집안 정도나 돼야지. 뭐 어쨌든 이제 와서 결혼을 안 시킬 수도 없고. 내 아들 절대 기죽이지 말고 살 거라."

본인도 젊었을 적 혹독한 시댁살이를 겪었다던 시어머니 될 분의 말이었다. P씨의 집안은 아주 부유하지 않았지만, 결코 가난하다거나 지위가 낮은 집안은 아니었다. P씨의 아버지는 공무원이었으며 다른 사람보다 엄격하고 보수적으로 그녀를 훈육했다. P씨는 너무 어이가 없고 황당했지만, 그 자리에서는 아무 말도 할 수가 없었다. 그녀가 아직 어렸기 때문이기도 했고, 보수적인 집안에서 자란 그녀로서는 어른들의 말에 말대꾸한다는 것은 상상도 못했던 일이기도 했다. 그녀의 남편은 자신의 어머니가 말만 저렇게 하실 뿐 본심은 저렇지 않을 것이라 대신 변명했다. 그녀는 이내 받아들이고 마음을 다잡았다. 그러나 이것은 시작에 불과했다.

남편의 간절한 바람에 따라 신혼집은 시댁 바로 근처에 정해졌다. 남편은 그녀가 일주일에 한 번은 자신의 부모님을 찾아뵙기를 바랬다. 맞벌이인 P씨 부부는 근무가 없는 매주 주말 저녁은 시부모님을 모시고 식사를 했다. 그것까지는 괜찮았다. P씨를 참기 힘들게 만든 것은 아무리 찾아뵙고 같이 시간을 보내드려도 좀처럼 그치지 않는 시부모님의 요구사항과 그녀에게 불만족한 태도였다. 어쩌다 한 번 주말에 찾아뵙지 않았을 때는 월요일에 반드시 시어머니로부터 전화가 왔다. 주말에 뭐 했냐고 물어보는 시어머니의 목소리에는 자신들을 찾아오지 않은 것에 대한 힐난이 잔뜩 묻어 있었다.

모든 집안의 대소사와 명절 준비는 당연히 그녀의 몫이었다. 음식 준비가 서툴다고 핀잔을 주는 시어머니와 함께 종일 싫은 소리를 들어가며 제사 음식 준비를 해야 했다. 남편이 잔업이 있는 날에는 남편도 없는 시댁에서 시아버지와 시어머니를 모시기 일쑤였다. 시아버지와 시어머니 두 사람 모두 P씨에게 수고한다거나 잘했다고 하는 등의 말 한마디 하는 법이 없었다. 언제부턴가 P씨에게는 그 모습이 공경해야 할 집안 어른보다는 자신이 응당 받아야 할 돈을 받으러 오는 채권자처럼 보이기 시작했다.

가정주부인 P씨의 손윗동서는 멀리 살면서 명절을 포함해 일 년에 네 번 시댁을 방문할 뿐이었다. 아버지가 공직 높은 자리에 있다는 동서를 P씨의 시아버지와 시어머니는 어려워했다. 함박웃음을 지으며 이야기하고 있는 시아버지, 시어머니. 동서가 먹을 식사를 주방에서 혼자 준비하던 P씨는 문득 자신이 이 집안의 하녀 같다고 생각했다. 명절에 차례와 성묘를 끝내고 친정에 가겠다는 말을 눈치를 보며 어렵게 꺼내던 자신과 달리 손윗동서는 성묘가 끝나면 당당하게 시아주버님과 함께 자신의 친정으로 출발했다. 남아서 설거지를 하던 P씨의 귀에 시어머니의 목소리가 들렸다.

"역시 사람은 좋은 집안에서 나야 해. 쟤(P씨의 손윗동서)가 왔다 가면 집안 분위기가 밝아져. 매주 집에 오더라도 똥 씹은 얼굴을 하면서 마지 못해 일하는 누구랑은 참 다르지."

P씨는 서러움에 시댁인 것도 잊고 목놓아 울었다. 그녀는 그날 처음으로 시댁에서 아무 말도 하지 않고 집으로 돌아와 버렸다. 뒤늦게 따라온 남편은 P씨에게 무작정 화를 냈다. 자신의 어머니가 얼마나 기가 막히고 놀라셨겠느냐는 것이다. 자신이 그동안 시댁에서 받은 모욕적인 대접과 스트레스, 불공평함을 한참 동안 호소하자 남편은 이야기를 다 듣기도 전에 노골적으로 입을 막았다.

"그래도 우리 어머니가 말은 그렇지만 실제로는 너를 아끼셔. 그리고 내가 보기에는 너도 너무 예민해."

예민함. 시댁에서 P씨를 표현하는 단어였다. 불과 몇 년 전까지만 해도 일면식도 없던 그녀를 매주 자신의 집으로 불러서 일을 시키는 시댁 식구들이 그녀를 예민하다고 표현한다. 자신이 회사에서 승진과 본사 근무의 기회를 포기하고 남편과 같은 직급에 머물러 있는 것도, 어쩌다 한번 친정 부모님을 뵈러 갈 때도 어려워하면서 허락을 맡은 후에야 갈 수 있는 것도 그녀로서는 충분히 희생하고 있는 것이었다. 일 년에 네댓 번 오는 동서와 비교를 하는 것 자체가 그녀에게는 모욕적인 말이었다. 그러나 남편은 그런 고충을 P씨가 예민해서 별나게 구는 것으로 몰아갔다. 남편은 단 한 번도 그녀의 입장이 되어본 적이 없었기 때문에 그 고충을 이해하지 못했다. 그것은 남편뿐만이 아니라 아주버님과 손윗동서도 그랬다. 남편과 시아주버님, 동서 중 P씨가 가장 많은 시간을 시댁에서 보냄에도 불구하고 오직 그녀만 예민한 사람이 되었다. 아이러니하게도 이 모든 것은 P씨가 가장 큰 짐을 지고 있기 때문이었다.

"동서는 너무 옳고 그름만 따지는 것 같아요. 너무 부딪히지 말고 저처럼 잘 지내보세요. 진심은 꼭 통하니까요."

맞벌이도 아닌데 시댁에 일 년에 네 번 찾아오는 손윗동서는 천진하게 말했다. P씨는 자신도 그녀처럼 가정주부에 일 년에 몇 번씩만 시댁을 찾아뵙는다면 그 누구보다 잘할 수 있겠다고 혼자 생각했다. 그녀가 희생하는 것은 그녀를 제외한 모든 사람에게는 당연하고도 옳은 일이었다. 그리고 그녀 하나만 이대로 지내면 모두가 만족스러웠기 때문에 그녀가 자신의 상황에 불만을 가지는 것이 P씨를 제외한 모두에게는 달갑지 않은 일이었다. 다음 날 저녁, 집에 찾아온 시어머니가 P씨에게 남긴 말에서 이러한 점은 더 확실히 드러난다.

"네가 우리 집에서 겪는 고충이 많다는 것을 알고 있다. 그리고 내가 동서를 대하는 것과 너를 대하는 것이 차이가 나는 것도 알고 있고. 하지만 내가 이것 하나만 말하마. 세상에는 도리라는 것이 있다. 사람마다 각자 자신의 자리가 있는 법이다. 너도 그렇고 동서도 그렇다. 설령 네가 부당한 대우를 받더라도 그렇게 노골적으로 티를 내는 것은 잘못된 일이다. 너를 어떻게 대할지 결정하는 것은 너의 권리가 아니라 어른인 나의 권리이다. 그러니 네가 어제 그렇게 행동한 것은 도리에서 어긋나는 행동이고 다시는 어른 앞에서 기분 나쁜 티를 내지 않았으면 좋겠다."

P씨는 억울함을 참고 시어머니에게 잘못했노라고 사과했다. 막상 마음에 가장 큰 상처를 입은 것은 그녀였음에도 불구하고 말이다. 그녀의 증상은 그날부터 시작되었다. 가슴이 답답해지고 사소한 일에도 화를 참을 수 없게 되었다. 남편과 사춘기에 접어든 아들과도 매일 싸우다시피 했다. 그렇다고 이러한 일로 이혼을 한다는 것은 그녀에게는 상상도 할 수 없는 일이었다. 그저 그 자리에서 가슴앓이하며 지낼 뿐이었다.

그녀의 시어머니는 여전히 그녀를 냉랭하게 대하다가도 그녀가 필요한 일이 있으면 언제든지 그녀를 불러 일을 시켰다. 같이 있으면 눈치를 보고 안절부절못하는 그녀와는 달리 그녀의 시어머니는 그녀가 전혀 불편하지 않은 듯했다. 시어머니는 P씨가 자신에게 할 도리만 다하면 P씨가 어떤 생각을 하는지 어떤 기분인지 관심 자체가 없었다. 시어머니는 매번 자신이 응당 받아야 할 대접을 받는 것처럼 생각했고, 그녀가 마음이 없는 기계인 것처럼 생각하는 듯했다. 시어머니와 반대로 P씨는 지속해서 시어머니의 눈치를 보며, 어쩔 수 없이 시어머니의 요구를 충족시키지 못한 날에는 자신이 무언가 잘못한 것처럼 죄책감을 느꼈다.

몇 달 후 시아버지가 암 판정을 받고 증세가 악화되어 요양병원으로 옮긴 후에는 그녀가 해야 할 일이 더 늘어났다. 요양병원에 입원해 계신 시아버지를 챙기는 것도 직장을 다니는 그녀의 몫이 되었다. 그리고 급기야 시어머니는 합가하고 싶다는 기색을 비치기 시작했다. 일주일에 한 번 보는 것만으로도 심한 스트레스를 받는 그녀로서는 절대로 받아들이기 어려운 일이었다. 기가 막히게도 남편은 반대하기는커녕 망설이고 있었다. 반면에 아주버님과 손윗동서는 합가를 적극적으로 권하고 있었다. 그녀가 싫은 내색을 비추자 그들은 P씨를 정 없고 이기적인 사람으로 몰아갔다. 가까이 살면서 그것도 못 해주냐는 것이었다. 모든 책임과 고충은 실질적으로 그녀가 짊어져야 하지만 막상 아무 책임도 지지 않을 사람들의 목소리가 훨씬 더 컸다.

독성관계의 분석 : 강한 주도자, 협력자 요인을 보이는 독성관계

의심할 여지 없이 그녀는 독성관계의 희생자였다. 주가 되는 주도자는 시어머니, 그리고 협력자는 남편과 아주버님, 그리고 손윗동서. 즉 그녀를 제외한 모든 시댁 식구들이었다. 나는 독성관계의 개념에 대해 간단히 설명한 후 그녀에게 제3장의 '독성관계 자가설문지'를 채워보도록 했다. 그 결과는 아래와 같았다.

주도자 축 총점	20
희생자 축 총점	14
협력자 축 총점	17
고립성 및 지속성 축 총점	14
폭력성 축 총점	10

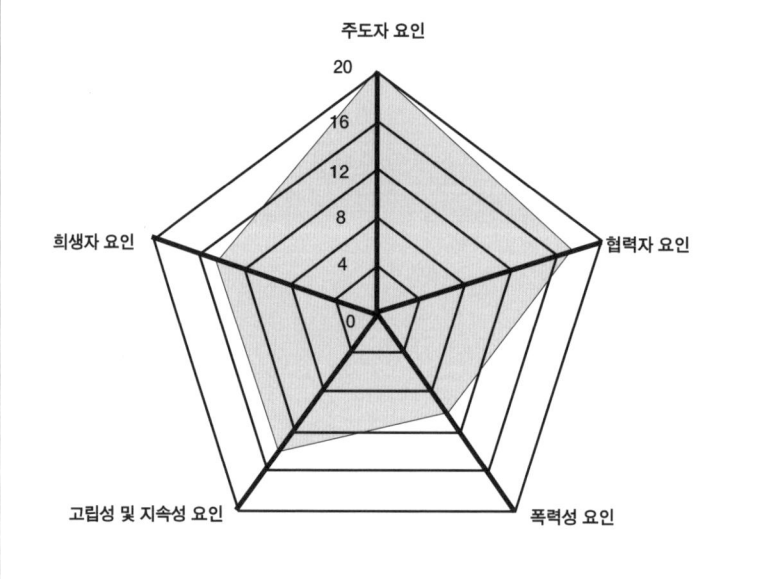

가족 간의 관계, 특히 시댁과의 관계에 있어서 매우 대표적으로 나타나는 모형이다. 주도자 요인과 협력자 요인이 매우 강하다. 부모와 자식, 시부모와 며느리 등 혈연과 결혼으로 맺어진 집단에서 자주 나타나는 형태이다. 비록 그 관계의 폭력성은 적을지라도 매우 강한 주도자 요인과 협력자 요인을 보인다. 주도자 요인과 협력자 요인이 강하면 당연히 희생자 요인도 강할 수밖에 없다. 희생자는 소수이며 일방적으로 희생당하고 그 의견은 무시당한다.

"솔직히 말하면 시어머니와 남편이 정말 이해가 되지 않아요. 결혼한 제 친구들이나 회사동기들 중에서 저처럼 사는 사람이 있다는 것을 들어본 적도 없어요. 제 친구들은 저희 시댁 분위기가 마치 60년대나 70년대 같다고 이야기해요. 그러면서도 저는 매사에 손윗동서와 비교당해요. 얼굴이 밝지 않다는 거죠. 네. 얼굴이 밝을 수가 없죠. 손윗동서는 손님이고 저는 하녀인걸요. 손윗동서는 요즘 며느리 대접을 받고 저는 70년대 며느리처럼 사는데요. 저희 시어머니에 대해서 가장 이해가 되지 않는 건요. 저를 그다지 좋아하지 않으면서도 저와 같이 살려고 한다는 점이에요. 솔직히 말하면 시어머니에게 중요한 것은 내가 그분을 얼마나 좋아하는지가 아니에요. 제가 그분 말을 얼마나 잘 듣느냐예요. 그분이 무표정하게 저를 바라볼 때마다 전 그분이 자기 말에 제가 복종하나 안 하나 관찰하는 것처럼 느껴져서 소름이 끼쳐요."

주도자인 시어머니에게 있어서 며느리인 P씨는 인격체가 아닌 일종의 트로피였다. 그녀의 말대로 시어머니에게는 P씨가 자신의 권위에 복종하느냐 아니냐만이 중요했다. 그것은 시어머니가 집안 일을 하지 못할 만큼 몸이 약해서도, 시어머니에게 돈이 없어서도 아니었다. P씨의 시어머니는 건강했고, 돈도 많았다. 그녀가 P씨에게 그럴 필요는 전혀 없었다. 하지만 오랫동안 혹독한 시집살이에 시달리고, 그러면서도 세상이 변화하는 것을 인정하지 못했던 P씨의 시어머니에게는 자신의 인생이 헛되지 않았음을 증명해주는 상징이 필요했다. 그리고 시어머니에게 있어서 그것은 옛날에 자신을 괴롭히던 본인의 시어머니와 자신이 같은 대접을 받는 것이었다. P씨의 시어머니에게 있어서 P씨가 복종하는지의 여부는 자신의 지난 세월이 가치 있었음을 증명하는 중요한 문제였다.

그러나 문제는 P씨의 시어머니가 고통받고 있는 것은 P씨로 인함이 아니었다는 점이다. P씨의 시어머니도 당연히 그것을 무의식적으로 알고 있었다. 며느리가 아무리 자신에게 복종해도 그녀가 결코 만족할 수 없는 것은 당연했다. 해결 방향이 잘못된 내적 갈등은 결코 해소되어 사라지지 않았다. 그런데도 P씨의 시어머니는 진실을 보는 것이 두려웠다. 자신이 젊었을 때 받았던 고통이 세상의 도리이자 이어가야 할 아름다운 전통이 아니라 그저 다른 집안보다 예스럽고 고집스러운 사고방식을 가진 시댁 식구들을 만났을 뿐이라는 것을 결코 인정하지 못했다.

그렇기에 끊임없이 P씨를 감시하고 학대하고 모욕을 줘가며 이 잘못된 관계의 방향을 유지했던 것이다. 자신이 고통받았던 것은 아름다운 전통이자 도리를 지키기 위한 고귀한 희생이었던 것이라 자신을 설득했다. 그리고 P씨는 그런 대접을 받아 마땅한 사람이 아니었음에도 그 잘못된 감정을 합리화시키기 위한 희생양이 되어 고통받고 있었다. 나는 그녀에게 독성관계에서 가장 핵심적인 질문을 던졌다.

"P씨께서 가정 내에서 부당한 대접을 받고 있고, 그런데도 가정을 지키기 위해 그 모든 고통을 감내해 왔음을 잘 알겠습니다. 그럼에도 불구하고 어째서 당신에게 독이 되는 이런 관계에 대해 적극적으로 저항할 수 없었던 거죠? 제 말은, 어째서 못 하겠다거나 집안 행사를 손윗동서와 반반 나누어야겠다고 주장하거나 아니면 무시해버리거나 할 수 없었던 거죠?"

그리고 이어진 대화에서 나는 P씨의 보통 사람보다 높은 공감력과 P씨 주변 사람들의 행태가 그녀를 독성관계에서 빠져나오지 못하게 하는 주요 문제였음을 알 수 있었다. P씨는 시댁의 횡포에 부당함을 느끼면서도 한편으로는 이들을 동정하고 있었다. 시아버지가 암 판정을 받고 시어머니가 힘들어하는 모습을 볼 때 P씨는 자기 일처럼 마음 아파했다. 그녀가 최선을 다해서 시어머니의 무리한 요구를 들어준 것도 어느 정도는 자신의 시어머니가 안돼 보였기 때문이기도 했다. 힘든 상황에서 시어머니를 도와주지 않는다는 것은 자신이 나쁜 사람인 것처럼 느껴졌고, 시어머니를 도와

줌으로써 어느 정도의 도덕적인 만족감마저 느꼈다.

그러나 그녀의 남편과 시아주버니 부부는 그 점을 적극적으로 이용했다. 특히 시아주버니와 손윗동서는 P씨의 마음씨를 칭찬하면서도 동시에 그녀가 앞으로도 희생을 계속 감내하지 않으면 시댁 집안 전체가 더 힘들어질 것이라는 공포를 불어넣었다. 그리고 P씨가 시어머니를 곁에서 모시는 것이 힘들다고 할 때면 그녀가 그 일을 하지 않으면 무언가 큰일이 벌어질 것이고 그것이 마치 P씨의 탓이 될 것처럼 은연중에 그녀를 협박했다. 그러면서도 P씨가 시댁 일을 도맡아서 하는 한, 이들은 P씨에게 무관심했다.

그들이 의식하든 의식하지 않든 간에 그들은 P씨를 조종하고 있었다. 이들의 목표는 단 하나 시어머니의 일에서 자신들은 최대한 멀리 떨어져 있으면서도 시어머니의 미움이 P씨에게 집중되도록 하여 자신들이 그 이득을 취하는 것이었다. 그들에게 있어서도 시어머니는 대하기 버거운 존재였기 때문이다. 이들은 명백하게 독성관계의 협력자 역할을 하고 있었다.

P씨의 독성관계에 대한 솔루션

① 독성관계를 인정하고 자기 의심 뛰어넘기

독성관계의 희생자인 P씨의 관계에 대한 감각은 망가져 있었다.

밖에서는 유능한 회사원이고 당당한 사회인이었지만 유독 시댁에서는 자신을 뭔가 모자라고 빚을 진 사람처럼 느꼈다. 가장 큰 이유는 시댁 대부분의 사람이 그녀에게 은연중 그 역할을 강요했기 때문이다. 가장 많이 희생하고 있음에도 불구하고 그것을 당연하게 여겼으며 그녀가 그 역할에서 벗어나려고만 하면 그녀의 인성에 문제가 있는 것처럼 득달같이 달려들어 비난했다. 남들과의 관계는 자신을 비추는 거울이 되며, 일방적이고 독이 되는 부당한 관계의 지속은 P씨의 자존감을 형편없이 무너뜨렸다.

따라서 그녀는 명백하게 부당한 대우를 강요당하면서도 스스로가 부당한 대우를 당하고 있다는 것을 확신하지 못했다. 그리고 이러한 경향이 그녀가 스스로 독성관계에서 벗어나고자 하는 생각을 행동으로 옮기지 못하도록 막고 있었다. 주도자와 협력자들이 끊임없이 '희생하지 않으면 도덕적으로 문제가 있는 나쁜 며느리'라며 그녀를 세뇌시켰기 때문이었다. 도덕적으로 비난받는 것이 무서웠던 P씨는 보통의 정상적인 시댁에서는 최근에는 거의 없어지다시피 한 불합리한 대우를 참아가며 받아들였다. 그리고 자신과 같은 시대를 살아가는 다른 며느리들과 자신을 비교하며 분노하고, 동시에 벗어날 수 없는 자신의 처지를 가슴 아파했다. 그리고 그 상처가 아파 견디지 못할 때면 자신을 기만하며 속이기도 했다.

'그래. 뉴스에 보니까 어떤 집 며느리는 시댁에서 시아버지에게 욕설까지 듣기도 한다던데 최소한 우리 시댁은 그렇지는 않잖아?' 라는 식이었다.

그녀에게 필요한 것은 자신이 분명히 독성관계 안에 있으며 남들이 그녀의 입장과 공감 능력을 악용하여 조종하고 있다는 인식이었다. 그리고 자신이 필요 이상으로 엄격한 도덕적 기준을 강요받고 있으며, 막상 그것을 강요한 그들 스스로는 그 기준을 조금도 지키지 않고 있다는 점에 대한 인식 또한 필요했다. 진료실에서 독성관계와 관련된 면담을 거듭하며 그녀는 점차 그녀 자신의 감정과 남들로부터 강요받은 감정을 분리할 수 있게 되었다.

그녀의 시어머니가 노화로 인해 몸이 불편해져 기분이 예민한 것도, 그녀의 시아버지가 암에 걸린 것도 그녀의 탓은 아니었다. 사업을 하는 시아주버니 부부가 멀리 살아서 한번 올 때마다 오랜 시간이 걸려 불편한 것도 그녀의 탓이 아니었다. 오히려 P씨는 승진까지 포기해가며 할 수 있는 한 최선을 다했다. 그러나 이들은 은연중에 그 모든 것을 P씨가 책임져야 할 문제처럼 몰아갔다. 하지만 그것은 각자가 책임져야 할 문제였다. 그녀가 그 모든 것들을 기꺼이 받아들여 희생할 수 있으면 모르되 원하지 않는데도 인생과 정신건강을 희생해가면서까지 책임져야 할 문제가 아니었다.

독성관계 바깥에 있는 치료자와의 면담은 그녀가 독성관계 내의 뒤틀린 가치관에서 벗어나 현대사회를 살아가는 보편적인 기준

안에서 상황을 바라볼 수 있게 만들어 주었다. P씨의 시어머니는 자신의 노화와 과거의 상처에 대해 스스로를 보듬고 위로해야만 했고, P씨의 남편은 자신의 부모에 대해서 아들로서 책임을 지고 남편으로서 시부모와 P씨 사이를 중재할 책임이 있었다. P씨의 시아주버님 부부는 그녀를 이용하여 갈등의 핵심에서 벗어나려는 태도를 버리고 자신들도 문제의 당사자로서 역할을 다할 의무가 있었다. 설령 이들이 각자의 과업에 힘들어하고 실패하더라도 그것은 전혀 P씨의 책임이 아닐뿐더러 설령 P씨가 노력한다고 하더라도 대신해줄 수 있는 일도 아니었다.

② 주도자와 협력자의 조종에서 벗어나고 이들을 실망시키기

P씨의 의견과 상관없이 P씨의 시댁 식구들은 시어머니와 P씨 부부가 합가하는 것을 거의 기정사실화했다. 당사자인 시어머니조차도 P씨와 전혀 상의하지 않았다. 이러한 사례에서 볼 수 있듯이 독성관계가 고착화된 집단에서는 희생자를 제외한 주도자와 협력자들은 희생자에게도 마음이 있고, 다른 의견이 있다는 것을 한사코 부정한다. 대신 이들은 전통과 도리, 공동체적인 가치를 내세우며 당사자의 입장을 깔아뭉개고 희생자에게 모든 감정적, 물리적 짐을 지운다.

"싫습니다. 저는 어머님과 같이 살 준비가 되지 않았습니다."

그녀가 결혼해 시댁에서 처음으로 입 밖으로 내뱉은 적극적인 거절의 의사였다. 정신건강의학과 치료까지 받으며 수개월씩이나 고민하고 용기를 내어 처음으로 말한 반대의 표현이었다. 당연히 집안은 난리가 났다. 특히 시어머니의 분노는 엄청났다. 자신이 합가의 뜻을 비치기 전에 며느리가 알아서 모신다는 말이 나왔어야 한다는 것이었다. 자신이 마치 부탁하는 것처럼 합가 얘기를 먼저 꺼낸 것도 기분이 상하는데 거절까지 하다니 도대체 제정신이냐는 것이었다. '더럽고', '치사해서' 너랑 같이 안 산다는 저주의 말은 덤이었다.

시아주버니 부부와 P씨 남편의 행태는 더욱더 가관이었다. 이들은 처음에는 웃으며 조금만 더 고생해달라고 회유하다가 P씨가 자신의 말을 들어주지 않을 것을 확신하자마자 P씨에게 소리치며 폭언을 내뱉었다. 그렇게 이기적인 사람인 줄 몰랐다는 것이다. 그것 좀 해주는 것이 뭐 얼마나 힘들기에 집안을 이 사달을 만들고 어머니 마음을 저렇게 아프게 하냐는 것이다. 문제의 당사자이면서도 마치 자신은 외부인인 것처럼 말하는 동서와 시아주버님의 말투는 정치인들이 자주 쓰는 '유체이탈 화법'과도 같았다. P씨는 차분하게 반박했다.

"그게 그렇게 쉬운 일이면 동서네가 모시면 안 될까요? 맞아요. 저 인성 안 돼서 웃어른 잘 못 모셔요. 이제까지 제 일 희생해가면서 주말도 없이 시어머니를 계속 모셨고요. 그런데 여기서 더 희생하지 않는다고 이제 모두 저를 비난하시네요? 그렇게 시어머니가 염려되시면 어째서 직접 모시지 않으세요? 형님과 아주버님 시간은 중요하고, 제 인생은 인생이 아닌가요? 제가 이제까지 희생한 건 생각도 안 해주시는 건가요?"

말은 이렇게 차분하게 했지만, 독성관계에서 벗어나기 위한 P씨의 시간은 매우 고통스러운 시간이었다. 그녀는 진료실로 내원하여 몇 번이고 자신 때문에 시댁의 평화가 깨진 것 같다는 죄책감을 호소했다. 막상 그녀는 자신을 위해 어쩔 수 없는 선택을 했음에도 말이다. 가장 많은 것을 희생했음에도 불구하고 단 한 번의 거절로 그녀는 집안을 망친 며느리로 비난받고 있었다. 막상 주변 사람들이야말로 그 누구보다 손익을 철저하게 계산하고 약삭빠르게 행동했음에도 불구하고 P씨가 자신들에게 더 이상 조종당하지 않자 그녀를 계산적이고 이기적인 사람인 양 비난하고 있었다. 나는 그녀를 안심시켰다.

"만일 웃어른을 모시는 게 손아랫사람의 그 어떠한 행복보다 중요하다면 어째서 당신만이 실질적으로 희생을 하고 있나요? 당신을 제외한 다른 사람들은 자신들의 의도만을 강조하고 있을 뿐이죠. 하지만 결과로써 보여주고 인생과 시간을 소모해야 하는 것은 오직 당신뿐이라는 생각이 드네요. 설령 당신이 거절함으로써 시어머니께서 속상하시고 다른 사람들이 비난을 가하더라도, 당신이 일시적으로 죄책감을 느낀다고 하더라도 그것이 당신이 잘못되었다는 의미는 아니라고 생각합니다. 사실은 지금 이 불편한 논의와

논쟁이야말로 훨씬 예전부터 이루어졌어야 할 일이라고 생각합니다. 관계에서 의견의 차이와 서로에 대한 불만족은 당연한 겁니다. 환자분께서 결코 그들에게 무리한 걸 요구하고 있는 것으로 보이지는 않아요. 책임을 져야 하는 것이 환자분뿐만이 아니고, 요구할 권리를 가지는 것이 시댁 식구들뿐만인 것은 아니죠."

결과적으로 그녀는 시댁 식구들의 압박에도 자신의 의견을 낼 수 있었다. 불편한 시간이 계속되고 P씨는 계속 비난을 받았지만, 그녀는 점차 무덤덤해졌다. 점점 P씨는 자신이 질 필요가 없는 죄책감에서 벗어날 수 있었다. 그리고 P씨가 자신들에게 더 이상 휘둘리지 않는다는 것을 알게 되자 협력자들 또한 P씨를 닦달하는 것을 멈췄다. 그녀는 점점 독성관계의 뒤틀린 영향에서 벗어나고 있었다.

그 결과가 두렵지만, 주도자에게 자신의 할 말을 하는 것. 남들이 심어놓은 죄책감에 굴하지 않고, 주도자와 협력자들의 협박과 조종에서 벗어나는 것. 타인을 실망시키는 감정적 불편함을 두려워하지 않고 일상으로 받아들이는 것. 주도자-협력자 요소가 강한 독성관계를 벗어나는 데 있어서 가장 중요한 과정이었다.

③ 자신의 감정을 되찾고 불편함을 받아들이기

그녀가 독성관계에서 희생자의 역할을 거부한 지도 꽤 시간이 흘렀다. 그녀는 시댁 식구들과 소원해졌다. 이후에 찾아간 시댁에서 P씨의 시어머니는 그녀를 마치 투명 인간처럼 대하다가 끝내는 참지 못하고 제풀에 못 이겨 화를 내며 다시는 보고 싶지 않다고 소리를 질렀다. 이후로 P씨가 시댁을 방문하는 횟수는 크게 줄어들었다. 회사 일로 바쁘거나 컨디션이 좋지 않을 때는 시댁에 남편만 보내기도 했다.

P씨 남편의 고충은 상대적으로 늘어났다. 왜냐하면, P씨가 예전처럼 혼자 시댁 관련 일을 도맡아 해주지 않자 P씨의 시어머니는 이번엔 자기 아들을 끊임없이 닦달하기 시작했기 때문이다. 그 가운데에서 조율하고 눈치 보는 것이 무척 곤란하고 어려운 모양이다. 옆에서 지켜보기에는 안타깝지만 P씨가 지금에 와서 생각하기에 그것은 그 누구도 도와줄 수 없는 남편 자신이 해결해야 할 문제라는 생각이 들었다.

P씨의 시어머니는 여전히 혼자 지낸다. P씨의 남편이 주저주저하며 정 불편하시면 첫째 아들 집에라도 가서 계시라고 권유해 드렸으나 당연히 첫째 아들 부부는 펄쩍 뛰었다. 시어머니 또한 자식들에게 폐 끼치기 싫고 자신은 여전히 건강하다며 혼자 지내기로 했다. 시댁 식구들이 P씨를 조종하려고 할 때만 해도 이들은 당장 시어머니를 모시지 않으면 큰일이 날것처럼 호

들갑을 떨었다. 그러나 P씨가 시어머니를 모시지 않아도, 예전처럼 매주 시어머니를 찾아뵙지 않아도 놀랄 만큼 아무 일도 일어나지 않았다. 입으로 그렇게 시어머니를 위했던 동서조차도 자신이 시어머니를 모실 수밖에 없게 되자 자신의 남편과 크게 싸웠다고 한다. '도리', '천륜', '효도', 시댁 식구들이 입에 달고 살았던 말을 막상 그들 스스로는 그 누구도 지키지 않는 것을 바라보며 그녀는 쓴웃음을 지었다.

P씨는 요즘 자기 아들과 사이를 회복했다. 시댁에 신경을 쓰는 대신 아들과 대화를 하는 시간이 늘어남에 따라 사춘기에 접어든 아들의 문제행동에 조금 더 여유를 가지고 대처할 수 있게 되었다. 가슴 속의 억하심정과 분노가 줄어들자 그녀는 주변 사람들과 훨씬 온화하고 배려 있는 소통을 할 수 있게 되었다. 분노를 조절하지 못하고 다른 사람들에게 화를 내던 과거의 모습을 회상하던 P씨는 어쩌면 자신도 시어머니처럼 독성관계의 주도자가 될 수도 있었겠다는 생각이 들었다. 회사에서 그녀는 곧 승진을 앞두고 있다. 이번에 그녀는 그 승진을 받아들일 예정이다.

P씨는 여전히 시댁에서는 못 되고 이기적인 며느리이다. 그녀가 수년 동안 시어머니를 위해 한 일들은 처음부터 없었던 것처럼 되어버렸다. 그러나 P씨는 예전만큼 분노하지는 않았다. 그녀가 희생하든 그렇지 않든 간에 그들이 P씨의 마음과 감정

을 헤아리거나 자기 일처럼 중히 여길 일은 결코 없을 것이라는 사실을 그녀는 받아들였다. 그녀는 더 이상 자신의 인생과 노력을 그들에게 필요 이상으로 바치지 않았다. 대신 그만큼의 노력을 그녀 자신과 사랑하는 이들을 위해 사용하기로 했다.

시댁 식구들은 예전만큼 그녀를 함부로 대하거나 그녀의 희생을 당연하게 여기지 못하게 되었다. 아무래도 그들은 P씨가 불편해진 모양이었다. 하지만 반대로 말하면, 그 불편함은 시댁 식구들이 P씨가 나름의 감정이 있다는 것을 인정하고 그녀를 한 명의 인간으로 대우하고 있다는 것을 의미하기도 했다. 요즘 P씨는 대체로는 잘 지내고 있지만, 여전히 가끔은 마음이 불편했다. 예전만큼은 아니지만, 여전히 자신만 희생하면 모두가 그럭저럭 잘 지낼 수 있는 일을 크게 만드는 것은 아닐지, 자신이 너무 이기적이고 못된 며느리가 아닐지 걱정하기도 했다. 나는 여전히 흔들리는 그녀에게 말해주었다.

"당신은 타인을 만족시키기 위해 사는 것이 아니고, 타인도 당신을 만족시키기 위해 사는 것은 아니지요. 인간 모두에게는 각자의 고유한 가치와 인생이 있고 그렇기 때문에 모두를 만족시키는 것은 불가능해요. 우리는 모두 누군가에게는 나쁜 사람이 될 수밖에 없지요. 바라건대, 먼저 나 자신과 사랑하는 사람들에게 좋은 사람이 되세요. 그리고도 마음에 여유가 있다면 그때에서야 비로소 그 외의 사람들에게 좋은 사람이 되세요. 모두를 만족시키지 못하는 자신을 너무 미워하거나 슬퍼하지 마세요. 그동안 마음고생 많으셨습니다."

여대생 L씨의 독성관계

L씨의 사례

L씨가 처음 진료실에 찾아왔을 때 그녀의 손목에는 골절이나 염좌 환자에게 쓰이는 스플린트가 덧대어져 있었다. 그녀가 호소한 증상은 과각성(hyperarousal)이었다. 전화만 오면 소스라치게 놀라며 가슴이 두근거린다는 것이었다. 증상은 나날이 심해져 강의 시간에 강의를 듣다가도 갑자기 심장 박동이 빨라지며 질식할 것 같은 느낌에 강의실을 뛰쳐나가는 지경에 이르렀다. 항우울제와 항불안제는 크게 도움이 되지 않았다. 아무래도 그녀에게는 약물로는 도저히 커버되지 않는 심하고 만성적인 스트레스가 있는 듯했다.

사실 내가 L씨의 불안의 원인에 대해 탐색했던 것은 한두 번이 아니었다. 그녀는 사귄 지 약 1년 정도 되는 남자친구와 만남과 헤어짐을 반복하고 있었다. 그와의 관계에 대해 자세히 물어보려고 할 때마다 그녀는 한사코 대화를 중단하고 자리를 뜨곤 했다. 그녀가 자신의 남자친구에 대해 자세히 말하기 시작한 것은 그녀가 반대쪽 손의 손가락에 두 번째 스플린트를 덧대고 온 날이었다.

L씨는 주저하며 자신과 남자친구 사이의 일을 털어놓았다. L씨와 남자친구는 카페에서 아르바이트를 하다가 사귀게 되었다. 서울 소재 명문대의 경영학부에 재학 중이라는 4살 위의 남자친구는 큰 키에 남자다운 성격이었으며 L씨도 남자친구의 자신감 넘치고 적극적인 모습에 끌리게 되었다고 한다. L씨의 남자친구는 아는 것이 많았고 말도 달변이었다. 비록 본인의 전공은 아니지만, 철학과 심리학책을 즐겨 읽는 등 인문학적인 소양이 많았으며, 아직 어린 L씨의 눈에는 그런 남자친구가 멋지게 보였다.

인맥을 쌓기 위해 운동 동아리와 여러 소모임에서 활동하고 있는 남자친구는 늘 바빴다. 처음 사귄 남자친구인 만큼 L씨는 남자친구와 많은 시간을 함께 보내고 싶었고 그러다 보니 L씨는 늘 남자친구의 시간에 맞추어야만 했다. 남자친구가 시간이 날 때 L씨가 남자친구를 만나러 오지 않으면 그는 자신이 늘 바빠서 시간을 못 내는 것은 생각하지 않고 노골적으로 기분 나빠했다. L씨는 남자친구가 그만큼 자신을 좋아하기 때문이라 생각하고 크게 개의치 않았다. 그러나 남자친구는 점점 더 그녀의 사생활을 통제하려 들었다.

문제가 터진 것은 그녀의 동아리 모임이 있던 날 저녁이었다. 2주 만에 시간이 난 남자친구가 만나자는 약속을 거절하고 동아리 모임에 간 L씨의 핸드폰이 울리기 시작했다. 한 번은 받지 않았지만 계속 걸려오는 전화에 못 이겨 마지못해 남자친구의 전화를 받은 L씨에게 남자친구는 대뜸 지금 어디에 있는지를 물어보았다.

"오빠, 나 지금 동아리 모임에 있어. 졸업하신 OB 선배님들도 오시는 자리라서 오늘은 꼭 가야 된다고 말했잖아."

L씨가 짜증을 내며 말했다. 그러자 L씨의 남자친구가 따지듯이 물었다.

"거기 남자들도 있어?"

"여기서 남자 여자가 왜 나와? 동아리니까 당연히 남자도 있고 여자도 있지. 내가 지금 남자 만나러 온 게 아니잖아!"

남자친구는 막무가내였다. 결국 남자친구의 성화에 못 이겨 선배들에게 양해를 구하고 자리를 나왔다. 그녀가 나중에 동아리에서 사정을 설명하는 데 곤란을 겪었음은 말할 것도 없었다. 관계를 지속해 나갈수록 L씨의 남자친구는 점점 막무가내인 모습을 보였다. 그는 온화하고 지적인 모습을 다른 사람에게 보여주려고 무척 노력했지만, 마음에 들지 않거나 무언가 그를 자극하는 것이 있으면 금방 화를 내며 열변을 토하곤 했다. 특히 L씨를 질리게 만든 것은 다른 사람의 흉을 보는 남자친구의 모습이었다. 그중에서도 그는 자신의 학과 선배들과 특정 지역 출신들을 증오했고, L씨와 사귄 지 몇 개월이 지나자 이내 그녀 앞에서도 계속 다른 사람들의 욕을 하기 시작했다. 반면에 재벌이나 연예인 등의 본인이 생각하기에 사회적으로 높은 위치에 있는 대상은 밑도 끝도 없이 이상화했다.

"야. 저 사람들 시위하고 있는 거, 참 없어 보이지 않냐? 저런 사람들 대부분 돈 뜯어내려고 하거나 나중에 한 자리 바라고 하고 있는 것일 거다. 어휴. 우리 대학교 선배 중에도 몇 명은 저런 시위하는 동아리에 들어가 있는 사람들도 있는데 정말 한심하더라. 저런 사람들이 대기업이나 엘리트들이 나라를 발전시키는 데 걸림돌이 되는 거야."

사회적으로 큰 충격을 준 대참사에 대한 대기업과 정부의 사과를 요구하는 길거리 시위를 보고 L씨의 남자친구가 한 말이다. 그러면서도 같은 학부의 선배가 졸업 후 로스쿨에 들어갔다는 얘기를 듣자 이번에는 변호사들이 비리가 많으며 예전만큼 돈도 잘 벌지 못한다며 L씨 앞에서 화풀이하듯 쏟아내었다. 그러나 막상 그 선배 앞에서는 친하게 지내고 싶은 듯 친절하게 대했다. 그뿐만이 아니었다. 그는 점차 L씨에 대해서도 함부로 말하기 시작했다. 처음에는 존경스럽고 멋지게만 보였던 남자친구의 철학과 심리학 지식은 그녀를 공격하는 무기가 되었다. L씨가 자신의 말을 잘 들어주지 않거나 적극적으로 동조하는 기색을 보이지 않을 때면 남자친구는 그녀에게 '공감 능력이 부족하다.'라는 식으로 이야기를 했다. 그녀가 가끔 일상생활에서 자신의 고충을 이야기하면 그는 노골적으로 관심 없는 티를 내면서 그녀가 자기애가 너무 강하다는 식으로 오히려 그녀의 성격에 문제가 있는 것처럼 비난했다. 그녀는 스스로가 그렇다고 생각해본 적은 없지만, 남자친구가 온갖 심리학 이론을 들먹이며 그녀가 나르시시스트(자기애성 인격 장애를 가진 사람)라는 것을 강조하자 아마 남자친구의 말이 맞을 것이라 지레짐작했다.

그러나 L씨는 남자친구와의 연애에 있어서 지쳐가기 시작했다. 남자친구와의 관계에서 L씨는 일방적으로 그의 욕구를 받아주는 벽이나 갓난아이를 키우는 엄마가 된 것처럼 생각되었다. 남자친구는 L씨에게 무한정의 이해와 관심을 요구하였으나 막상 L씨의 사랑받고 싶은 욕구나 생각에는 관심이 전혀 없는 것처럼 보였다. 그리고 L씨가 조금이라도 자기 생각대로 되지 않으면 시도 때도 없이 문자를 보내거나 큰 소리를 내며 화를 내는 등 위협적인 반응으로 그녀의 입을 닫게 했다.

사건은 견디다 못한 L씨가 남자친구와의 관계를 끝내자고 이야기한 날 생겼다. 관계를 끝내자는 이야기를 듣자 남자친구의 얼굴은 분노로 일그러졌다. 무언가 큰 상처를 받은 것처럼 입술을 부들부들 떨기 시작했다. 그리고 이내 L씨에게 악담을 퍼붓기 시작했다.

"그래! 어디 한번 잘살아 봐라. 나도 너처럼 못생기고 자기밖에 모르는 여자랑은 더 이상 만나기 싫다. 내가 헤어지는 마당에 하고 싶은 얘기 다 하자면, 너 진짜 별로인 거 아냐? 내가 너 불쌍해서 만나준 거야. 그렇게 네 잘난 맛에 살면 좋냐? 항상 불만만 많고 다른 사람 배려하려는 마음은 없지? 꺼져. 어디 얼마나 잘난 놈 만나서 사나 보자."

그것은 L씨가 살면서 단 한 번도 들어보지 못한 악의로 가득 찬 말이었다. 남자친구의 말에 그녀는 기가 막혔지만, 이왕 끝내기로 한 거 더 이상 상처 되는 말을 주고받고 싶지 않았던 L씨는 발걸음을 돌려 집으로 돌아왔다. 그러나 다시는 안 볼 사람처럼 악담을 퍼붓고 돌아간 남자친구는 그날 밤부터 그녀에게 미친 듯이 전화를 걸었다. 그녀가 받지 않는데도 밤새도록 전화를 걸어 그녀는 핸드폰을 꺼놓는 수밖에 없었다. 며칠 후 그녀의 남자친구는 L씨의 자취방으로 술에 취한 채 밀고 들어왔다. 마치 제정신이 아닌 사람처럼 화를 냈다가 잘못했다고 빌기를 반복했다. 아무리 그녀가 밖으로 내보내려고 해도 나가지도 않았다. 겨우 집 밖으로 그를 밀어내자 이번에 그는 L씨의 손을 거칠게 잡아끌었고, 그 와중에 L씨는 바닥으로 넘어져 손목에 금이 가버렸다.

이후에도 L씨의 남자친구는 술을 먹고 계속 연락을 했고, 찾아와서 무릎을 꿇고 빌기도 했다. 그런 남자친구가 불쌍하고 안쓰럽기도 했던 L씨는 끝내 거절하지 못하고 다시 만나게 되었다. 그러나 그것은 악몽의 시작이었다. 그녀를 배려해주는 척했던 것도 잠시, 원래 L씨를 자주 의심하고 그녀의 스케줄을 통제하려고 했던 남자친구는 예전보다 훨씬 더 그녀의 삶에 간섭하기 시작했다. 그녀가 다른 사람들과의 모임에 나가는 것도 싫어했고, 한 번은 그녀가 참여하고 있는 과 술자리에 갑자기 찾아와서 그녀와 이야기하던 그녀의 과 선배들을 노려보다가 싸움이 날뻔한 적도 있었다.

무엇보다 남자친구는 L씨에게 손을 대기 시작했다. 처음 손목에 금이 갔을 때 L씨는 그것이 단지 실랑이하다가 벌어진 사고라고 생각했다. 그러나 남자친구에게 헤어지고 싶다는 말을 내비치자 자신의 어깨를 거칠게 잡거나 손목을 꽉 잡고 억지로 끌고 가는 모습이 반복되자 L씨는 비로소 이것이 '데이트 폭력'일 수도 있겠다는 생각이 들었다. 그녀가 자신과 헤어지고 싶다고 말할 때면 그는 마치 상처받은 짐승처럼 흉포하게 굴었다. 나날이 심해져 가는 거친 제스처에 그녀는 공포심을 느꼈다. 나중에는 남자친구가 손만 들어 올려도 마치 자신을 위협하려는 것처럼 느껴져 움찔할 정도였다. L씨가 남자친구에게 네 번째로 헤어지자고 말했던 날이었다. 남자친구는 L씨에게 전화를 걸어 자살 시도를 암시하는 말을 했다. 남자친구는 술에 취해 어눌한 목소리로 그녀를 비난하듯 이야기했다.

"야. 나 지금 뭐 하고 있는지 아냐? 나 수면제 모아놨어. 이거 먹고 죽어버리려고. 이걸로도 안 되면 한강에 가서 뛰어내릴 거야. 나 너 때문에 죽는 거야. 네가 내 마음 안 알아주고 나에게 상처를 주니까. 나는 너한테 최선을 다했어. 자기밖에 모르는 여자친구 인생 한번 구해주려고 했어. 너를 위해서 최대한 나름대로 노력을 했단 말이야. 근데 네가 날 떠나? 나 유서에 네 이름 써놓고 죽을 거다. 내가 누구 때문에 죽는지 사람들이 똑똑히 보게 할 거다."

그녀는 당황하고 죄책감이 들었다. 혹시라도 남자친구가 자신 때문에 죽는다고 생각하면 무서워서 견딜 수 없었다. 그의 부모님이나 지인들이 자신을 원망하고 원한을 가질까 봐도 걱정되었다. 머릿속으로 온갖 나쁜 예감이 다 들었다. 어쩔 수 없이 그녀는 남자친구가 사는 자취방으로 달려가 그를 달래는 수밖에 없었다.

독성관계의 분석 : 협력자 요인 없이 주도자와 희생자 둘 사이에서 강한 폭력성과 고립성을 보이는 독성관계

주도자 축 총점	15
희생자 축 총점	13
협력자 축 총점	0
고립성 및 지속성 축 총점	17
폭력성 축 총점	20

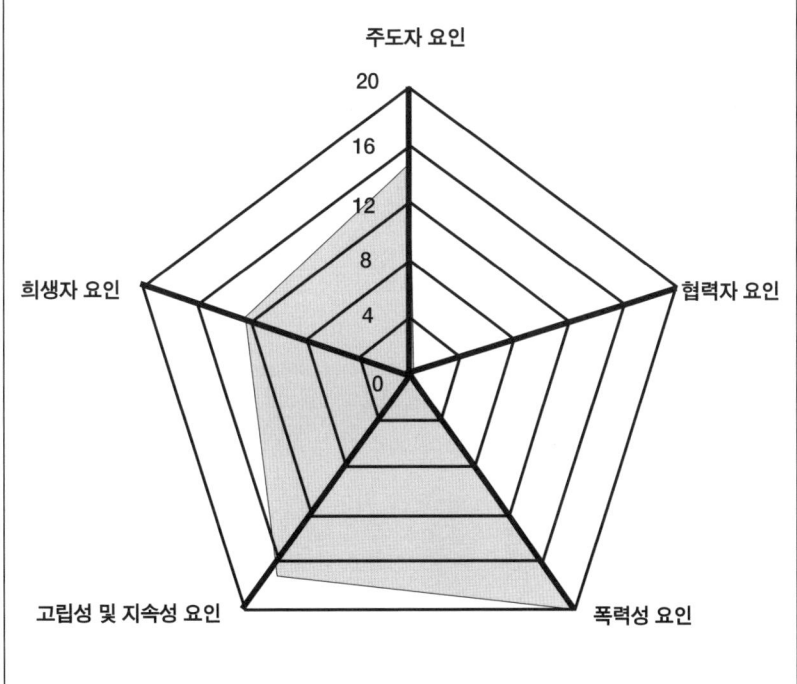

총점만을 놓고 보았을 때 L씨와 남자친구의 관계는 그 독성이 상대적으로 적어 보인다. 그러나 독성관계가 인간에게 미치는 피해는 단지 각 요소의 총점만을 놓고 보아서는 안 된다. 총점이 낮은 것은 관계에 영향을 미치는 협력자의 요인이 다른 관계에서보다 적기 때문이며 이는 아직 가족이 되지 않은 남녀관계에서 나타나는 특징이기도 하다. 이 사례에서 가장 주목할 점은 둘의 관계에 있어서 주도자가 희생자에게 가하는 폭력성이 위험수위라는 점이다.

인간관계에 있어서 폭력의 특징은 그 수위가 순식간에 강해지며 한 번 올라간 폭력의 수위가 쉽게 내려가지 않는다는 점이다. 게다가 폭력을 사용하는 가해자는 쉽게 폭력에 익숙해지고 폭력을 쓰는 횟수가 거듭될수록 폭력이 주는 죄책감에 무감각해지게 된다. 폭력으로 인해 희생자가 자신의 의견을 내는 것을 포기하고, 주도자의 의견을 따르게 되는 것을 오히려 자신의 정당함을 뒷받침하는 증거로 착각한다. 폭력은 밀치려는 시늉이나 고개를 들이밀며 위협하는 등 충동적이고 비물리적인 폭력으로 시작해서 나중에는 무기를 준비해 때리거나 칼로 위협을 하는 등 순식간에 그 수위를 높여가 종종 심각한 상해나 살인 등의 끔찍한 결과로 이어지기도 한다.

L씨는 급성 스트레스 장애 증상을 보였다. 남자친구가 그녀에게 폭력적으로 대한 이후부터 그녀는 길거리에 다니는 다른 남자

들이 전부 위협적으로 느껴지기 시작했고, 전화가 오는 등의 사소한 일에도 깜짝깜짝 놀라기 시작했다. 신체적으로 심각한 위협을 당한 환자들에게 전형적으로 나타나는 반응들이었다. 그러나 그녀는 자신이 폭력의 희생자라는 자각이 적었다. 상대적으로 낮은 희생자 요인의 점수가 그것을 보여준다. 심지어 그녀는 그를 동정하기도 했다. 이는 매우 큰 위화감을 주었다. 그녀는 분명히 폭력의 희생자이며 그 폭력의 수위는 점차 높아져 그녀의 안전을 위협할 정도가 되었는데도 그 문제의 심각성을 인식하지 못하고 심지어 폭력의 가해자를 동정하고 있었다.

"잘 모르겠어요. 저도 제 마음이 왜 이러는지. 남자친구가 난리를 치고 나서는 한동안은 되게 잘해주거든요. 제 마음을 돌리려고 선물도 사주기도 하고, 믿을 수 없겠지만 정말 길거리에서 엎드려 빌기도 해요. 물론 순간 이성을 잃을 땐 정말 무서워요. 언젠가는 정말 큰일을 당할 것 같은 느낌에 관계를 끝내야겠다는 생각은 늘 해요. 그런데 막상 헤어지려면 죄책감이 들 때도 있어요. 남자친구 말대로 제가 이기적이고 자기애적이라서 남자친구를 저렇게 만들었나 싶기도 하고."

L씨의 말에 따르면 그녀의 남자친구는 자신만만해 보이는 모습 이면에 굉장히 나약한 면을 감추고 있다고 했다. 그는 평소 명문고를 나와 서울 소재 명문대에 입학한 것에 큰 자부심을 느끼고 있었다. 평소 가난한 사람과 지방 출신의 사람들을 무시해오던 그

였으나 막상 그 또한 어렸을 적 아버지를 여의고 홀어머니가 어렵게 키웠다고 한다. 그의 어머니는 무척 강인한 여성으로 어렵게 그의 뒷바라지를 하며 대학교 등록금까지 대주었다. 그러나 막상 그는 자신의 어머니에게 따뜻한 말 한마디도 들어본 적이 없었다고 한다. 그의 어머니는 자기 인생의 한을 보상이라도 받으려는 듯 그에게 큰 기대를 걸었고, 기대에 미치지 못하면 폭언을 퍼부었다고 한다. 가끔 술 취해서 한탄하듯 말하는 그의 말에 L씨는 큰 동정심을 느꼈다. 때때로 보이는 자신만 봐달라고 하는 듯한 남자친구의 유아적이고 이기적인 태도를 L씨는 마치 부모 사랑을 받지 못한 어린아이가 울고 있는 것처럼 느꼈다고 한다. 남자친구의 폭력성에서 느끼는 L씨의 무의식적인 공포와 그가 폭력성을 보이지 않을 때 보이는 인간적이고 가련한 모습에 대한 동정이 그녀를 독성관계에 묶어두고 있었다.

반면에 L씨의 남자친구에게 있어서 감정이란 자신만 가지고 있는 것이었다. 그것이 그가 볼 수 있는 세상 전부였다. 그에게 있어서 연인관계란 단지 자신의 만족감을 채우고 자신의 감정만을 이해받는 일방적인 관계였다. 다른 사람 또한 자신만큼 이해받고 위로받고 싶어 한다는 것을 알지 못했다. 뇌의 시각피질이 손상된 사람이 시력이 나빠지는 것뿐만이 아니라 시각에 대한 개념 자체가 희박해지는 것처럼 그는 타인의 감정을 인지하는 비율 자체가 낮았다.

따라서 L씨가 자신과는 다른 생각을 드러내거나 자신의 감정을 이해받고 싶어 하는 것은 그에게 있어서는 이기적이고, '자기애적인' 것이었다. 세상에 존중받아야 하는 감정은 오직 자신의 감정이기에 그렇지 않은 일체의 행위는 완전히 잘못되고 부당한 행위로 느껴졌다. L씨 남자친구의 눈에는 진심으로 L씨가 '자기애성 인격 장애'처럼 보였을지도 모른다. 심지어는 그러한 그녀의 잘못을 자신이 바로잡아야 한다고까지 느꼈을 것이다.

남자친구의 태도는 L씨의 애정을 식게 하는 것을 넘어 신변에 대한 위협감과 혐오감까지 주었다. 그런데도 관계에 있어서 둘의 영향력의 차이는 너무나 컸다. L씨의 남자친구는 언변도, 나이도, 사회활동의 경험도, 체격도, 힘도 모든 면에서 L씨보다 강했다. 그리고 무엇보다 관계의 주도권을 가지기 위해 그것을 이용하는 방법을 잘 알고 있었다. 사실 L씨의 남자친구가 그녀를 굴복시키는 논리는 제삼자가 보기에는 어처구니없을 만큼 허술했다. 옳음에 대한 기준은 매번 바뀌었고, 자신의 말에 반대하려는 기색을 보이면 위협적인 언어나 몸짓으로 그녀를 굴복시켰다. 그녀가 자신들의 관계를 생각해보기 위한 시간이 필요하다고 말할 때면 결코 시간을 주지 않았다. 때로는 엎드려 빌거나 사정하거나 자살 위협을 하는 등 자신의 존엄성이나 체면마저 희생시켰다. 한마디로 자신의 즉각적인 욕구와 만족감을 채우기 위해서는 예의고 체면이고 없이 수단 방법을 가리지 않았다.

L씨는 그가 원하는 대로 때로는 여자친구의 역할을, 때로는 장식품의 역할을, 때로는 엄마의 역할까지 전부 해내야 했다. 그녀가 그 관계 안에 있는 한 그녀는 절대로 무엇이 잘못되었는지 제대로 생각하지도, 표현하지도 못했다. 오히려 자신도 잘 설명할 수 없는 죄의식마저 느끼고 있었다. 그리고 이제 그녀는 자신의 인성마저 의심하고 있었다. 전형적인 독성관계 희생자의 모습이었다. 나는 그녀에게 말했다.

　　"폭력은 인간관계에서 많은 것을 가려놓지요. 가해자의 죄책감을 가리고, 때로는 희생자에게 오히려 죄책감을 느끼게도 합니다. 한 번 시작된 폭력이 자발적으로 멈추는 경우는 거의 없어요. 오히려 그 정도는 점점 더 심해지고, 가해자는 폭력을 행사하는 것에 익숙해진 나머지 그것이 자신의 권리라고 생각하게 됩니다. 어떠한 형태의 폭력이든 일단 관계에 폭력이 나타나기 시작하면 우리는 일단 그 관계를 중단하거나 멈출 필요가 있습니다."

L씨의 독성관계에 대한 솔루션

① 관계의 모든 면에서 폭력의 영향을 거절하기

　　신체적 폭력은 정신건강의학과적 응급상황에 속한다. 그런데도 우리나라에서는 아직 데이트 폭력에 대한 경각심은 낮은 편이다. 서로 연인이라는 특수 관계로 인하여 외부에서 개입을 자제하려는 경우가 많고, 처벌도 적은 편에 속한다. 때로는 살인과도 같은 끔찍한 결과로 이어지는 경우도 많다. 2012년부터 2017년까지 우리나라에서는 총 467명의 여성이 데이트 폭력 관련 강력 범죄로 사망했다.(자료 : 경찰청)

L씨는 그러나 자신의 독성관계에 대해 적극적으로 대처하는 것을 주저하고 있었다. 남자친구가 자신을 밀치거나 억지로 끌고 가거나 위협하는 몸짓과 말을 하는 횟수는 점점 늘어나고 있는데도 자신이 정확히 무엇 때문에 고통스러운지도 알지 못했다. 그 관계에서 납득할만한 만족감과 안전함을 느끼는 것도 아니었다. 단지 어떠한 것도 선택하지 못한 채로 고통받고 있었다. 그리고 그 한가운데에는 폭력과 억지 논리를 이용한 남자친구의 가스라이팅이 있었다.

폭력과 동반된 주도자의 합리화는 독성관계 희생자의 심리를 항거불능의 상태로 만드는 데 있어서 매우 효과적인 방법이다. 폭력에 익숙해지는 것은 가해자만이 아니다. 폭력에 익숙해진 희생자는 점차 가해자의 모습과 표정만 보아도 정상적인 판단력을 잃는다. 때로는 폭력에 의한 피해보다는 고함을 지르거나 안전에 대한 위협을 느끼는 폭력적인 상황 그 자체에 큰 상처를 받기도 한다. 폭력에 익숙해진 희생자들은 일단 그 상황을 모면하기 위해 상대방의 요구사항을 들어주게 된다. 그리고 이 틈을 타 독성관계의 주도자들은 절대적인 대의명분이라도 획득한 듯 무장해제 된 희생자에게 자신의 내면세계에서만 통용되는 생각을 주입한다. 결국, 희생자는 '자신이 당할 만해서 당했다'라고 생각하며 주도자의 대의명분에 동조하고 자신의 행동에 죄책감을 느끼기에 이른다. 그녀의 남자친구는 L씨가 자신들의 관계에서 문제점을 깨닫고 벗어나려고 할 때마다 집요하게 위의 과정을 반복했다. 따라서 둘의 관계에 있어서 남자친구가 그녀에게 쓰는 가장 즉각적이고 강력한 무기인 언어적·비언어적 폭력을 더 이상 사용하지 못하게 만들 필요가 있었다.

일정 수위 이상의 폭력이 지속되는 관계에 있어서 주도자가 반드시 유지하려고 하는 것이 있다. 이들은 희생자와 고립된 장소에서 만나기를 원하며 자신이 희생자에게 하는 행동이 절대 외부에 들키지 않기를 원한다. 따라서 개방된 장소, 독성관계의 협력자가 아닌 제삼자의 존재만으로도 폭력의 상당수는 예방된다. 반대로 이들은 어떠한 수를 써서라도 희생자와 단둘이서만 있고자 하고, 만일 희생자가 자신과의 일을 제삼자에게 알렸을 경우 수치심을 느끼며 심하게 분노한다. 분노는 곧 이들이 느끼는 공포의 표현이기도 하다. 자신들의 행동이 정당하지 않고, 자신들의 논리가 허무맹랑함을 그 누구보다도 잘 알고 있다는 말이다. 나는 L씨에게 그를 만날 때는 그 어떠한 상황에라도 단둘이 있는 상황을 만들지 않고, 그가 조금이라도 자신의 신체에 손을 댈 경우에는 경찰이나 데이트 폭력 피해상담소에 신고하도록 했다. 더 나아가 자신이 당하고 있는 상황을 가급적이면 부모와 지인 모두에게 알리도록 했다.

"정말 이런 일로 경찰에 신고해도 될까요? 친구들 말 들어보면 결국 경찰이 와서 해결되는 경우는 없다고 하던데. 저만 이상한 애 되는 것 아닐까요?"

나는 대답했다.

"너무나 당연한 이야기이지만, 당신은 신체적이거나 언어적인 위협을 받지 않을 권리가 있어요. 그 누가 어떠한 식으로든 폭력을 정당화시킨다고 하더라도 그 권리는 다른 모든 권리 위에 있는 권리이지요. 만일 당신이 경찰을 불렀을 때 경찰이 왜 이런 일로 신고했냐며 오히려 당신을 비난한다면 그것은 당신이 아니라 경찰이 잘못하고 있는 것입니다. 사회적 통념이나 그날의 분위기, 남자친구가 자신을 정당화시키기 위한 논리, 그 어떠한 것도 개의치 마세요. 당신 마음의 괴로움을 끝내는 데 집중하세요. 설령 다른 모두가 반대하더라도 오직 당신만은 당신의 편이어야 합니다."

② 폭력의 영향을 벗어나 자신의 마음 다시 보기

결국 L씨는 남자친구가 자신이 원하지 않는데도 자취방에 억지로 들어오려고 하자 경찰에 신고를 감행했다. 출동한 경찰은 억울하다며 날뛰는 남자친구를 데려갔지만, 초범이라는 이유로 곧 훈방했다. 남자친구의 반응은 예상대로였다. 그녀가 전화를 받을 때까지 계속 전화를 걸고 그녀가 전화를 받자마자 몰아붙였다. 겨우 이런 일로 남자친구를 신고하다니 역시 자신의 예상대로 너는 정신병이 있는 게 분명하다고 그녀를 비난했다. 너무나 흥분한 모습에 겁이 난 L씨는 미안하다고 사과해버렸다. 그러나 이내 L씨는 용기를 내어 "나는 지금 오빠가 너무 무섭기 때문에 만남을 그만하자"라고 이별을 고했다.

그러나 L씨의 남자친구는 절대 포기하지 않았다. 그는 너무 오랫동안 그녀를 휘두르는 것에 익숙해져 있었다. 그녀와의 관계를 자신의 의지가 아닌 그녀의 의지대로 끝낸다는 것은 그에게 분노와 불안감을 동시에 느끼게 했다. 그리고 그러한 상황은 자신이 그렇게 될까 봐 평생을 두려워했던 두 가지 인간상을 떠올리게 했다. 패배자, 그리고 인정받지 못하는 사람. L씨가 자신을 피하고 자신의 연락도 받지 않자 그는 L씨의 주변을 맴돌기 시작했다. 그는 또다시 만취한 채로 연락도 없이 그녀의 자취방 앞에서 기다렸다가 막무가내로 그녀의 자취방으로 따라 들어갔다. 그러나 그녀의 자취방에는 그녀가 걱정되어 서울에 올라온 L씨의 부모님과 오빠가 기다리고 있었다.

술에 취한 목소리로 생각하시는 그런 게 아니라고 변명하는 딸의 남자친구에게 L씨의 아버지는 다시는 L씨에게 접근하지 말 것을 당부했다. 비록 L씨의 아버지와 오빠의 모습을 보고 기가 죽은 그였지만, 여전히 그는 따님과 서로 사랑하는 사이라서 그랬다며 변명으로 일관했다. L씨의 오빠는 앞으로 두 번 다시 이러한 일이 발생한다면 변호사를 선임하여 고발할 것이며 그의 부모님과 학교에 이 사실을 알리겠다고 단호하게 이야기했고, 그가 가장 두려워하는 부분을 찔린 L씨의 남자친구는 그제야 얼굴이 사색이 되었다. 그리고 남자친구의 쩔쩔매는 모습을 바라보는 L씨의 마음속에는 어떠한 변화가 일어났다.

"정말 이상했어요. 단둘이 있었을 때는 그 오빠(L씨의 남자친구를 지칭)의 말이 전부 옳은 것 같았어요. 항상 태도도 당당하고 그런 모습이 리더십이 있는 것 같아 '이 오빠가 정말 나를 생각하고 내 잘못을 고쳐주려고 하는 건가?'라고 생각해서 질질 끌려가기도 하고. 그런데 그런 남자다운 모습은 단지 여자랑 단둘이 있을 때만 그런 것 같다는 생각이 들었어요. 자신만큼 힘도 세고, 나이도 많은 남자들과 같이 있으니까 그렇게 깰 수 없을 것 같은 논리정연함과 당당함이 순식간에 사라지는 느낌? '네가 그렇게 이야기했던 자신의 정당함은 자기보다 약한 사람하고 있을 때만 그런 거였어?' 하는 생각이요. 더 이상한 건요. 전에는 그렇게 남들에게 인정받고 싶어 하고 남들 위로 올라가고 싶어 하는 그 모습이 되게 안돼 보였었단 말이에요. 이런 사람을 혼자 두는 것은 못 할 짓인 것 같았고, 저는 그래서 제가 오빠를 사랑하는 건 줄 알았어요. 그런데 이젠 동정심도 더 이상 들지 않아요. '어떻게 다른 사람이 있는 것만으로 이렇게 한 사람의 이미지가 달라질 수 있지? 아! 나는 오빠를 사랑했던 게 아니라 두려워했던 거구나.'라고 생각했어요."

폭력성은 고립성과 서로 맞물려 움직인다. 둘만의 관계에서 일어났던 일이 단지 제삼자에게 공개되는 것만으로도 L씨를 얽매어 왔던 독성관계는 순식간에 힘을 잃게 되었다. 주도자가 폭력을 행사하며 희생자에게 그토록 각인시켰던 '사랑하는 너를 위한 것'이라는 논리가 정말 진실이었다면, 혹은 희생자가 주도자에게 가졌던 미안함과 동정심이 진심이었다면 고립성이 사라진 것만으로 이들의 행동과 생각이 그렇게 쉽게 바뀌지는 않았을 것이다. 그리고 폭력이 사라지자 둘의 관계는 진정한 모습을 드러낸다.

당당해 보였던 남자친구의 L씨에 대한 태도는 사실은 타인의 권리와 안전을 서슴없이 침해하는 무례한 태도였다. L씨의 인격과 정신건강을 정신과 의사나 심리학자와도 같이 판단하였던 그의 태도는 타인의 인격을 자신의 관점에서 멋대로 재단하여 자신의 말을 따르게 하려던 폭거나 다름없었다. 사랑이 아니라 폭력이었다. L씨는 자신이 남자친구에게 가졌던 동정심과 자애가 사실은 상대방에게 겁먹은 나머지 자신이 다치지 않기 위해 스스로를 속이고 테러리스트를 돕는 인질의 그것과도 같은 상태였음을 깨달았다. L씨와 남자친구의 관계가 주인과 소유물과 같은 비정상적인 관계에서 비로소 대등한 인간과 인간의 관계가 된 것이다.

"사실은 괴로웠어요. 화가 났었어요. 나르시시스트라는 건 다른 사람을 생각하지 않고 오직 자기 자신의 욕망만을 인정받기를 바라는 사람이라는 뜻이었잖아요? 전 그런 적 없어요. 누가 내 인격을 함부로 그렇게 말한다는 것이 부당하다고 생각해왔어요. 제가 보기에는 남자친구 쪽이 훨씬 더 그런걸요. 오빠와 같이 있으면 꼭 나는 그의 감정 쓰레기통이 된 것 같은 생각이 들었어요. 전 이 관계를 지속하고 싶지 않아요."

비로소 L씨는 그동안 어디에서도 인정받지 못하고, 그래서 스스로마저 의심해왔던 본인 마음의 진짜 모습을 인식했다. 폭력에 위협받고 있을 때의 인간은 육식동물을 보고 얼어붙어 버리는 초식동물처럼 자신의 마음을 억누른다. 이것은 포식자에게 자신의 모습을 최대한 숨겨 보호하려는 포유류 특유의 본능이다. 그러나 그것은 위기에 대한 반응에 불과할 뿐 본심은 아니다. 폭력의 속박에서 벗어나 원래 모습을 되찾은 L씨의 마음은 이제 다음 단계로 나아간다.

③ 독성관계로 깨져버린 마음의 경계 회복하기

독성관계가 깨져버린 후 주도자의 모습은 둘 중 하나이다. 희생자를 평가절하하고 다시는 상대하려고 하지 않거나, 상대방을 다시 독성관계로 되돌리기 위해 끈질기게 노력하거나. L씨의 남자친구는 후자를 선택했다. 비록 이전보다 훨씬 조심스럽긴 했지만, 그는 L씨에게 연락을 거듭했고, L씨가 전화를 받지 않자 그녀가 다니는 학교로 찾아오기도 했다. 그러나 L씨의 마음이 돌아서는 일은 없었다. 이미 그녀의 마음은 독성관계의 희생자에서 벗어난 지 오래였다.

그러나 L씨의 마음은 사실 편하지가 않았다. 그녀는 두 가지 문제로 번민하고 있었다. 하나는 심한 자존감의 저하였다. 남자친구와의 관계를 다시 생각해보면 생각해볼수록 자신은 남자친구에게 정말 존중받지 못했다는 느낌이 들었다. 그리고 이는 새로운 자책으로 이어졌다. 만일 자신이 조금만 더 기가 세거나 당당한 스타일이었다면 이러한 일을 당할 일도 없었을 것으로 생각했다. 그리고 지금도 자신에게 시도 때도 없이 연락하고 찾아오는 남자친구의 행동은 그녀의 낮아진 자존감을 건드렸다. 자신의 남자친구에게 사랑받고 존중받는 것처럼 보이는 주변 친구들과 자신을 비교하며 '자신이 이 정도밖에 되지 않아 남자친구로부터 이러한 대접을 받은 것'처럼 속상해했다. 두 번째 문제는 공포였다. 이제 남자친구의 행동은 그녀에게 스토킹이나 다름없었다. 이전의 L씨는 남자친구에게 너무 겁을 먹은 나머지 그 공포를 부정했다. 그러나 이제는 남자친구가 자신에게 가할지도 모르는 폭력에 대해 강하게 의식하고 있었다. 그렇기에 지속해서 자신을 찾아오는 남자친구에게 또 휘둘려 그 폭력의 희생자가 되고, 다시 그 관계에서 벗어나지 못할까 봐 심한 두려움을 느꼈다. 나는 그녀의 번민에 대해 이렇게 말해주었다.

"독성관계의 주도자들은 희생자의 마음을 자신을 위한 도구로 만들기 위해 상대방과 자기 마음의 경계를 불분명하게 만듭니다. 자신의 마음을 똑바로 바라볼 용기가 없어서 본인의 결핍을 마치 상대방에게 있는 것처럼 자신을 속이고, 그러한 자기기만이 더 완벽해지도록 상대방을 압박하지요. 그리고 주도자보다 상대적으로 공감 능력이 있고 정신이 건강한 사람들이 그 희생자가 됩니다. 왜냐하면, 상대방의 결핍에 측은지심을 가지고 이를 도와주려고 하고, 혹시라도 있을지 모를 자신의 잘못을 살펴보는 것은 건강한 사람만이 가질 수 있는 마음의 형태이기 때문이지요. 그래서 독성관계 안에서 희생자가 보였던 모습은 희생자의 진짜 모습이 아닙니다. 희생자가 정신적으로 무능하거나 남들보다 만만해 보여서도 아니죠. 주도자들은 상대방이 그 누구라 할지라도 자신의 결핍을 채워줄 가능성이 있으면 이전과 같은 독성관계를 시작하려고 하기 때문입니다. 당신이 당신이었기 때문에 그러한 상황에 부닥쳤던 것은 아닙니다. 문제가 있는 건 그예요. 당신이 아니라."

다행히 L씨는 다시 관계를 지속하려는 남자친구의 끈질긴 시도를 전부 거절할 수 있었다. 그가 이전대로 폭력을 쓰려는 기색을 보이면 즉각 이를 지적하여 저지하거나 그래도 멈추지 않으면 경찰을 불렀다. 경찰이 실제로 출동하지 않더라도 그녀가 언제든지 경찰에 신고할 수 있다는 것을 인식하자 그는 점점 L씨에게 함부로 행동하지 못하게 되었다. 그는 이제 L씨가 더 이상 자신의 마음대로 되지 않는다는 것을 알게 된 것 같았다. 거절이 계속되고, 남자친구가 자신에게 마음대로 하지 못하자 L씨는 빠르게 자존감을 회복했다. 이것은 어디까지나 남자친구의 이기적인 행동일 뿐 자신의 잘못이 아니었다는 것을 확실하게 인식했다. 자신은 희생자였고, 더 이상 희생자가 되는 것을 거부할 뿐이라는 생각이 들었다. 남자친구의 행동과 독성관계는 이제 L씨의 마음에 아무런 영향을 끼치지 못했다.

어느 날, 남자친구는 술에 취해 L씨에게 전화를 걸었다. 예전에 그가 그랬던 것처럼 이번에도 그는 그녀가 자신을 다시 만나주지 않으면 자살해버리겠다고 L씨를 협박하려 들었다. 이번에는 한강에 있는 어느 다리 근처라고 했다. L씨는 담담하게 말하고 전화를 끊었다.

"자신의 마음은 자신이 책임지도록 했으면 좋겠어. 그 문제는 내가 해결해줄 수 있는 문제가 아닌 것 같아."

남자친구가 자신의 목숨을 가지고 하는 협박도 L씨에게는 더 이상 통하지 않았다. 그 후로 L씨의 남자친구가 L씨에게 전화를 걸거나 찾아오는 일은 없었다. 수개월이 지난 후 그녀의 증상은 사라졌다. 걸려오는 전화에 가슴이 두근거리는 일도, 과호흡을 일으키는 일도 없었다. 한동안 자신에게 일어났던 일에 마음 아파했던 L씨는 최근에 새로운 남자친구를 사귀려고 한다고 했다. 또다시 이전과 같은 일이 생길까 봐 걱정된다는 그녀의 말에 나는 말했다.

"만일 다음 관계도 당신에게 상처가 된다면, 그때에도 이번처럼 거절하세요. 당신에게 상처 되는 관계를 거절하고, 당신이 원하는 관계는 유지하려고 하는 것, 관계에 있어서 당신의 권리이자 또한 중요한 역할이죠. 당신은 당신의 관계에 있어서 조연이나 주변 인물이 아니라 주인공 그 자체니까요. 부디 다시 찾은 당신의 관계에서의 결정권을 소중히 행사하시길 바랍니다."

회사원 M대리의 독성관계

회사원 M대리의 사례

"이 부분 줄 간격이 다르잖아! 다시 해서 가지고 와!"

서울의 한 대기업 영업부에 다니는 M대리는 이번에도 O과장에게 기획 서류의 결재를 받지 못했다. 어제 결재받으려고 한 보고서가 통과되지 못하고 오늘로 넘어왔지만 O과장은 오늘만 해도 세 번째 퇴짜를 놓았다. 주변 사원들의 수군거리는 소리가 들렸다. 지겹고도 익숙한 반응들. M대리의 직속 상사인 O과장은 처음에는 서류의 문단 나누기 형태를 문제 삼았고, 그 다음에는 아주 사소한 문장부호의 오류를 문제 삼다가, 급기야 이번에는 워드 프로세서 문장의 줄 간격 한 줄이 다른 것을 찾아내어 서류를 반려시킨 것이다. 다른 과장 밑에서는 세 시간이면 끝날 결재가 O과장 아래에서는 이틀이 넘어서도 헛바퀴만 돌고 있다.

M대리는 비교적 이른 나이에 회사에 들어가 주임을 거쳐 대리로 승진한 30대 초반의 남자 회사원이었다. 큰 키에 훤칠한 외모의 그는 겉보기에 무척 쾌활하고 에너지 넘치는 사람으로 보였다. 그러나 M대리는 요즘 나에게 상담과 약물치료를 받고 있다. 매일 아침에 눈을 뜨기가 힘들었다. 샤워하는 동안 어지럽고 가슴이 미친 듯이 두근거렸다. 회사를 가는 것이 부담스러워서였다. 그의 증상은 특히 일요일에 가장 심했다. 일요일 오후부터 지쳐서 아무것도 하지 못하고 멍하니 있다가 저녁이 되면 어디론가 도망가고 싶은 충동에 휩싸였다. 소위 말하는 '번아웃 증후군'이었다.

문제는 그가 대리로 승진하면서부터 시작되었다. 정확하게 말하자면 그가 승진하여 O과장 밑에서 일하면서부터였다. 마흔 줄에 들어선 O과장의 별명은 강박증이었다. M대리와는 대조적으로 뚱뚱한 체형에 벌써 머리가 벗어지기 시작한 O과장은 타과의 과장이나 그 위의 부장급들에는 좋은 평가를 받고 있지만, 그 특유의 강박적인 일 처리로 부하들을 힘들게 만드는 것으로 유명했다. 그는 특히 보고서의 맞춤법과 형식에 무척 집착했다.

M대리는 O과장과 유난히 잘 맞지 않았다. M대리에 따르면 O과장은 첫 만남부터 M대리에게 호의적이지 않았다. 그가 대리로 발령이 나 직속 상사인 O과장에게 인사를 하러 갔을 때 O과장은 서류를 검토하고 있었다. M대리는 직속 상사가 될 O과장에게 친근감을 주기 위해 O과장의 컴퓨터 바탕화면에 떠 있는 록 밴드 이야기를 꺼내었다.

"어? 과장님도 이 밴드 좋아하시나 봐요? 저도 엄청 좋아하는데."

O과장은 미묘한 얼굴로 M대리의 얼굴을 한동안 쳐다보더니 아무 말 없이 컴퓨터 모니터를 껐다. 마치 너와는 이런 이야기를 하고 싶지 않다는 제스처처럼 보였다. M대리로서는 무안하고 당황스러운 반응이었다. 그는 한동안 자신이 뭔가 잘못 말했는지 고민하다가 이윽고 대수롭지 않게 넘겼다.

그러나 M대리의 고난은 이때부터 시작이었다. M대리가 속한 부서에서 대리는 과장급과 그 아래 사원을 이어주는 중간관리자의 역할을 하는 경우가 많았다. 막상 업무의 결정 권한은 크지 않았지만 처리해야 할 사항은 많았고, 그래서 매사에 세세하게 과장에게 보고와 상담을 해야 했다. 서류를 만들어 보고하고, 지시사항을 전달받고, 그 중간의 구멍을 메워 일을 돌아가게 만드는 것이 그의 역할이었다. 그러나 O과장은 구체적인 지시가 없이 항상 보고서를 핑계로 결정을 미루기만 했다. M대리가 자신이 결정할 수 없는 업무의 방향에 관해 물어볼 때면, O과장의 반응은 둘 중 하나였다.

"너 대리단지 몇 개월째인데 그것도 몰라? 규정 찾아봐!"이거나

"충분히 찾아봤어? 충분히 다시 찾아본 다음에 물어봐."였다.

회사생활에서 규정이나 매뉴얼은 어디까지나 기본적인 경우만을 가정하여 만들어진 것이다. 애초에 대리의 선에서 결정할 수 없는 문제였기 때문에 과장에게 지시를 받는 것이었다. 그런데도 O과장은 그 결정을 자신이 내리는 것을 무척 싫어했다. 더군다나 보고서를 올리면 맞춤법이나 문단의 형식 등은 과도하게 검토하면서도 서류의 방향이나 내용에 대해서는 아무런 언급이 없었다. M대리가 결정할 수 없는 문제에 관해 결정해주고 그에 대한 책임을 지는 것이 자신의 업무임에도 불구하고 그는 그것에 대해 극심한 거부감을 보이는 것처럼 보였다.

M대리는 보고서 작성이나 결재만이 업무의 전부가 아니었다. 영업부인 M대리는 여전히 직접 고객도 만나고 거래처도 관리해야 했다. 그러나 O과장이 결정을 내려주지 않자 그는 대기하거나 스케줄을 미뤄야만 하는 일이 많았고, 이것은 바쁘게 돌아다니며 고객과 미팅 자리를 가지고 판촉 행사를 준비해야 하는 M대리의 일에 심각하게 방해가 되었다. 그래도 M대리는 어떻게든 업무를 꾸

려나갔다.

O과장이 자신의 밑에서 일하는 모든 대리에게 이러한 식으로 대했다면 그나마 참을 만했을 것이다. 그러나 M대리가 보기에는 아니었다. O과장 밑에는 또 다른 한 명의 대리가 있었다. M대리의 입사 동기였지만 나이는 M대리보다 두 살 위인 유부남이었다. O과장은 유독 그에게는 관대했다. 보고서에 사소한 실수가 있어도 고칠 부분만 빠르게 지적하고 바로 결재를 올리도록 해주었다. 그뿐만이 아니었다. 비교적 일찍 결혼하여 초등학생인 아이를 두고 있다는 공통점을 가진 O과장과 M대리의 입사 동기는 육아 이야기와 가정 이야기를 자주 공유하며 이야기꽃을 피웠다. 회식 때 O과장과 자신의 동기가 유부남의 삶과 육아의 문제로 한참 열을 내며 이야기를 할 때마다 M대리는 소외되어 있었다. M대리가 어떻게든 직속 상사인 O과장과 잘 지내보려고 이야기에 끼려고 할 때마다 O과장은 처음 만났을 때 지었던 미묘한 표정으로 빤히 쳐다보다가 아무 말도 하지 않고 다시 M대리의 동기와 대화를 이어나가기 일쑤였다. O과장과 자신의 동기 사이에서 자신이 관심을 구걸하는 듯한 수치심을 느낀 M대리가 이후에 O과장에게 말을 걸기가 더더욱 어려워졌음은 말할 것도 없었다.

이전부터 O과장이 젊고 미혼인 남자직원에게 반감이 있다는 어렴풋한 소문이 있었다. 학생 때부터 소심해 여자들에게 인기가 많지 않았고, 더군다나 일찍 결혼하기까지 해서 청춘을 제대로 누리지 못한 O과장은 그때의 억하심정으로 젊고 미혼인 남자직원에게 엄청난 반감이 있다는 것이다. O과장을 직접 겪어본 M대리는 소문의 진위와 상관없이 충분히 그런 소문이 날 수도 있겠다고 느꼈다. 그러나 그것은 단지 심증일 뿐 O과장 본인에게 직접 따질 수는 없는 문제였다. 한 가지 확실한 것은 O과장은 자신이 책임지기를 싫어하고, M대리에게 뭔가 강한 반감을 가지고 있으며, 다른 사람에게 객관적으로 비난받지 않을만한 아슬아슬한 수위의 차별과 갑질을 계속하고 있다는 점, 그뿐이었다.

대리가 되고 나서 6개월 후, M대리에 대한 평가는 끝없이 낮아졌다. M대리는 자신에 대한 낮은 평가를 두 가지 방식으로 느꼈다. 첫째로는 주로 윗사람들에게 받은 낮은 평가와 인사고과였다. M대리는 어느새 중요한 업무나 기획에서는 배제되어 있었다. M대리에게는 중요한 고객을 만나러 가거나 출장을 가기 위한 시간이 절대적으로 부족했다. O과장에게 보고서를 다시 검토받기를 반복하는 동안 약속은 미뤄지기 일쑤였고, 그러다 보니 행사 시간이나 고객과의 약속에 늦는 경우가 많았다. 영업사원에게는 있어서는 안 될 일이었고, 계약이나 홍보를 위한 활동에 차질이 없을 수 없었다. M대리가 불려 다니며 보고서를 반복해서 쓰는 동안 중요한 기회는 그대로 M대리의 동기 몫으로 돌아갔다. 어느 날 복도에서 만난 영업부 부장은 이렇게 말했다.

"여- OO이(M대리의 본명), 요즘 너 때문에 영업부 O과장이 엄청 고생한다며? 정신 차리고 잘 좀 해. 상급자 기분도 좀 맞추고."

M대리는 억울했다. 나름 본인의 한도 내에서 보고서 형식과 철자에도 신경을 쓰고, O과장에게 친근하게 말도 걸어보려고 갖은 노력을 했다. 하지만 나보다 위 직급인 상대방이 나에게 원인 모를 반감을 가지고 차별과 갑질을 하는데 어떻게 그 기분을 맞춘단 말인가? 동기가 낸 보고서를 볼 기회가 있어서 살펴본 결과 문단형식은 물론이고 당장 보이는 틀린 철자만도 세 군데가 넘었다. 맞춤법과 줄 간격에 목숨을 거는 O과장이 이런 보고서를 한 번에 통과시켜 줬다는 것이 믿어지지 않았다. 그러나 현실에서는 무능하고 불성실한 사람으로 인식되는 것은 M대리 자신이었다.

두 번째는 회사 내 인간관계에서의 스트레스였다. 사원과 주임 시절, M대리는 대인관계가 무척 좋았다. 잘생긴 외모와 쾌활한 성격으로 여사원들에게 인기가 많았음은 물론 타부서 후배들까지도 곧잘 그를 따르곤 했다. 그러나 최근 그는 회사 사람들이 자신을 대하는 것이 달라졌다는 것을 느낀다. 그가 보고서를 결재받으러 O과장의 자리에 갈 때마다 주변 사원들이 서로 어색한 미소를 나누거나 본인들도 더 이상 불편해서 못 보겠다는 식의 제스처를 보이는 것이 한두 번이 아니었다. 주변 사람들의 이 같은 반응은 M대리의 자존감에 큰 상처를 주었다.

물론 이들도 M대리가 O과장에게서 부당한 대우를 받는다는 것을 알고 있었다. 그러나 이 사실은 이내 사람들의 머리에서 잊혔다. 자신들이 직접 당하는 부당행위가 아닐뿐더러 모르는 사람이 옆에서 보기에는 그냥 꼼꼼한 상사가 부하에게 충분히 할 수 있는 행동으로 보였기 때문이다. 일이 힘들고, 경쟁적인 문화를 가지고 있는 회사 분위기에서 흔히 그렇듯이 M대리가 O과장에게 여러 번 물을 먹는 것을 본 주변 사람들은 동정하기보다는 자신이 당하지 않아서 다행이라며 안도하거나, 당하고 있는 M대리가 사실 그럴만하다며 은근히 무시하기까지 했다.

시간이 지나면서 M대리가 O과장에게 공공연하게 무시당하고 무안을 당하는 것은 그 부서에서 당연한 풍경이 되어버렸다. 주변 사람들에게 M대리는 승진에서 멀어지고 상사에게 당하는 것이 늘 당연한 우습고 불쌍한 사람이 되어버렸다. M대리에게 교육을 받는 후배들조차도 자신들이 M대리의 담당이 된 것에 대해 불만을 토로했다. 이들은 뒤에서 M대리의 뒷담화를 하거나 때로는 M대리가 배분해주는 업무에 대놓고 토를 달기도 했다. 그리고 그것은 그대로 M대리에 대한 낮은 평가로 연결되는 악순환이 반복되었다.

문제는 해결방법이 없다는 것이다. O과장이 M대리에게 폭언을 하는 것도, 폭력을 쓰는 것도 아니었다. M대리와 O과장은 보통의 과장과 대리 사이보다도 대화가 없었다. O과장이 아예 M대리에게 대화를 붙여주지 않았기 때문이었다. O과장은 아마 스스로도 M대리를 싫어하고 괴롭히고 있다는 의식조차도 없을 것이다. 오히려 자신이 M대리의 무능 때문에 피해를 보고 있다고 생각할 것이다. 주변의 따돌림이나 무시로 인한 정신적 고통도 제삼자가 보기에는 따돌림이나 괴롭힘과는 거리가 먼 개인적인 능력 부족으로 인한 것으로 비치기 쉬웠다.

6개월간 기를 쓰며 보고서를 반복해서 작성하고, O과장에게 어떻게든 인정받으려고 노력하던 M대리는 탈진해 버렸다. 아침에 일어나 회사에 가려고 준비할 때마다 헛구역질하고 회사로 가는 전철이 멈춰버리거나 탈선해버렸으면 좋겠다고 생각했다. 그러나 무엇보다 중요한 것은 M대리 그 자신이 자신에게 내려지는 부당한 평가나 대우를 받아들여 버렸다는 것이다. 처음과는 달리 구부정해진 그의 어깨가 말해주는 것처럼, 한때 쾌남으로 불리던 자신감 넘치고 쾌활하던 M대리는 더 이상 없었다. 인간은 다른 사람의 눈에 비친 자신의 모습으로 스스로를 평가하기 쉽다. 지속되는 낮은 평가와 O과장의 방해와 차별, 후배에게까지 무시 받는 자신의 처지 등 그 모든 것을 M대리는 자신의 탓이라 생각하기 시작했다.

이제 그는 회사에서 다른 사람과 대화하는 것이 두려워졌고, 자신이 다른 사람에게 무시당하는지 아닌지를 무척이나 신경 쓰게 되었다. 일도 어느새 흥미를 잃고 최소한의 일만 하게 되었다. 어차피 보고서 때문에 끝마치지 못하고 불려갈 것이 뻔하기 때문이었다. 한 보고서가 가당치도 않은 이유로 대여섯 번씩 반려받는 것도 당연한 것이 되었다. M대리의 자리에서 그러한 일을 겪으면 누구라도 M대리와 같은 상황에 처하겠지만, M대리는 그것이 정말 자신의 한계라고 생각해 버리고 저항을 포기해 버렸다. 이제 M대리는 정말 O과장이나 주변 사람들의 평가대로 무능하고, 불성실하고, 경쟁력 없는 사람이 되어버렸다.

독성관계의 분석 : 강한 고립성과 주도자 요인을 바탕으로 협력자 요인이 동반되는 독성관계

주도자 축 총점	17
희생자 축 총점	18
협력자 축 총점	18
고립성 및 지속성 축 총점	15
폭력성 축 총점	10

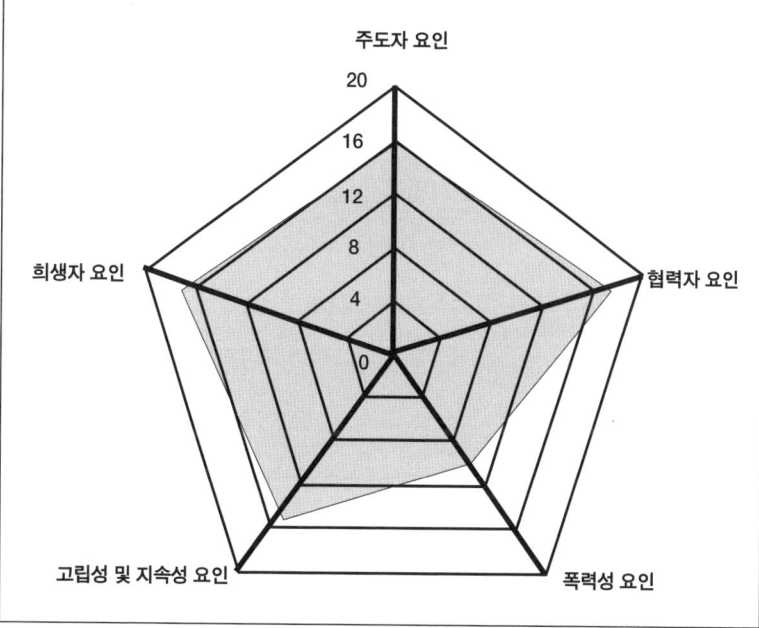

2019년 1월, 한 회사의 영업팀장이 업무시간 중 건물에서 투신, 사망했다. 그가 마지막으로 쓴 유서에는 실적압박과 회사에 관한 내용이 상당수 언급된 것으로 알려졌다. 그리고 2020년 3월 한 대기업에서는 20대 여직원이 직장 내 괴롭힘 등을 암시하며 스스로 목숨을 끊었다. 이처럼 직장의 실적압박이나 직장 내 괴롭힘으로 인하여 목숨을 끊는 경우가 점점 늘어나고 있다. 직장 내 괴롭힘으로 자살에 이르는 것은 희생자가 다른 사람에 비해 예민하거나 과잉 반응하는 것으로 비춰질 수도 있다. 직장은 가족이나 군대와는 달리 원하면 얼마든지 그만둘 수 있어 그 관계의 강제성이 상대적으로 적어 보이기 때문이다. 하지만 이는 독성관계가 희생자에게 미치는 영향을 과소평가한 것이다.

앞서 언급하였듯이 독성관계가 고착되면 희생자에게는 두 가지 심각한 변화가 나타나게 된다. 첫 번째로 희생자는 나쁜 자기상(self image)을 가지게 된다. 즉 직장 내에서 독성관계의 가해자나 협력자들이 희생자들을 괴롭히며 그것을 정당화시키기 위해 희생자에게 덮어씌운 나쁜 자기상을 희생자조차도 자신의 진정한 모습으로 믿게 되는 것이다. 그래서 독성관계의 희생자는 자신이 다른 직장으로 옮기거나 직장을 그만두어도 지금과 같은 대우를 받을 것으로 착각하게 된다.

두 번째로는 자신에게 가해지는 부당한 대우에 무기력하게 된다. 마틴 셀리그만(Martin Seligman)의 실험에서 볼 수 있듯이 자신의 의지와 상관없이 전기충격을 지속해서 받게 된 상자 속의 개는 이후에 자신의 의지로 전기충격을 피할 수 있는 상황이 와도 움직이지 않게 되었다. 상자 속의 개는 그 상황에서 환경을 바꾸어 자신을 지키려는 저항을 포기한 것이다. 전기충격이 멈추지 않는 한 상자 속 개는 고통스러워하다가 사망에 이를 것이다. 그리고 사례에 제시된 독성관계의 주도자인 O과장은 결코 M대리에게 가하는 전기충격을 멈추지 않을 것이고, 설령 독성관계를 멈출 수 있는 기회가 찾아오더라도 M대리는 스스로 움직이지 않을 것이다.

위의 두 가지 이유 때문에 한 번 직장 내에서의 독성관계에 길들여진 희생자는 쉽사리 직장을 그만두거나 옮기지도 못한다. 자신들에게 가해지는 부당한 대우와 정신적 학대에 길들여져 언제 올지 모르는 전기충격에 두려워 떠는 것이다. 직장을 그만두지도 못하고 다가오는 월요일을 두려워하며 매주 고통받는 M대리처럼, 결국 스스로의 인생을 끝내버린 많은 직장 내 괴롭힘의 희생자들처럼 말이다.

① 강박적인 성격의 독성관계 주도자

최근에는 사회적 인식의 변화로 예전처럼 부하 직원에게 폭행이나 폭언을 하거나 성희롱적인 발언을 하는 등의 공공연하고 미성숙한 괴롭힘은 좀처럼 찾아보기 어렵게 되었다. 타인에게 공공연한 괴롭힘을 가하면 사회적으로 지탄받게 되며, 무엇보다 가해자 스스로가 이것에 대해 수치심과 불명예스러움을 느끼게 되었기 때문이다. 그러나 다른 사람이 눈치채기 힘든 방식으로 타인을 괴롭히며, 자기 행위의 치졸함과 죄책감을 특유의 사고방식으로 상쇄해가는 독성관계의 주도자들이 늘어나고 있다. O과장은 위의 예에 정확히 들어맞는 독성관계의 주도자이며 직장 내 괴롭힘의 가해자이다.

O과장이 소문대로 정말 젊은 남자 사원들에 대한 반감이 심하여 M대리를 괴롭히기 시작했는지 그 진위는 확인할 수 없다. 그러나 O과장이 독성관계의 주도자로 활동하는 방식을 보면, 다분히 강박성 성격 경향(obsessive compulsive personality trait)의 양상을 보이는 것을 알 수 있다. 강박성 성격 경향을 보이는 사람들은 융통성, 개방성, 효율성을 희생시키더라도 정돈, 완벽, 통제에 집착한다. 이들은 권위와 규칙에 대해 엄격하게 복종하고, 환경에 대해 통제할 수 없을 때 화를 낸다.

대체로 강박성 성격 경향을 가진 사람들은 비록 스스로는 괴로워할지언정 다른 사람에게 해는 끼치지 않는 것으로 인식되고 있다. 오늘날 많은 사람이 스스로를 '강박증'이라고 말하는 데 주저함이 없는 것도 이 때문이다. 그러나 제삼자 입장에서 보면 성실하고 겸손해 보이는 이러한 사람들이 직장에서는 부하들에게 재앙에 가까운 상사가 될 수도 있다. 이들이 보이는 강박성 성격의 기저에는 실패에 대한 지나친 두려움이 있기 때문이다. 이들은 사소한 실수에도 괴로워하며 지나치게 실패를 두려워한 나머지 일을 시작하는 것을 지연시키거나 중요한 결정을 내리는 것을 어려워하는 경우가 많다.

실패에 대한 지나친 두려움은 타인에게 결정을 떠넘기고자 하는 경향으로 나타나기도 한다. O과장은 막상 중요한 지시사항에 대해서는 언급을 하지 않거나 매뉴얼을 참고하라는 모호한 말로 자신이 책임을 질 일을 회피하는 한편, 여러 번의 보고서 수정을 통해 끊임없이 결정을 지연시키곤 했다. 이러한 경향은 매사에 그의 지시를 받아 일을 진행해야 하는 M대리의 회사생활을 엉망으로 만들었다. 그 과정에서 O과장의 심리적 문제는 오로지 M대리가 보고서를 제대로 못 쓰는 탓으로 돌려진다. 이러한 방식을 통해 O과장은 자신의 심리적 문제를 외부로 회피하고 있었다.

이러한 O과장의 행동은 '실수 없는 완벽한 나'를 유지하기 위해 스스로를 속이기 위한 심리적 회피기전이었기 때문에 그는 자신이 M대리를 괴롭히고 있다는 인식조차도 없었다. 이러한 병리적인 사고구조를 가진 사람은 자신의 진짜 속마음이 파헤쳐질 기회를 무의식적으로 피하게 된다. O과장 입장에서 M대리를 한 명의 인격체로 느껴버리면, O과장은 자신이 스스로를 속이고 있다는 것이 무의식적으로 떠올라 불편하기 때문에 그는 M대리와의 사적인 접촉을 피하게 된다.

O과장 입장에서는 M대리 오직 한 명만 '무능하고 불성실한

사람'이어야만 했다. 그래야 자신의 내적 세계의 불안감을 특정인에게 떠넘기고 자신이 오점 없는 사람이 되기 때문이었다. 그렇다고 그의 부하 모두가 무능해서도 안 되었다. 그래서는 잘못된 것은 자신의 방식이라는 현실을 깨달아버릴 위험이 있기 때문이었다. 그는 자신의 단점을 수용하여 성장하기에는 너무나 정신구조가 약했다. 결과적으로 O과장의 무의식적인 자기기만은 성공한다. 그의 내적 세계에서 O과장 자신은 결점이 없고 완벽하지만, 무능한 부하 한 명 때문에 고통받는 상사가 되었다. O과장의 마음은 편해졌지만, M대리의 입장에서는 인격이 파괴되고 심각한 우울증으로 고통받을 정도의 재앙이었다.

② 주도자와 협력자들의 희생자에 대한 수동공격성

M대리 입장에서 최악인 것은 자신에게 심리적 압박을 주는 주도자와 협력자들의 방식이 수동공격성(passive aggression)을 띠고 있다는 점이다. 수동공격성이란 겉으로 드러나지 않는 소극적인 방식으로 적대감이나 공격성을 표출하는 경향을 말한다. 얼핏 보면 수동공격적인 압박은 폭력이나 폭언보다 덜 파괴적인 것으로 보인다. 그러나 이러한 생각은 수동공격성이 독성관계의 지속성에 미치는 악영향에 대해 간과하는 것이다.

만일 한 사람이 다른 사람에게 심한 폭력이나 폭언을 당했을 경우 이는 해당 관계에서 가해자와 희생자 간의 분명한 이슈가 된다. 가해자와 희생자가 정해지고, 옳고 그름을 따질 수 있으며 이러한 경향은 그 파괴력은 클지언정 언론이나 조직 외부에 알려지기도 쉽고 도움을 청하기도 쉽다. 쉽게 말해 지속성이 적다. 그러나 O과장처럼 단 한 사람에게만 행해지는 상사의 책임에 대한 태만, 고의적인 업무의 지연 및 의사소통의 거부는 당하는 사람으로서는 괴롭기는 하지만 뭐라고 딱 꼬집어서 말할 수 없고, 제삼자에게 설명하기도 어려울 것이다. 결과적으로 이슈가 되기도 어렵고 이를 조정하거나 끝내기도 어렵다. 즉 수동공격적인 공격 행동은 지속성이 크다.

위 사례에서 M대리의 독성관계의 협력자들로 보이는 같은 부서 내의 다른 직원들 또한 수동공격성을 보이기는 마찬가지이다. 시간이 지날수록 M대리 주변의 회사 사람들은 M대리가 곤란을 겪을 때마다 M대리가 눈치챌 정도의 비웃음 섞인 제스처를 취했다. 또한, 부서를 총괄하는 부장은 M대리의 입장은 들어보지도 않고 M대리를 책망하는듯한 말을 이어갔다. M대리의 후배들 역시 은근한 무시라는 방법으로 M대리를 압박했다.

M대리의 회사에서 주변 동료들이나 부하들이 독성관계의 협력자로 변모한 것은 회사의 수직적이고 경쟁적인 문화를 반영하는 것이기도 했다. 수동공격적인 행동의 기저에 있는 것은 집단에 대한 분노와 이를 표현하고자 하는 강한 유혹, 그리고 분노를 표현하였을 경우 자신이 위기에 처하지 않을까 걱정하는 두려움이 자리 잡고 있다. 테러범에게 잡힌 인질이 테러범에게 감정적으로 동조

하는 것처럼 인간은 자신도 당할 수 있는 폭력의 현장에 노출되면 그 위협으로부터 도망가고자 하는 소망이 강한 나머지 폭력을 행사하는 쪽에 동조하는 경향이 있다. 결과적으로 이들은 첫째로는 그 대상이 자기 자신이 아님에 안도하고, 두 번째로는 희생자에게 가해지는 부당한 대우를 정당화하며, 마지막으로는 부당한 대우를 일삼는 가해자의 일부가 되기에 이른다.

수동공격성은 당하는 입장에서는 엄청난 정신적 고통을 받는다. 인간이 고통을 이겨내는 데에 있어서 고통의 크기도 중요하지만, 희생자로 인정받는 것, 즉 자신의 정당성에 대한 자기 확신을 갖는 것 또한 중요하기 때문이다. 그렇기 때문에 인간은 명예를 지키기 위한 재판이나 결투까지도 불사하곤 한다. 그러나 수동공격적인 폭력에 당한 사람은 자신이 입은 피해는 명확하지만, 가해자는 명확하지 않다. 수동공격적인 가해자와 협력자들은 자기 행위의 공격성이 명확하지 않고, 자기 기만적인 면을 가지고 있어서 양심의 가책은커녕 자신들이 고통을 주고 있다는 의식조차도 없다.

자신을 제외한 모두가 투명 인간이 되어 자신이 눈치채지도 못하는 사이에 발을 걸고, 욕을 하고, 뒤통수를 때리지만 정작 그의 앞에서는 아무 일도 없다는 듯이 시치미를 떼는 그러한 불신의 지옥에서 인간은 얼마나 오래 제정신을 유지할 수 있을까? M대리는 결국 자기 자신에게 가장 고통스러운 방식, 즉 자책하고 스스로를 비하하는 방식으로 적응하고 만다. 모두가 자신에게 강요하는 부정적이고 패배자스러운 자기상에 길들여져 스스로도 자신이 그럴만해서 그렇다고 납득해버리는 것이다. 이 모든 문제의 가장 큰 희생자임에도 불구하고, 문제의 원인으로 지목받으면서도 그 고통에 저항을 포기하게 되는 것이다.

왜냐하면, 잔인하게도, 혼자 오롯이 당하는 M대리의 고통은 그를 제외한 다른 사람들에게 큰 안도감을 주었기 때문이었다.

M대리의 독성관계에 대한 솔루션

① 관계에서 도망가는 것과 관계를 정리하는 것의 차이

M대리가 독성관계를 끝내는 방법은 의외로 간단하다. 사직서를 내고 그만두는 것 그뿐이다. O과장이 더 이상 자신의 부하가 아니게 된 M대리를 쫓아와서 괴롭히지도 않을뿐더러 회사 동료들의 비웃음을 신경 쓸 필요도 없을 것이다. 하지만 M대리의 이후의 삶은 어떻게 될까? 물론 다음 직장을 잡으면 다행이겠지만, 설령 그가 다음 회사에 들어간다고 하더라도 예전과 같은 마음으로 일할 수 있을까?

한 번 손상되어버린 자존감은 쉽게 회복되지 않는다. 이전 직장에서 깊게 각인된 굴욕과 무기력의 기억은 한창 일해야 할 젊은 나이의 M대리에게 두고두고 상처가 될 것이다. 나는 독성관계의 희생자가 아물지 않은 상처 때문에 이후의 삶에서도 희망과 의욕을 회복하지 못하는 것을 무수히 보아왔다. 따라서 이러한 경우에는 단순히 직장을 그만두는 것만으로는 충분하지 않다고 생각했다. 나는 M대리의 모든 정신건강의학적 소견을 검토 후 그가 당장 자살이나 다른 충동적인 결정을 할 정도로 판단력을 잃지는 않았다고 생각했다. M대리에게는 아직 시간이 있었다. 그래서 나는 그에게 말했다.

"어떠한 관계에서 '도망치는 것'과 관계를 '정리하는 것'은 결과적으로 같아 보이지만, 한 사람의 내면세계에서는 전혀 다른 정신적 유산을 만들어내지요. 저는 당신이 아프고 굴욕적인 기억을 남긴 채로 떠밀리듯이 독성관계에서 도망치는 것보다는 자기 인생의 주인공답게 스스로의 인생에 방향을 정함으로써 적극적으로 독성관계를 정리하는 것이 더 바람직하다고 생각합니다."

직장은 자신의 생계와 행복을 위해서 다니는 곳이다. 그러나 우리는 직장에서 너무나 많은 시간을 보내기 때문에 종종 그 사실을 잊곤 한다. 직장에서의 삶의 방식이 곧 삶의 방식 전부가 되어 직장을 그만둔다는 것을 상상도 하지 못하게 되는 것이다. 이렇게 독성관계의 가장 중요한 성립조건인 '고립성'이 발생하게 된다. 탈출할 곳이 없다고 생각하거나 탈출해봤자 상황이 더 나빠질 것으로 생각하여 다른 선택을 할 생각도 못 하고 말 그대로 직장에 갇히게 되는 것이다. 수많은 사람이 얼마든지 직장을 그만둘 수 있음에도 불구하고 퇴직 대신 자살을 선택하는 이유이다.

　직장을 그만두지 않고도 M대리의 고립성을 부수는 방법이 한 가지 있었다. M대리가 '선택권'을 가지는 것이다. M대리는 지금 다니는 직장을 그만두지 않은 상태에서 비슷한 업종의 다른 기업 공채에 응시했다. 다행히 대리를 달기 전까지의 M대리의 영업실적은 나쁘지 않았으며, 면접 때에도 좋은 인상을 주었다. 물론 그가 새로 지원한 기업은 지금 M대리가 다니는 곳보다 덜 유망한 곳이며 연봉도 더 적었다. 결국, M대리는 공채에는 합격했지만, 합격한 회사로 옮기는 것보다는 현재의 회사에 남는 것을 선택했다.

　비록 회사를 옮기지는 않았더라도 다른 회사에 합격한 경험은 M대리에게 긍정적인 변화를 가져왔다. 그동안 M대리는 자신을 둘러싼 관계에 있어 아무런 선택권도 없었다. 그럴 수밖에 없는 게 직장에서 M대리가 일을 진행하는데 필요한 모든 결재가 O과장에게 달려있었기 때문이다. 그 안에서 M대리가 할 수 있는 것은 단지 최선을 다해 보고서를 쓰고 O과장의 선처를 기대하는 것밖에 없었다. 마치 도마 위의 생선처럼 타인의 변덕스러운 칼질에 기대는 수밖에 없었다.

　그러나 다른 회사의 공채모집에 합격하고, 자신에게도 선택권이 있다는 것을 알게 되면서 M대리는 조금이나마 적극적인 태세를 취할 수 있었다. 원하면 언제든지 밖으로 나갈 수가 있는데도 머무는 것과 다른 방도가 없어 갇혀 있는 것은 당사자에게 전혀 다른 느낌을 준다. 선택의 여지가 있다는 것만으로 인간은 예전에는 하지 못했던 여러 가지를 시도할 수 있게 되기 때문이다. 회사와 상사들만 자신에게 지시를 내리고 명령하는 게 아니라 M대리 그 자신 또한 회사와 상사들에 대해 나름 평가를 하고, 원하는 경우 자신도 이들을 선택할 수 있다는 것을 인식함으로써 그는 자신도 관계에 있어서 선택권과 주도권을 가지고 있는 중요한 당사자라는 점을 깨닫는다.

② 희생자의 희생자 역할에 대한 거부

M대리가 자신의 상황에 대해 어느 정도의 통제감을 느끼게 되자 그의 행동방식에서 어떤 변화가 나타나기 시작했다. 먼저 그는 이 상황에서 어떻게 행동해야 할지를 궁금해하기 시작했다. 이전에도 나는 그가 이전과는 다른 방식으로 대응하도록 여러 번 유도했다. 하지만 그는 조금도 변화하지 못했다. 그가 독성관계에 대해 취하는 대응이라고는 단지 혼자 분노하거나, 스스로에 대해 비하하거나, 아니면 진료실에서 자신의 신세에 대해 한탄할 뿐이었다. 그의 정신은 전형적인 독성관계 희생자처럼 내부로만 향해 있었다. 그러나 지금의 M대리는 예전과는 달랐다. 그는 자신의 내면세계에서 벗어나 외부환경에 대한 해결책을 강구하기 시작했다. 무기력의 회복은 그가 절망적인 우울 상태에서 벗어나기 시작했다는 중요한 징후였다.

O과장이 주도하는 독성관계에서 벗어나기 위해서는 M대리가 더 이상 독성관계의 희생자처럼 행동하는 것을 그만두어야 할 필요가 있었다. 앞서 말했듯이 M대리에게 무의식적인 반감이 있는 O과장은 보고서의 지엽적인 부분을 비판하고 결정을 지연함으로써 자신의 강박적인 심리 문제를 M대리에게 떠넘기고 있었다. M대리는 이제 결코 감사받지 못하는 순교자의 역할은 그만두기로 한다. 그 대신 M대리는 O과장과의 결재가 있을 시 반드시 따로 기록하기 시작했다. O과장에게 결재와 보고를 하러 간 날짜와 시간, 횟수를 적어놓는 것이다. 그뿐만이 아니라 보고서를 수정할 때마다 기존의 파일들을 보존하고 어떠한 부분을 지적받았는지, 수정했는데도 왜 또다시 결재해주지 않았는지 자세하게 적어놓기 시작한다.

이 작업량은 결코 적지 않았다. 하지만 신기하게도 이 과정은 M대리에게 스트레스가 아니라 활력을 주었다. M대리의 말을 그대로 옮기자면 그가 느낀 것은 '활력을 주는 분노'였다. 예전에도 당연히 M대리는 O과장을 증오했다. 그러나 이전의 증오심은 M대리에게 현재 상황을 타파하기 위한 활력을 이끌어 내주는 것이 아니라 그를 무력하게 만들고 이 상황에서 아무것도 할 수 없는 자신을 책망하게 할 뿐이었다. 즉 '무력감을 주는 분노'였다.

그러나 자신의 상황을 기록하여 마치 제삼자의 눈으로 보는 것처럼 보게 되자 M대리는 자신이 얼마나 터무니없는 일을 당하고 있는지 깨닫게 되었다. 잘못된 것은 자신이 아니라 매번 결정을 미루는 O과장의 방식이었고, 일이 잘못되어가는 것은 자신의 무능이나 불성실 따위의 문제가 아니었다. M대리는 점차 모든 문제가 자신의 탓이라는 자책감과 수치심에서 벗어나기 시작했다. 이는 마치 공포에 질려 눈을 감고 두들겨 맞던 복서가 눈을 뜨고 자신에게 날아오는 주먹의 방향을 보기 시작한 것과 같았다. 이제 그는 자신에게 날아올 주먹에 웅크리는 대신 피하거나 맞설 준비가 된 것이다.

③ 마음의 경계를 회복하고 자신을 위해 선택하기

이제 M대리는 오랫동안 자신에게 가해진 독성관계에서 벗어날 준비가 되어있었다. 그는 자신이 문제를 제기할 수 있는 정당한 권리를 가졌음을 인식했고, 일이 잘못되면 얼마든지 고립된 공간에서 벗어날 수 있는 선택권 또한 가졌다. 수동공격적으로 자신에게 가해지는 공격성을 모두가 볼 수 있는 밝은 햇빛 아래로 끌어낼 준비도 되었다. 하지만 아직 그가 넘지 못한 벽이 있었다. 바로 보이지 않는 거대한 공포 분위기의 벽이다.

부모의 말을 거역한 자식은 그것이 정당하냐 그렇지 않냐를 떠나서 사회시스템 전체로부터 비난받을까 봐 두려워한다. 상하 관계가 엄격하게 나눠진 좁은 회사 안에서 직속 상사로부터 인정받지 못하고 주변의 다른 직원들에게까지도 은근히 무시당하는듯한 이 분위기에서, 적극적인 행동에 나서는 것은 M대리로 하여금 백만대군과 혼자 싸우는듯한 기분이 들게 했다. M대리는 나에게 물었다.

"괜히 제가 일을 크게 만드는 것은 아닐까요? 사실 선생님 말씀을 들어보니 O과장님도 나름 힘든 사정이 있어 그러시는 것도 같고. 행여나 제가 회사 분위기를 망치고, 모든 사람에게 저만 더 이상한 사람이 되면 어쩌죠?"

오랫동안 다수로부터 정신적 압박을 받은 사람이 공통적으로 나타내는 증상이다. 이들은 주도자의 힘을 실제보다 강대하게 평가하고 자신을 제외한 모든 사람이 주도자의 편이라고 본다. 심지어 이들은 스톡홀름 증후군 환자처럼 자신들을 괴롭힌 회사의 입장과 주도자의 입장에 동조하는 경향을 보인다. 하지만 이러한 공감은 정신의 여유와 자신감이 깃든 건강한 공감이 아니다. 이들은 오랜 시간의 압박으로 인해 마음의 경계가 흐려져 있다. 공포가 너무나 큰 나머지 반드시 싸워야 할 때 자신의 상상 속에서만 존재하는 결코 실현될 리 없는 인간적인 화해를 꿈꾼다. 그러한 화해와 평화적인 해결이 결코 현실 속에서 일어날 리 없음에도 말이다. 자신의 내면세계를 지키기 위해 싸워야만 하는 시기에 내면세계 속으로 숨어버리려고 하는 것이다. 나는 M대리에게 말했다.

"회사의 목표가 이윤을 내는 것이지 O과장의 권위를 유지하는 것이겠습니까? 그리고 타인의 고통에 그토록 공감하지 못하는 주변 사람들이 유독 O과장에게만 관대할 리가 있겠습니까? 독성관계의 협력자는 주도자가 있기에 존재하는 것입니다. 독성관계가 깨지면 협력자는 사라질 것입니다. 무엇보다 세상이 그에게만 그렇게 쉬울 리 없습니다. 당신이 그를 두려워하듯 그도 당신을 두려워하고, 당신이 세상에 상처받듯이 그도 세상으로부터 상처받습니다. 당신이 자신의 내면을 바꾸는 것만으로도 회사생활에 잘 적응하고 즐거운 인생을 살 자신이 있다면 이대로도 괜찮겠지요. 하지만 만일 이직이나 퇴직을 생각할 정도로 힘들다면 이제 내면이 아니라 당신의 환경을 바꿀 때입니다. 반복적인 반성은 미뤄두고 움직일 때이지요. 설령 결과가 좋지 못하다 해도 괜찮아요. 회사가 당신을 선택하듯이 당신 또한 회사를 선택할 수 있으니까요."

M대리는 결국 직장인 익명 어플리케이션인 블라인드와 회사의 인사관리과를 통해 자신에게 가해지는 부당한 O과장의 행위를 보고했다. 그리고 인사위원회가 열렸다. 물론 O과장의 행위가 명확하게 직장 내 괴롭힘 금지법에 저촉되는 것은 아니었다. 그러나 간단한 보고서를 무려 10회 이상씩이나, 그것도 줄 간격이나 문단 형식을 빌미로 결재해주지 않은 것은 누가 보아도 상식 밖의 일이었고, 인사과가 보기에는 명백히 회사의 이익에 반하는 일이었다.

의외인 것은 O과장의 태도였다. M대리와 단둘이 있을 때 O과장은 마치 한 점의 잘못도 없는 것처럼 행동했다. 그 태도가 M대리를 마치 자신이 잘못한 것처럼 기죽게 했다. 그러나 인사위원회에서의 O과장의 태도는 평소와 달랐다. 그는 자신의 행동에 대해 아무 말도 하지 못했다. 그토록 권위적인 평소의 모습과는 달리 그는 땀을 뻘뻘 흘리며 단 한마디의 변명도 하지 못한 채로 죄송하다며 인사위원회에 사과했다. O과장의 사과와 자신의 잘못에 대한 인정이 진심인지, 아니면 자신도 그랬던 것처럼 상급자에 대한 권위에 눌려 마음에도 없는 말을 한 것인지 M대리 입장에서는 알 수 없었다. 그러나 한 가지 확실한 것이 있었다. 그가 한 행동은 단둘이 있었을 때는 떳떳했을지 몰라도 상급자를 포함한 모두가 보는 앞에서도 떳떳할 만큼 정당하지는 않았다는 점이다.

이후로도 여전히 O과장과 M대리는 한 부서에서 상사와 부하 관계로 일한다. M대리는 자신이 오래 일했던 이 회사를 떠나지 않기로 했다. M대리는 한동안 O과장에게 다른 방식으로 보복당할까 봐 두려워했다. 그러나 놀랄 만큼 아무런 일도 일어나지 않았다. O과장은 M대리에게 몇 번씩이나 결재를 반려하는 대신 수정사항을 한 번에 지적하여 돌려주었다. 여전히 O과장은 중요한 방향에 대해서는 잘 지시해주지 않았다. 그러나 이제는 M대리가 모두가 보는 앞에서 O과장에게 명확히 질문했고 O과장은 '나도 확실히는 모르지만,'이라는 말을 붙이며 마지못하여 일의 진행 방향을 지시하곤 한다. 물론 업무시간 외에 둘은 여전히 서로 대화하지 않는다. 그러나 M대리는 전혀 개의치 않았다. 회사는 남들에게 감정적으로 인정받고 좋은 분위기를 위해 다니는 것이 아니라 자신의 꿈과 생존을 위해서 다니는 곳이니까. O과장이 자신에게 부당하게 해를 끼치지 않는 이상 M대리는 O과장이 자신에 대해 어떻게 생각하던 신경 쓰지 않았다. M대리는 이제 자신을 위해서 일하고 있었다. 평판도 다시 회복하기 시작했다. 실적도 주임 때만큼 향상되기 시작했고, 무엇보다 주변의 직원들이나 부하들도 함부로 M대리를 무시하거나 정당한 이유 없이 토를 달지 못했다. 주변 사원들이 다시 M대리에게 살갑게 대하기 시작했고 술을 사달라는 후배들도 다시 생겼다. 비록 지금의 M대리에게는 그것이 별로 달갑지 않게 느껴지긴 했지만 말이다.

M대리는 최근 완전히 평소의 활력을 되찾았다. 즐기던 운동도 다시 시작했고, 더 이상 회사에 나가는 것이 지옥처럼 느껴지지도 않았다. 최근 나에게 방문한 M대리는 이렇게 말했다.

"참 이상하죠? 예전에는 저희 부서에 저에게만 적용되는 이상한 규칙이나 분위기 같은 것이 있었어요. 머리 한쪽으로는 부당하고 이상하다고 생각하면서도 따르지 않으면 안 될 것 같은 그런 분위기요. 그 안에서 저는 부당하고 형편없는 대우를 받아야 마땅한 사람이었고, 심지어 저조차도 그렇게 생각했어요. 어디에 적혀있는 것도 아닌데 모두가 저를 그렇게 대했고 저도 모두가 원하는 그런 역할을 반복했던 것 같아요. 그땐 정말 저항할 수가 없었어요. 그런데 제가 그 역할대로 행동하지 않으니까 그 규칙은 순식간에 사라지더라고요. 한 번 그 규칙이 깨지니까 이제 모두 그 규칙이나 분위기가 처음부터 없었던 것처럼 행동해요. 제가 그렇게 힘들어하고 망설이던 것이 바보같이 느껴질 정도로요."

나는 대답했다.

"인간은 타인과 함께 살아가야만 하지요. 그래서 우리는 타인의 감정을 어느 정도 느낄 수 있고, 타인의 기대대로 행동하면 마음이 편안해지도록 만들어져 있습니다. 하지만, 때로는 자신의 두려움과 나약함을 스스로에게조차 숨기고, 오직 자신만의 편안함을 위해 분위기나 상하 관계, 조직문화 등 보이지 않는 우위를 이용해 타인의 마음을 조종하는 사람들도 있습니다. 그러한 사람들은 어디에나 있을 수 있어요. 이들은 희생자로 하여금 자신의 감정이나 권리에 확신을 가지지 못하게 만들고, 저항할 수 없도록 무력화시키죠."

M대리는 독성관계의 희생자였다. 일단 한 번 독성관계가 형성되면 그 관계 안에서는 자신이 부당하고 고통스러운 대우를 받는다는 것조차 알아차리기 어렵다. 나는 M대리와 함께 그의 독성관계를 분석했고, 독성관계가 그에게 불러온 비현실적으로 커다란 공포와 그 공포에 대한 무기력감을 극복하도록 도와주었다. 결국 M대리는 자신의 주변을 둘러싼 독성관계를 부수고 자신의 권리와 힘을 되찾는 데 성공했다. M대리는 이렇게 독성관계에서 성공적으로 벗어나 인생의 주도권을 되찾고 독성관계의 생존자가 되었다.

5장 자격 없는 자들을 당신 마음에 허용하지 말 것

당신은 그들이 말하는 그런 존재가 아닙니다

분노, 그들은 결코 사과하지 않는다

분노가 삶을 태우도록 두지 말 것

경기도의 한 도시, 명문대에 다니던 한 20대 청년이 부모살해 혐의로 경찰에 체포되었다. 이어진 경찰 조사에서 평범해 보이던 이 중산층 가정의 끔찍한 진실이 드러난다. 아버지의 직업적 실패와 이로 인한 어머니가 꿈꾸던 상위계층의 삶의 좌절. 미성숙한 두 어른의 좌절과 분노는 엉뚱하게도 둘째 아들에 대한 상상을 초월하는 학대로 이어졌다. 폭언이나 폭행은 예사였고 청년의 일거수일투족에 광적인 모욕과 분풀이가 이어졌다. 낙오자, 정신병자. 청년이 평생 부모에게서 듣던 말이었다. 독성관계의 희생자였던 청년은 어느 날 아버지가 아끼던 양주를 들이켜고 한 손에 망치를 든 채 부모의 방으로 향한다. 말로 설명하기에도 끔찍한 광기의 순간이 지나고, 마침내 청년은 독성관계에서 벗어난다. 자신이 미래에 가지게 될 그 모든 가능성과 행복을 불태워서 말이다.

통제할 수 없는 분노. 독성관계의 희생자가 대부분 도착하는 종착지이자 생존자들이 새로운 인생을 구가하기 위해 반드시 거쳐 가야 하는 경유지이기도 하다. 이들은 자신에게 분노한다. 독성관계에서 헤매는 그 긴 시간 동안 아무것도 하지 않은 무력한 자신과 그 결과 망가져 버린 자신의 인생에 대해 말이다. 이어서 이들은 주도자에게 분노한다. 자신에게 가해졌던 그 끔찍했던 고통을 언제든지 멈출 수 있었는데도 불구하고 결코 멈추지 않았던 비인간적인 가해자들 말이다. 마침내 이들의 분노는 세상 전체를 향한다. 자신 따위는 잊은 듯 그저 아무 일 없었던 것처럼 존재하는 세상 자체를 증오하기에 이른다. 분노의 불길은 영혼을 장작 삼아 세상 전부를 집어삼킬 듯이 타오른다. 그리고 모든 것을 한 줌의 재로 만들어 버린다.

1장과 2장에서 언급된 K의 케이스, 그리고 4장에서 언급되었던 세 가지 케이스에서는 이들을 괴롭혔던 독성관계의 주도자들에 대한 통쾌한 복수 따위는 존재하지 않는다. 내 케이스의 주인공들은 결코 자신의 주도자들을 몰아넣고 사과를 받아내지 않는다. 그리고 이러한 사실은 소설 몽테크리스토 백작과도 같은 통쾌함을 바랐던 이들에게 실망감을 안겨줄 수도 있을 것이다. 그러나 독성관계에서 벗어나 희생자에서 생존자가 된 이들은 언제나 주도자들을 뒤로하고, 자신의 삶을 향해 걸어 나간다.

인생은 몇 번의 극적인 사건만을 남긴 채 스텝롤이 올라가는 영화가 아니기 때문이다. 당신을 평생 괴롭혔던 이들에게 당신의 심정을 토로하며, 극한으로 몰아붙인 후 결국은 무릎 꿇리고 참회의 눈물과 말을 듣는 것. 분명 그것은 짜릿할 것이다. 자신의 모든 것을 태워서라도 압제자와 함께 자폭하는 것은 오랫동안 고통받아 온 이들이 가지는 공통적인 환상(fantasy)이다. 하지만 당신의 인생이 그 짜릿한 카타르시스의 순간에서 끝나서는 안 된다. 순간의 감정 폭발은 과정에 불과할 뿐 결코 목적지가 되어서는 안 된다. 당신은 그 이후를 살아나가야 한다.

독성관계에서 벗어나야 한다. 그러나 그 과정에서 당신과 당신의 인생이 재기할 수 없을 만큼 다쳐서도 안 된다. 범죄자가 되거나 사회와의 연이 끊어지는 것은 더더욱 안 된다. 미래에 당신의 손을 감싸고 있는 것이 차가운 수갑이 아니라 사랑하는 사람의 따뜻한 손길이기를 바란다. 당신 인생의 마지막 순간이 홀로 차가운 돌바닥에서 맞는 고독한 죽음이 아닌 따뜻한 침대에서 사랑하는 사람에게 둘러싸인 그런 만족스러운 마지막이기를 바란다. 그래서 나는 독성관계에 분노하는 모든 생존자에게 말한다.

"분노가 당신의 삶을 태우도록 두지 말 것"

용암처럼 마음 밑바닥에서 흐르는 분노

분노의 불길은 때로는 마음의 한구석에서 용암처럼 조용히 불타면서 흐르기도 한다. 이러한 분노는 한 번에 모든 것을 불태울 만큼 맹렬하지는 않지만, 대신 무척 지속성이 강해서 마음의 밑바닥에서 결코 꺼지지 않고 타오르며 당신의 모든 생각과 감정에 분노의 색을 덧씌운다. 이러한 이들은 종종 자신의 심리에 정통한 사람인 것처럼 보인다. 정신건강의학과 의사나 상담사가 말하기 전부터 이들은 자신의 분노에 대해 잘 알고 있다. 그것이 어디에서 왔는지 그것이 나에게 어떠한 영향을 주고 있는지 말이다. 그러나 이들의 마음은 그곳에서 멈춰있을 뿐 결코 그곳에서 벗어나지 못한다.

치료자는 언제나 강력한 저항에 부딪힌다. 이들은 마치 소중한 것을 손에서 놓지 못하고 꼭 쥐고 있는 아이처럼 자신의 분노를 쥐고 있기 때문이다. 그것이 자신의 손바닥을 태우고 있다는 것을 알면서도 말이다. 그 결과 독성관계의 희생자들인 이들은 남아있는 인생의 즐거움과 행복의 기회를 영영 놓쳐버리곤 한다.

"만일 내 어린 시절 좀 더 좋은 부모만 만났더라도 내가 이렇게 살지는 않았을 텐데."

"첫 직장에서 O과장 그 자식만 아니었더라면 나는 지금쯤 더 좋은 곳에서 일하고 있었을 텐데."

"남편과 시어머니의 폭언과 폭력 때문에 내 인생은 망가져 버렸어요. 지금은 어떤 희망도 보이지 않아요."

지나치게 오래된 분노는 자신이 바뀔 이유가 아니라 바뀌지 않을 이유가 되어버린다. 그리고 때로는 식어서 돌이 되어버린 용암들처럼 인간의 몸과 마음 일부에 영원히 남아버리기도 한다. 소위 한국에서 사람들이 말하는 한(恨)의 감정이다. 이들은 내과적으로 결코 설명할 수 없는 통증이나 몸의 이상을 호소한다. 병원과 병원을 전전하면서 자신의 통증의 원인을 찾지만, 의사는 결코 원인을 찾을 수 없다. 정신적 원인에 대해 탐색하려는 시도에는 화를 내고 끝끝내 거부하며 나머지 평생을 이런 식으로 간접적인 분노를 쏟아낸다. 이들의 마음을 찬찬히 들여다보면 그 속에는 언제나 결코 표현되지 못한 분노와 그 분노로 인해 망가져 버린 인생에 대한 후회가 자리하고 있다. 독성관계가 끝났음에도 불구하고 이들은 여전히 희생자이다.

때로는 인생의 가장 힘든 순간에 그 용암과도 같은 불길은 이들의 통제를 벗어나 마음 밖으로 흘러나와 그 고통을 준 사람과는 전혀 관계없는 엉뚱한 사람, 특히 자신보다 연약하기에 사랑해야 하고 보호해줘야 할 사람들을 불태우기 시작한다. 인생을 도둑맞은 이들은 그 남은 인생의 빈 공간을 견디지 못하고 용광로와 같은 그 공간에 남들을 던져 넣는 형태로 채우려 하기 때문이다. 그러나 활활 끓는 그 인생의 빈 공간은 무엇을 넣어도 불타버리기에 결코 채워지지 않는다.

분노의 역설

이처럼 독성관계가 가져온 분노는 당신의 미래를 집어삼킨다. 제어되지 못한 분노는 당신의 인생을 살아는 있되 살지 못하는 상태로 만든다. 동서고금의 수많은 현인과 과학자들이 분노를 가라앉히는 방법에 대해 말하고 그 방법론은 명상에서 정신분석적 치료까지 다양하다. 그러나 나는 여기서 분노의 역설적인 기능에 대해 한번 살펴보고자 한다.

먼저 독성관계가 희생자의 내적 세계를 이러한 형태로 바꾸게 되는 과정을 생각해보자. 주도자가 희생자를 어떠한 방식으로 바꿔놓았던가? 이들은 첫 번째로 주도자를 고립시키고, 두 번째로 결코 자신의 속내를 드러내지 않은 상태에서 희생자에게 자신이 투사한 행동과 말을 강요한다. 그리고 주도자로 인해 형성된 환경 속에 갇혀 끊임없이 주도자의 감정을 강요받은 결과 희생자는 희생자의 정신을 가지게 되어 저항성을 잃고 마침내 자신이 사과를 받아야 마땅한 상황에서 사과하고 죄책감과 수치심을 가지기에 이른다. 그리고 고립이 지속되고, 협력자가 많으면 이 과정은 가속화된다.

즉 외부세계의 환경과 행동이 내면세계를 변화시켰던 것이다. 우리의 정신은 끊임없이 외부세계의 피드백을 받고 자신을 그에 맞춰 변화시키는 측면이 있다. 나쁜 정신과 환경에 지속해서 접촉하면 그 영향이 그대로 정신에 업로드된다. 앞서 말한 알로스타시스가 그것이다. 따라서 자신의 정신을 독성관계로부터 지키기 위해서는 주변 환경의 영향을 차단하여야 한다. 환경이 주는 악영향을 해결하지 않고서 정신을 치유하는 것은 마치 감염을 그대로 방치한 채 신체 면역력을 높이는 것만으로 치료하려는 내과 의사와 같은 오류를 범하게 되는 것이다. 당연히 빠른 치료를 위해서는 감염을 차단하고, 이미 감염된 부분에서 발생하는 나쁜 영향을 최소화하는 과정이 필수적으로 필요하다.

그리고 분노의 적절한 표현은 역설적이게도 독성관계에서 벗어나는 데에 있어서 가장 강력한 무기의 역할을 했다. 분노는 우리 몸의 면역체계가 외부의 균이나 바이러스의 침입을 방어하듯이 외부에서 오는 나쁜 정신적인 영향을 방어하는 일차적인 방어체계 역할을 한다. 뇌신경학자 자크 판크세프(Jaak Panksepp)가 주장하였듯이 진화론적 측면에서 보면 분노는 외부의 위협에 대해 즉각 대처할 수 있도록 하는 시스템화된 자동적 반응이다. 그렇기 때문에 주도자는 독성관계의 형성 과정에서 의식적으로든 무의식적으로든 희생자의 분노 표현을 억제한다. 어떠한 주도자는 가차 없는 폭력을 써 공포가 분노를 압도하도록 만들게 하고, 어떠한 주도자는 효도나 스승과 제자, 어른과 아이의 관계 등 사회 전반의 전통과 도그마를 빌려와 분노의 표현을 차단하기도 한다. 그러나 분노는 인간을 구성하는 매우 핵심적인 요소이기에 분노 자체를 없애지는 못하고 희생자들로 하여금 분노의 조절력을 잃게 만드는데 그쳤던 것이다. 조절되지 않는 분노는 극단적인 억제와 폭발이라는 양극단의 상태로 희생자를 몰아넣는다.

그래서 책에 나온 사례의 주인공들에게 나는 생각과 감정의 전환을 통해 행동을 바꾸는 방법을 사용하지 않았다. 분노는 진료실 안에서 조절하는 방법을 배운다고 해서 결코 조절되는 것이 아니며 사람이 살아있는 한 결코 사라지는 것도 아니기 때문이다. 대신 나는 이들 환경의 독성요소를 분석하여 이들을 그 환경에서 벗어나게 하고 그 환경이 이들에게 미친 영향을 최소화하는 데 주력했다. 그리고 적절한 범위 내에서 분노를 최대한 친 사회적인 방법으로 표현하도록 했다. 결과적으로 독성관계라는 환경에서 벗어나자 이들의 행동은 자연히 변화했고, 이들의 내면세계도 이에 따라 회복되었다. 그리고 이 과정에서 분노의 적절한 표현은 문제를 해결하는 데에 있어서 핵심적인 역할을 했다.

분노에 대한 통제력을 가지고 분노에 대한 공포를 극복할 것

따라서 이제는 분노에 대한 통제력을 되찾을 때다. 분노는 주변의 모든 것을 재로 만들 만큼 격렬해서도, 자신의 마음속에 숨어서 끝내는 스스로를 거대한 용암으로 만들어 버릴 정도로 은밀해서도 안 된다. 분노는, 그 일부는 마음속에 간직되어 스스로 마음의 변화를 이끌어내고 일부는 외부로 흘려내어 다른 사람이 함부로 당신의 마음을 조종하지 못하도록 거리를 두게 만들어야 한다. 그러나 그동안 분노를 제대로 표현해보지 못한 사람들은 분노를 표현하는 것을 두려워한다. 그것은 다음의 두 가지 이유에 기인한다.

첫 번째로 이들은 언제 어느 정도로 분노를 표현해야 하는지 모른다. 인간은 사회적 동물이다. 축구 경기를 하는 중에 축구공 대신 다른 선수를 발로 차는 선수가 경기에서 퇴출당하듯이 사회 공통의 룰에서 심하게 벗어난 자는 추방된다. 집단생활을 하는 인간의 특성상 추방된 이에게 남아있는 것은 끔찍한 죽음 또는 그보다 더 못한 상태이다. 그래서 우리는 분노를 표현하는 데에 있어서 주저하게 된다.

그렇다면 언제 어느 정도로 분노를 표현하는 것이 사회적으로 적절하게 분노하는 것인가? 분노를 어떻게 표현할지를 배우는 것은 마치 수영을 할 때 다리를 얼마만큼 움직일지를 배우는 것처럼 애매하고 말로 설명하기 어렵다. 그러나 앞서 나는 분노를 표현해야 하는 절대적인 시기에 대해 말한 적이 있다. 즉 지금 당장이다. 이는 당신을 화나게 한 대상이 당신이 화가 났다는 것을 인식함으로써 더 이상 당신을 침해하고 더 나아가 당신 감정의 통제권을 빼앗으려고 하지 못하도록 하기 위함이다. 동시에 당신은 스스로를 방어하기 위해 자신의 분노를 사용함으로써 통제력을 가지게 되고 아무것도 하지 않았을 경우 먼 미래에 다가올 수치심과 무력감을 예방할 수 있게 된다.

분노를 표현할 시기가 정해졌다면, 남은 것은 분노의 수위를 조절하는 것이다. 그리고 자신의 감정을 표현하면서도 사회에서 추방되지 않는 분노의 수위는 분노를 느끼고 표현한 그 경험 자체를 통해 배울 수 있다. 처음에는 가급적이면 낮은 수위에서 시작하는 것이 좋다. 충분하지 않을까 봐 걱정할 필요는 없다. 앞서 우리의 정신은 외부세계의 반응에 영향을 받아 변화한다고 말한 바 있다. 당신의 분노 표현을 본 사람들의 반응이 당신의 내적 세계에 피드백이 될 것이다. 상대방의 반응이 부족했다면 당신의 정신은 분노 표현의 수위를 올릴 것이며, 상대방의 반응으로 미루어 보아 충분하거나 과했다면 당신의 정신은 본능적으로 표현의 수위를 낮출 것이다. 당신의 정신은 그 상태에서 가장 최적의 움직임을 도출하도록 이미 설계되어 있다.

두 번째 이유는 독성관계 상태에서 어떠한 이들은 자신의 감정 그 자체에 대해 두려움을 가지게 된다는 점이다. 자신의 분노가 과잉되게 표현되어 타인에게 상처를 주거나 관계 자체가 끊어질까 봐 두려워하게 된다. 이들은 자신에게 올라오는 감정 그 자체를 불편해하게 된다. 독성관계를 통해 이들은 자신이 주도자의 의도와는 다른 감정을 가지게 된다는 것에 대해 불편함과 죄책감을 느끼도록 조련되었기 때문이다. 그럼으로써 희생자는 분노를 표현하는 데에 있어서 두려움을 느끼게 된다.

한 가지 알아두어야 할 것이 있다. 독성관계의 주도자는 언제나 자신의 말과 행동의 결과보다는 의도를 강조한다. 따라서 희생자로 하여금 자신의 행동에 반대하는 것은 자신의 좋은 의도에 반대하는 것과 동일시하도록 만들어 이에 대해 분노를 표현하는 것을 마치 잘못된 일이거나 싸움을 거는 것으로 느끼도록 조종한다. 그러나 진실하고 건강한 관계에서는 이것이 반대로 작용한다. 책임져야 하는 것은 의도보다는 우리가 직접 내뱉은 말과 행동의 결과이다.

그렇다면 우리의 분노 표현이 타인에게 준 필요 이상의 고통에 대해서는 어떻게 책임을 지는가? 간단하다. 사과하면 된다. 그리고 다시는 그러한 종류의 분노 표현을 그 사람에게 하지 않으면 된다. 분노를 표현하는 데 익숙하지 않은 사람의 머릿속에는 항상 극단적인 장면이 그려지는데 상대방이 나의 말에 상처 입고, 나는 그 사람과의 관계를 회복할 두 번째 기회를 얻지 못하고 영원히 죄인으로 남겨지는 종류의 상상이 그것이다. 그러나 그것은 비현실적인 상상이다. 우리가 살아가며 타인의 경계를 침범하지 않는 것은 불가능하기 때문이다. 걱정되어 말한 결과 상대의 자존심을 상하게 한다. 사랑하기에 한 행위가 상대방에게는 상처가 된다. 배려하느라 한 행동이 상대에게 손해를 끼친다. 타인과의 관계를 완전히 종료하지 않는 이상 우리는 끊임없이 상대방과 나와의 경계를 침범하고 침범받는다. 인간은 서로 다르기 때문이다.

독성관계가 아닌 건강한 관계는 상대방과 나의 사이에 차이가 있다는 것을 인정한다. 내가 아무리 노력해도 상대방에게 완벽히 맞출 수 없고 상대방이 아무리 노력해도 나에게 맞출 수 없는 부분이 반드시 존재하여 마치 짝이 맞지 않는 열쇠와 자물쇠처럼 빈 공간과 충돌이 있을 수밖에 없다는 것을 무의식적으로 인정한다. 그리고 건강한 인간의 관계에서 그 빈 공간과 충돌은 사과와 용서로 채워진다. 그렇기에 서로 다른 인간 두 명이 서로를 해치지 않으면서 관계를 형성할 수 있는 것이다.

당신이 만일 상대방의 행동으로 촉발된 자신의 내면세계에서 올라오는 분노를 표현하는데 망설여진다면 인간과 인간의 관계에서는 사과와 용서라는 완충재가 존재한다는 것을 늘 떠올려야 한다. 당신과 상대방의 관계가 건강하다면 당신은 상대방에게 사과해야 할 의무가 있고, 사과하면 상대방에게 용서받을 권리가 있다. 동시에 당신은 상대방에게 사과받을 권리가 있고 용서를 해줄 의

무 또한 존재한다. 스스로의 정신을 지켜야 할 의무에 충실하면서도 상대방과 이어지기 위해 만들어진 무언의 전제조건이다. 따라서 누군가의 행동이 당신에게 분노를 유발한다면 그러한 감정이 올라온 즉시 당신이 아는 가장 친 사회적이고 적절한 방법으로 분노를 표현하라.

"잠깐, 방금 그 말 무슨 뜻으로 한 거예요?"라든지.

"나에게 한 그 행동, 다른 사람 앞에서도 할 수 있어요?" 정도면 충분하다.

관계가 끊어질까 봐 걱정할 필요 없다. 만일 당신과 상대방의 관계가 독성관계가 아니라면 표현하면 표현할수록 당신과 상대방과의 관계는 편안하고 적절해질 것이다. 반대로 상대방이 당신에게 일어난 분노라는 감정 자체를 인정하지 않는다면 그 관계로부터 바로 빠져나와야 한다. 그 관계는 독성관계가 될 가능성이 크다.

앞서 말했듯이 분노를 다루는 것은 마치 수영을 배우는 것과 같다. 처음 물속에 들어가면 어색하고 두렵기도 하겠지만, 당신이 당신의 상태를 끊임없이 살펴보고 물의 저항에 반응한다면 당신의 몸은 자연히 최적의 움직임과 자세를 찾아낼 것이다. 왜냐하면, 다양한 사회환경과 대상에게 대처해야 하는 우리의 몸과 정신은 경험을 통한 피드백으로 변화하도록 설계되어 있기 때문이다. 단 독성관계와 지금 이 상황의 다른 점은 이 변화의 주도자가 당신이라는 점이며 그러므로 이 변화가 온전히 당신을 위한 것이라는 점이다.

따라서 분노를 표현하라. 가급적이면 일찍. 당신 분노의 한가운데로 들어가 그 온도를 조절하는 방법을 익혀야 한다. 이것은 경험이 아니고서는 결코 배울 수가 없다. 물속에 들어가지 않으면 당신은 결코 수영을 배울 수 없듯이 분노도 마찬가지이다. 그리고 분노의 표현이 적절하지 않았다고 느꼈다면 주저 없이 사과해라. 부당한 일에 분노하는 것은 당신이 사회 부적응자여서도 아니고, 특이해서도 아니다. 거절과 분노와 사과는 자연스럽고, 건강한 과정이다. 오히려 이것이 없거나 박탈당한 쪽이 훨씬 더 병들어 있다.

걱정하지 않아도 된다. 당신이 화를 내도, 사과해도 당신의 세상은 끝장나지 않는다.

미련, 하지만 당신은
그들을 바꿀 수 없다

독성관계가 남긴 미련들

　어떠한 식으로 종결되든 간에 독성관계는 한 사람의 인생에 깊은 흔적을 남기게 된다. 몸에 흉터가 남은 사람이 옷을 갈아입을 때마다 그 흉터를 신경 쓰듯이 우리가 우리의 지난 독성관계를 생각하는 데에 많은 시간을 할애하는 것은 당연한 일이다. 특히 독성관계의 기억은 인생의 중요한 변곡점에서마다 떠오르는 경우가 많다. 아버지와의 독성관계 때문에 상처받은 아들은 자신의 자식이 탄생하는 순간에 반드시 아버지를 떠올리게 된다. 어머니와의 독성관계로 인해 어머니와 연락을 끊은 딸이라면 자신의 딸이 결혼하는 순간 좋은 의미든 나쁜 의미든 자신의 어머니와의 관계를 떠올리게 될 것이다.

그렇기에 독성관계에서 벗어난 생존자들은 지나간 독성관계에 깊은 미련을 가진다. 이들이 가지는 미련 중에는 자신의 인생을 스스로 살지 못하고 다른 사람의 정신적 도구로 살아버린 지난 시간에 대한 미련도 있지만, '그때 내가 조금만 더 참고 노력했다면 관계가 조금 달라지지 않았을까'라고 생각하는 자책과 후회가 섞인 미련들도 있다. 관계가 남기고 간 상처와 빈자리가 그만큼 크기 때문에 시간을 되돌려서라도 다시 한번 만회하고 싶은 욕망을 느끼는 것이다.

부모와의 관계가 멀어진 이들에게 있어 온 가족이 함께 모이는 명절은 고통의 시간이다. 이들은 명절이 다가오면서부터 급작스럽게 우울해진다. 고향으로 떠나는 다른 이들의 가벼운 발걸음을 보며 자신이 인간의 도리를 하지 않는 것처럼 느낀다. 그렇다고 해서 독성관계의 문제를 감수하고 부모를 만나러 가기로 결심하기도 쉽지 않다. 결과적으로 다른 사람들에게는 즐겁고 기다려지는 시간이 이들에게는 고통이 된다.

이러한 내적 갈등이 지속되다가 어떤 이들은 불현듯 다시 한번 독성관계 주도자들과의 관계를 시작해보고 싶은 욕망에 휩싸인다. 아버지의 학대에서 벗어나 자신의 삶을 되찾은 아들이 용기를 내어 아버지를 만나러 간다. 남자친구가 데이트 때마다 보였던 폭력으로 인해 관계를 정리했던 여성이 한밤중에 받은 진심이 담긴 것처럼 보이는 문자에 다시 한번 그 남자친구와 데이트할 생각을 가지게 되기도 한다. 그리고 미련에 의해 재시작된 관계는 많은 경우 아예 시작하지 않는 것보다도 더 못한 참담한 결과를 만들어내곤 한다.

해마다 대한민국의 명절에는 온 가족이 모인 자리에서 살인이나 상해, 방화와 같은 끔찍한 사건이 일어나곤 한다. 남편의 폭력 때문에 이혼했다가 재결합한 부부가 다시 한번 좋지 않은 결말을 가지는 경우는 더욱더 흔하다. 어느 정도의 자신감을 찾은 생존자가 주도자와 다시 한번 관계를 시작함으로써 이를 극복하려고 하지만, 생존자의 상처는 최악의 상태로 재현되고, 이들은 더욱더 끔찍한 기억을 가지게 된다.

그럼에도 불구하고, 미련은 강력한 감정이다. 미련은 독성관계의 희생자로 하여금 자신을 비윤리적이며 냉혹한 사람으로 느끼게 만든다. 그것은 독성관계에서 빠져나온 생존자를 다시 독성관계로 끌어들이고 오랜 상처를 극복하고 힘들게 되찾은 내 삶의 시간을 또 한번 어둠으로 채워버린다. 그렇다면 우리는 이미 지나간 독성관계에 대한 미련을 어떻게 다루어야 하는가? 이 답을 알기 위해 우리는 주도자가 어떤 사람들인지에 대해 분석해볼 필요가 있다.

어떤 사람이 독성관계의 주도자가 되는가?

이 책에서는 4명의 독성관계 주도자가 등장한다. 1장과 2장에서 소개된 K의 아버지, 4장에서 소개된 P씨의 시어머니, L씨의 남자친구, 그리고 M대리의 직속 상사 O과장이 그들이다. 한 사람의 인격을 파괴하고 인생의 주도권을 빼앗아가는 독성관계의 주도자라면 우리는 이들이 심각한 소시오패스이거나 최소한 어느 정도의 정신질환이 있는 사람들이라고 생각하기 쉽다. 그러나 내가 진료 중 연관되거나 직접 만나본 독성관계의 주도자들은 정신질환자나 소시오패스와는 거리가 멀었다. K의 아버지는 존경받는 지역유지였으며 P씨의 시어머니는 자기 아들들에게 최선을 다하는 어머니였다. L씨의 남자친구는 대학 동아리의 회장을 맡을 정도로 주변의 신뢰가 두터웠으며 상사들로부터 높은 평가를 받는 O과장은 말할 필요도 없었다. 그러나 이들은 오직 단 몇 명의 사람들에게만 악마가 되었다.

정신건강의학과 수련을 받던 시절, 스승이신 박태원 교수님과 집단 따돌림의 가해자와 희생자의 정신병리에 관한 대규모의 연구를 수행한 적이 있었다. 총 3,550명의 초등학생과 중학생을 대상으로 한 이 연구에서 집단 따돌림의 희생자는 낮은 사회 적응력과 심한 우울 불안감을 보였으며 이는 쉽게 예상 가능한 결과였다. 그러나 집단 따돌림의 가해자에 대한 특징은 나를 놀라게 했다. 집단 따돌림의 가해자는 비행과 공격성의 정도가 높았다. 여기까지는 납득할만한 결과였다. 그러나 이들은 사회적 결속을 만드는 능력이 희생자보다 높았으며 사회적 위축이나 우울 불안 등의 병리는 일반인과 큰 차이가 없었다는 결과를 볼 수 있었다. 그리고 이는 국내에 출판된 다른 연구의 결과와도 일치했다.

위 연구 결과가 말하는 것은 분명하다. 독성관계의 주도자는 심각한 정신병리가 있는 사람이나 소시오패스가 아니다. 그들은 대부분은 아주 합리적이고 이성적인 이들이며 오직 자신이 주도자 행세를 해도 무사할 때만 주도자가 되었다. 그 증거로 이들은 아무에게나 공격성을 함부로 드러내지 않았다. 자신과 대등하거나 우위에 있는 이들에게는 어떠한 해도 끼치지 않았다. 이들은 오로지 자신의 통제하에 있는 사람들, 대표적으로 가족이나 부하, 제자들에게만 공격적이었다. 그 외의 사람들에게 이들은 아주 보통의 사람들이었다.

그렇다면 무엇이 그들을 독성관계 주도자로 만들었는가? 나는 독성관계가 발생하는 원인을 인간 개인의 공통된 특정 요소와 특정 환경의 결합에서 찾는다. 사실 인간이 특정 행동을 하는 원인을 인간 내부와 환경의 결합에서 찾는 시도는 오래전부터 지속되어왔다. 특히 인지신경과학의 창시자로 불리는 뇌과학자 마이클 가자니가(Michael S. Gazzaniga)는 인간 정신의 작용방식을 단지 단 한 명의 뇌 작용으로 이해하지 말 것을 충고한다. 인간의 뇌는 다른 인간과 상호작용을 하기 위해 상당한 양의 용적을 할애하도록 진화해 왔기 때문이다. 그의 말대로 우리의 정신 활동은 단독으로 움직이는 것이 아니라 주변의 사람과 이들을 둘러싼 사회적 환경에 크게 영향을 받는다.

먼저 주도자로 하여금 희생자를 제물 삼아 독성관계를 시작하게 되는 가장 큰 요인은 내적 문제에 대한 해결의 실패이다. 주도자들은 자신들의 인생에서 겪는 내면의 아픔들, 즉 성취의 좌절, 실패에 대한 두려움, 주변 사람들과의 친밀감을 형성하는 데 따르는 고통, 나이 듦에 대한 무력감과 불안감 등을 스스로의 힘으로 극복해나가는 것에 실패한 이들이다. 이들은 자신 인생의 원인과 결과를 스스로 납득하지 못하고 인정하지도 못한다. 스스로의 힘으로 극복하기에는 힘에 부치고 그대로 견디자니 정신이 견디지를 못한다. 이러한 이들은 쉽게 외적 요인을 이용하여 자신의 마음을 달래려고 한다. 어떠한 이들은 알코올이나 약물에 빠져들게 되고 어떠한 이들은 자해하게 된다. 그리고 독성관계 주도자들은 특정 대상을 찾아 자신의 문제를 투사하는 손쉽고 빠른 방법을 찾는다.

하지만 자신의 내적 문제를 해결하지 못한 이들이 모두 독성관계를 형성하고 시작하는 것은 아니다. 무엇보다 독성관계를 시작하기 위해서는 이들이 독성관계를 '형성할 수 있는' 환경에 있어야 한다. 같은 인격이나 정신병리가 있는 사람이라도 이 환경이 갖춰지느냐 그렇지 않으냐에 따라 주도자가 되기도 하고 주도자가 되지 않기도 한다.

독성관계를 형성할 수 있는 환경이란 '고립된 상태가 지속되는' 환경이다. 그러나 이것은 단지 환경의 표면적인 부분만을 표현한 것이다. 주도자와 희생자의 관계가 가족이나 군대, 연구실과도 같은 작고 협소한 세계에 머물수록, 주변의 사람 중 이 문제에 대해 침묵을 지키거나 동조하는 협력자의 역할을 하는 사람들이 많을수록, 그리고 그 관계가 오래될수록 독성관계는 쉽게 발생하고 그 관계의 개선도 일어나지 않았다. 그리고 주도자는 자신의 고립된 세계에 존재하는 사람 중 가장 약하고 자신에게 저항하지 못하는 사람들을 대상으로 삼곤 했다. 다시 말하자면 독성관계의 주도자는 '주도자의 역할을 할 수 있었을 때', 그리고 '주도자의 역할을 하고도 그 어떠한 보복이나 대가도 돌아오지 않았을 때'에만 독성관계의 주도자 역할을 했다.

처음에는 단 한 번의 폭력이고 강요였다. 그러나 희생자가 갈등을 원하지 않거나 주도자에 대한 공감이나 동정 때문에 저항하지 못하고 만다. 그리고 주도자는 희생자를 학대하는 동안 자신의 내적 갈등이 순간적으로 해결되는 경험을 느낀다. 자신의 내적 갈등이 잠깐이나마 해결되는 그 순간은 마약처럼 강렬하고, 자신의 잿빛 인생이 순간적으로 총천연색으로 생생해지는, 이들이 성공적으로 자신의 내적인 문제를 해결했을 때나 겪게 되었을 만족을 준다. 그러나 이러한 방식으로 얻은 내면의 만족은 극히 짧아서 이들은 희생자를 지속해서 학대함으로써 자신의 만족감을 계속 유지하고자 한다.

알코올 의존증상이 있는 환자들이 문제에 봉착하면 문제에 집중하는 대신 술을 먹는 것처럼 주도자들은 자신의 문제를 고찰해서 해결하기보다는 희생자를 학대하는 데에 점점 더 몰입한다. 그러나 이들은 한 편으로는 정상적이고 현실적인 사고를 할 수 있는 이들이기 때문에 자신의 행동과 자신의 현실 인식의 갭을 메꾸려고 한다.

독성관계의 주도자들은 여러 가지 방법으로 자신을 불편하게 하는 갭을 해결하려 하는데, 가장 많이 사용하는 방법이 첫째로 전통이나 신앙 등의 토론 불가능한 도그마를 이용하는 것이며 두 번째로는 희생자가 그런 대접을 받을 만하다고 믿는 평가절하이다. 끔찍한 학대를 저질러 놓고, 훗날 변명하듯이 전통적 가치를 지키기 위해서라든지 또는 마음만은 희생자를 돌보려는 마음이 있다든지 하는, 제삼자의 측면에서 보면 허무맹랑하기 짝이 없는 말들을 이들은 진심으로 믿어버리는 것이다. 그러면서 이들은 자신이 그 어떠한 대가를 치르지 않고도 독성관계의 주도자 역할을 할 수 있는 이 고립된 관계를 계속 유지하고자 한다. 약한 내적 구조를 가진 주도자와 주도자를 주도자일 수 있게 만든 환경이 결합하여 태어난 비극적인 관계, 이것이 이 책 전체에서 말하고자 하는 독성관계의 본질이다.

그들은 결코 사과하지 않는다

"그래. 네 말이 다 맞다 치자. 그런데 언제까지 그 이야기 할 거니?"

독성관계의 주도자들은 희생자에게 죄책감을 느끼지 않는다. 실제로 진료실에서도 독성관계의 주도자인 아버지 또는 어머니가 종종 보호자로 오는 경우가 있는데 이들은 제삼자인 나에게는 공손하고 존중하는 태도를 보이나 자신이 희생자에게 매우 가혹한 행동을 하고 있다는 것은 결코 인정하지 않으며, 희생자에 대한 어떠한 태도나 관계의 변화도 완강히 거부한다.

따라서 독성관계의 주도자들은 희생자에게만은 사과하거나 용서를 구하지도 않는다. 이들에게 있어서 독성관계는 자기방어를 위한 갑옷과도 같기 때문이다. 그들은 그 갑옷을 벗는 것을 고통스러워한다. 희생자와의 관계의 변화를 이들은 마치 자신의 당연한 권리를 빼앗긴 것처럼 느낀다. 유일하게 이들이 용서를 구할 때는 자신의 행동이 만천하에 드러나 비난을 받을 때다. 심지어 그 상황에서도 이들은 자신들을 비난하는 다수에게 사과할지언정 희생자에게는 사과하지 않으려 한다.

그러나 희생자 또는 희생자에서 벗어난 생존자들의 입장에서는 이야기가 다르다. 이들은 굉장히 오랜 시간 동안 관계로부터 고통스러워하며 살아왔기 때문에 어떻게든 자신의 고통을 정리하고, 분석하고, 최종적으로는 인정받고자 한다. 납득할 수 없는 상처의 경험은 인간을 굉장히 오랫동안 고통스럽게 만들고 인생의 즐거움을 퇴색시키기 때문이다. 그래서 상처를 받은 인간은 어떤 식으로든 자신 상처의 근원에 접근하여 이를 해결하고 납득하고자 한다. 그러나 주도자와의 접촉은 이를 해결하기는커녕 희생자의 고통을 증폭시킨다.

미련으로 인하여 주도자를 다시 찾아간 독성관계의 생존자들은 두 가지 면에서 반드시 상처받게 되어있다. 첫 번째로 독성관계가 종료된 후에도 주도자들은 어떠한 후회도 자기반성도 하지 않는다는 점이다. 대신 이들은 자신을 떠나가 버린 희생자들에 대해 분노하고 저주하다가 이내 잊어버린다. 어떠한 관계가 끝난 후 그 관계에 대해 되돌아보고 그 관계에서 상대방의 역할 뿐만이 아니라 자신의 역할을 깨닫게 되는 정신의 성장은 주도자에게는 절대 일어나지 않는다.

왜냐하면, 관계를 총체적으로 보려면 자신이 받아들이기를 거부한 내면의 분노와 두려움, 우울과 불안감을 뒤늦게라도 이해해야 하는데 주도자들은 자신의 문제를 타인에게서 찾는데 너무 익숙해져 있어서 굳이 자신의 내적 문제뿐만이 아니라 자신이 과거에 타인에게 저지른 일들까지 들춰내는 정신적 어려움을 감수하려고 하지 않는다. 이들의 마음은 철저히 자신만을 위해 움직이기 때문이다.

　심지어 이들은 희생자가 떠난 후 매우 잘 지내고 있는 것처럼 보이기도 한다. 주변의 다른 사람들과 원만한 관계를 유지하고 있는 것처럼 보이며 인생을 즐기는 것처럼 보이기도 한다. 이들의 이러한 면은 용기를 내어 가족을 다시 찾은 독성관계의 희생자를 나락으로 떨어뜨리기도 한다. 자신은 그 관계의 흔적 때문에 평생을 생각하고 고민하고 지냈는데 상대방은 그 사실 자체를 잊은 것처럼 잘 보내고 있다면 그것만큼 절망스러운 일은 없을 것이다. 마치 독성관계로 인해 고통받은 희생자의 긴 시간이 아무런 의미가 없는 것처럼 느껴진다. 그래서 다시 찾아간 주도자와의 만남의 자리에서 희생자의 절망과 분노가 폭발하기도 한다. 명절에 일어나는 끔찍한 일들의 원인이다.

　두 번째로 독성관계가 끝났더라도 이들은 기회만 있으면 언제든지 이전의 독성관계를 다시 시작하려고 한다. 자신과의 관계를 개선하기 위해 노력하는 전 희생자의 노력을 주도자는 항복의 선언으로 받아들인다. 기세등등하게 상대방에게 옛날과도 같은 불공정한 형태의 관계를 요구하고, 전 희생자들이 자신이 바라는 대로의 관계를 유지하지 않으리란 것을 깨닫게 되면 분노를 터뜨리며 희생자들을 비난한다. 그래서 섣부른 주도자와의 접촉은 희생자에게는 상처로부터 나아가는 것이 아니라 상처 되는 일의 반복일 뿐이다.

첫 번째 케이스에서 제시된 나의 환자인 K가 용기를 내어 이전 독성관계 주도자인 자신의 아버지를 방문했던 적이 있었다. 그가 자신의 아버지를 만나 관계를 회복하기로 결심하기까지 보낸 수많은 시간 동안의 내적 갈등을 나는 곁에서 지켜보았다. 그리고 그가 용기를 내어 아버지를 만나러 갔다 온 후 나타난 참담한 결과에 나는 할 말을 잃었다.

몇 년의 시간이 흘렀음에도 불구하고 그의 아버지는 여전히 바뀌지 않았고, K의 모든 것을 지배하고 통제하려고 들었다. K의 아버지는 K가 지금 어디서 어떠한 일을 하건 자신은 관심이 없으며, 주거와 직장을 자신의 집 근처로 옮기지 않는다면 앞으로도 K를 자기 아들로 인정하지 않겠다고 선언했다. 너 자신의 인생은 자신이 죽은 뒤에나 찾으라고 말이다. 이것은 달리 말하면 자신 아들의 모든 인생을 자신을 위해서 사용하라는 강요나 다름없었다. 인간은 행복하기 위하여 사는 것이 아니라 부모에 대한 도리를 지키기 위해 사는 것이라는 그 자신의 평소 입버릇대로 말이다. 물론 K는 이를 단호하게 거절했지만 이후 한동안 정신적으로 힘든 시간을 보내야만 했다. 주도자는 결코 바뀌지도 사과하지도 않는다.

**당신은 그들을 바꿀 수 없다.
하지만 같은 상처를 두 번 받지 않을 수는 있다**

사람은 누구나 인정받고 싶고, 사랑받고 싶은 욕구가 있다. 주변 사람들에게 자신이 사랑받아 마땅한 존재임을 확인받고 싶고, 그들이 원하는 그런 사람이 되고 싶어 한다. 그 대상이 나와 가까울수록 그 욕구는 강렬해지고 떨쳐내기 어려워진다. 그리고 그것을 포기하는 것은 슬프고 어려운 과정이다. 그러나 아프지만 받아들여야 한다. 세상에는 그럴 수 없는 관계도 존재한다는 것을. 그리고 그것은 당신의 노력이 부족해서 그런 것은 아니라는 것을 말이다.

어떠한 이들은 내 진료실에서 자신의 상처를 치유하기보다는 자신에게 상처를 준 주도자들에 대해 집요하게 분석하고 곱씹으며 소중한 시간을 낭비하기도 한다. 그러나 결코 내가 영향을 주지 못하는 관계에 대해 거듭 곱씹고 분석하는 것은 치유의 과정보다는 상처의 반복이나 자해와 같은 역할을 한다. 자신에 대해 아무리 반성하고 성찰한들 해결책이 되지도 않는다. 문제가 당신 안에 있지 않기 때문에 문제의 원인을 당신 안에서 찾는 것은 무의미하다.

중요한 것은 당신이 상처를 받게 되고 그 상처에 무력할 수밖에 없었던 상황의 전체적인 전모를 파악하는 것이다. 지도를 그리는 이가 길 위에서 지도를 그리지 않고 높은 곳에서 내려다보며 그리듯이 말이다. 주도자의 정신적 결핍과 희생자의 주도자에 대한 공감과 동정, 그리고 그것을 악화시켰던 협력자와 폐쇄된 환경이 결합한 이러한 관계를 하나의 세트로 파악해야만 한다. 당신이 당신의 고통을 전체적으로 이해하게 됨으로써 얻게 될 것은 무엇일까?

그것은 바로 당신의 인생에 대한 통제력이다. 당신은 두려움에 떨었다. 고통을 시작하고 멈추는 스위치를 당신이 아니라 타인이 가지고 있기 때문이었다. 불안은 결코 끝나지 않았다. 고통을 받는 시점이 합리적이고 예상 가능한 타이밍이 아니라 단지 타인의 정신적인 불안정함에 따른 예측할 수 없는 변덕이었기 때문이다. 무력함에 주저앉을 수밖에 없었다. 왜냐하면, 자신이 주인공이었어야 할 무대에서 주인공 자리를 내어주고 단지 조연과 소품으로써의 역할만 하였기 때문이다.

통제력을 얻은 당신은 당신에게 상처를 준 부모님이나 선배나 직장 상사를 개심시키려고 노력하다가 절망하거나, 그들에게 복수하느라 시간을 허비하지 않아도 된다. 반대로 무력하게 그 관계에 억지로 머무르면서 샌드백처럼 폭력과 모욕을 견디지 않아도 된다. 관계의 전체적인 구조를 이해함으로써 당신은 당신이 이 관계의 어디쯤 와 있으며 관계를 좁혀야 할지 아니면 멀리 떨어지거나 떠나야 할지를 조절할 수 있다. 만일 고립성으로 인해 당신과 주도자의 관계를 충분히 조절할 수 없다면 경찰이나 주도자의 윗사람에게 알리거나 아예 그 관계에서 떠나는 등의 방법으로 그 고립성 자체를 부술 수도 있다. 그럼으로써 당신은 스스로의 상처를 헤집거나 더 완벽하게 해결하기 위해 상처 되는 일을 반복하지 않고도 인생을 자신을 위하여 사용할 수 있게 된다.

자신의 문제를 주체하지 못하고 당신을 자기 마음의 도구로 사용하려 했던 이들에 대해서는 그들이 스스로 문제를 해결하도록 놔두면 된다. 그들이 당신을 희생시키지 않고서도 해결할 수 있도록 말이다. 만일 그렇지 못하더라도 너무 동정하거나 안타까워할 필요는 없다. 독일의 정신과 의사 프리츠 펄스(Fritz Perls)가 선언하였듯이 '당신은 그들을 만족시키기 위해 사는 것이 아니고, 그들도 당신을 만족시키기 위해 살아가는 것은 아니다. 우연히 당신과 그들의 마음이 일치하면 더할 나위 없이 좋겠지만 그렇지 못하더라도 어쩔 수 없다.'

결국, 그들의 행위를 분석하고 설명하고 납득하는 것에 집착하지 않고, 자신의 인생을 살아갈 수 있어야 한다. 그들의 문제가 이제는 당신의 문제가 되지 않도록. 타인과 당신의 거리는 스스로 설정할 수 있어야 하고, 당신이 받게 될 상처에 대해서는 최소한 당신이 주도권을 가져야 할 것이다. 그들의 마음이 아니라 그들과의 관계를 파악하라. 그 관계가 당신에게 너무나 큰 아픔과 독성을 가진다면 그 관계에서 스스로 물러날 수 있도록 말이다. 이 과정을 통해 독성관계는 당신에게 있어서 아무런 독성을 미치지 못하는 관계로 변화할 것이다. 그렇기에 K는 자신의 아버지를 떠났고, P씨는 보답받지 못하는 착한 며느리의 역할을 거부했다. L씨는 남자친구의 자살 협박에 굴하지 않았고, M대리는 비난을 감수하고 O과장의 음습한 괴롭힘을 밝은 곳으로 끌어내었다. 독성관계 주도자와의 문제를 해결하는 것이 아니라 그 자신이 독성관계에서 벗어나도록 말이다.

관계로부터 도망가도 된다. 아니, 그것은 애초에 도망조차도 아니다. 당신은 잘못한 게 없으니까. 당신에게 마음이 있다는 것을 인정하지도 않는 이들을 개심시키려 해서도, 이들에게서 고통을 인정받으려 해서도 안 된다. 당신이 행복할 권리가 있는지에 대해 남들의 인정 따위는 필요 없으니까. 그 권리는 당신이 태어나면서부터 부여된 권리이다. 불가능한 일에 온 힘을 쏟아 무기력해지기보다는 지금 당신이 할 수 있는 것을 해야 한다.

용서하라는 말이 아니다. 어차피 용서되지도 않을 것이다. 그러나 굳이 걸음을 멈추고 고개를 돌려 그들을 오래 바라보고 있어선 안 된다. 자신의 상처와 갈등을 감당하지 못하고, 그 자리에서 주저앉아 분노와 증오를 뿌려대는 그들을 뒤로하고 당신은 앞으로 걸어 나가야 한다. 그들과 당신의 길은 이미 갈라졌다.

당신이 애정을 가지고 온 힘을 다해 살아내야 할 당신의 인생과 사랑하는 사람들 곁으로 돌아가라.

고립감, 희생자를 짓밟는 편견과 오만한 조언에 맞서

존재를 인정받지 못하는 아픔들

독성관계의 희생자들은 고독하다. 세상에 자신과 같은 처지인 사람이 혼자밖에 없다는 생각에 외로워한다. 이들은 독성관계의 고통 때문에 가족과 연락을 끊거나, 회사 상사로부터 받은 부당한 대우를 윗사람에게 알리는 등 남들과는 다른 선택을 하고 그 길을 가는 것에 대해 심한 심적 부담을 가진다. 이러한 부담감은 모두가 밝고 넓은 길을 함께 걸어가고 있는데 자신 혼자 좁고 어두운 길로 빠져 걸어가는 사람의 고독함과 불안감과도 같다.

만일 당신이 독성관계의 희생자라면 아마도 당신은 자신의 고통을 다른 사람과 나누는 데에 어려움을 느꼈을 것이다. 특히 독성관계에서 가장 큰 비중을 차지하고 있는 가족 내의 독성관계라면 더욱더 쉽지 않다. 사람들은 당신의 문제 자체를 이해하지 못한다. 희생자들은 때로는 자신의 문제를 누군가에게 말이라도 해보고 싶어서 어렵게 이야기를 꺼내 보기도 한다. 그러나 이내 몰이해라는 벽에 부딪히곤 한다.

"그들도 인간이니까요. 당신은 그럼 완벽한 사람인가요?"

"에이 요즘 세상에 그런 집이 어디 있어? 아마 네가 무언가를 오해하고 있는 거겠지."

"아무리 그래도 그렇지. 그런 일 한 번 있었다고 어떻게 가족하고 연을 끊어요?"

인간과 인간의 사이에는 그 관계에 처해있는 사람밖에 느낄 수 없는 정신적인 역동이 반드시 존재한다. 그러나 어떠한 이들은 단지 자신이 겪어보지 않았다는 이유만으로 한 사회의 규율이나 전통의 탈을 쓴 이러한 폭거를 '있을 수 없는 일', 혹은 '무언가 오해가 있는 것'이라고 단정한다. 이러한 이들은 뉴스에 나오는 독성관계의 참혹한 결과를 보고 매일 놀라거나 분노하면서도 이와 똑같은 이들이 자신의 주변에도 있다는 것은 알아차리지 못하거나 무언가 오해가 있는 것이라고 받아들인다.

　인간의 상상력과 공감에는 한계가 있다. 인간은 자신이 경험해보지 못한 것을 자신의 입장에서 상상하기 어렵다. 부모라는 말이 가지는 의미는 단 하나이지만 모든 부모가 같은 것은 아니다. 각자에게 있어서 각자 다른 부모가 있듯이 모든 관계는 본질적으로 다른 관계이다. 같은 부모 자식이라도 그 교감 방식은 집안마다 다르다. 한쪽 정신의 일그러짐이 너무나 심한 나머지 같이 있으면 다른 한쪽이 망가져 버리는 그러한 관계도 존재한다. 그러나 여전히 사람들은 자신이 경험해본 감정과 관계만이 진실이라고 믿는다. 오히려 희생자의 오해나 인격의 비뚤어짐이 문제라고 너무나 쉽게 말하는 경우도 많다. 이들은 크게 보면 독성관계의 협력자들이다. 희생자에게 이렇게 이야기하는 것이나 다름없기 때문이다.

　"너의 상처 그런 건 사실 존재하지 않아. 만일 존재한다면, 그런 식으로 느끼고 있는 것이 잘못이야."

　병에 걸려 죽어가는 이들에게 그 아픔이 자신에게 전달되지는 않는다며 사실 그런 고통은 존재하지 않으며 당신의 고통을 느끼지 못하는 내가 아니라 당신이 뭔가 잘못된 것이라 말하는 것이나 다름없다. 마음의 상처를 입어 인생의 시계가 멈춰버린 이들에게 할 수 있는 최저의 행동은 그 상처가 애초에 존재하지 않는다고 말하는 것이다. 만약 그들이 진실이라면 독성관계의 희생자는 자기 자신을 비난하는 수밖에 없다.

정중하게 다루어지지 못하는 아픔들

　오랫동안 자신이 다니던 회사의 사장에게 성추행과 성희롱을 당해온 젊은 여성이 용기를 내어 세상에 자신이 당한 피해를 알린다. 그러나 사람들의 반응은 그녀의 상처를 후벼 팠다. 돈을 노린 꽃뱀 아니냐는 말부터 사실은 너도 즐겼던 것 아니냐는 악성 댓글까지. 그것까지는 괜찮았다. 애초에 그러한 말들은 진지하게 생각하기에는 너무나 비뚤어져 있기에 그러한 말을 하는 사람이 잘못된 것이라는 것을 그녀도 쉽게 알 수 있었기 때문이다. 그녀를 진정으로 상처입힌 것은 아래와 같은 진지하고 통찰력 있는 척하는 반응들이었다.

　"바보같이 그런 걸 왜 당하고 있어? 그렇게 힘들었으면 그때 바로 말하지 그랬어?"

　"그러한 문제를 계속 당하는 건 너의 인정욕구 때문이야. 무의식적으로는 사실 너도 그러한 관계가 필요했던 거지."

　"그동안 그러한 관계에 머물러 있었다는 것도 너의 선택 아닐까?"

얼핏 보면 객관적이고 현명한 것처럼 보이는 말들이었다. 하지만 이들의 말은 사실 결코 공정하지도 균형 잡히지도 않았다. 그녀에게는 애초에 불가항력적인 관계였다. 상대방의 입장을 존중하고 이해하려 했기에, 분위기를 헤치고 싶지 않았기 때문에, 자신의 입장은 소수여서 다수에게 이해받지 못한다고 생각했기에 시작된 관계이다. 사회의 암묵적인 위계질서에 웬만하면 따르는 것이 올바른 사회인이라 믿었기에, 웃어른이 선을 넘더라도 참아주는 것이 도리이며 예의라 믿었기에, 혹은 자신의 상처를 드러낸 후 받게 될 비난이 두려웠기 때문에 그녀는 모든 것을 감내하면서 지냈다. 그것은 결코 쉬운 일이 아니었으며 그녀는 매우 오랜 시간을 고통스럽고 고독하게 지내야만 했다. 이러한 관계에서 그녀의 선택이었던 것은 본질적으로 아무것도 없었다.

놀라운 사실은 일부 정신건강의학과 의사나 심리학자 등의 정신치료자들도 한 사람의 독성관계에 이러한 스탠스를 취하고 있다는 점이다. 이들은 정신분석 태동기의 일부 이론만을 무분별하게 확장하여 모든 케이스에 적용한다. 모든 인간의 관계에서 일어나는 일이 환자의 무의식의 발로라고 여긴다. 자신이 결코 닿을 수 없는 타인의 어떠한 부분이 있다는 것을 인정하지 않은 채로 타인의 마음을 멋대로 재단하고, 상대방이 자신의 해석을 받아들이지 못하면 그것은 환자의 저항이라고 말한다.

그러나 이들이 간과하고 있는 것이 있다. 관계는 한 사람만으로 이루어지는 것이 아니며 독성관계 안에는 희생자를 마치 생각이나 감정이 없는 인형처럼 주도자를 따르게 하는 강한 압력이 존재한다는 것을 말이다. 주도자의 감정이 희생자의 정신의 많은 부분을 대체해버리기 때문에 독성관계에서 벗어나는 순간 희생자는 행동과 감정의 기준을 잃고 극심한 혼란 상태에 빠진다. 독성관계의 강압적인 측면에 대한 이해 없이 하는 어설프게 객관적인 조언은 희생자에게는 이렇게 받아들여지게 된다.

"결국, 너에게 일어난 모든 일은 네가 초래한 일이야. 그러니 이건 너의 책임이지."

이것은 온몸을 결박당한 채 누구에게 맞는지도 모르고 정신없이 폭행당한 이들에게 사실 너에게는 온몸을 결박당한 상태로 폭행당하고 싶었던 무의식적인 욕구가 있다고 말하는 것이나 다름없다. 외부로부터의 도움은 미약하고 천천히 작용하며 바로 곁에 있는 주도자의 보복은 매우 빠르고 강력하게 이루어지는 한편, 협력자는 이러한 관계의 실체에 대해 눈을 감아버리거나 아니면 오히려 동조한다. 이러한 상태에서 희생자의 정신의 비밀스러운 욕동을 파악하는 것이 무슨 의미가 있겠는가? 애초에 희생자의 욕망은 나설 자리를 잃었기에 그 주인의 말과 행동에 어떠한 영향도 끼치지 못하고 있는데 말이다.

이들에게 선택과 책임 운운하는 것은 이미 결과가 나와 있는 체스 경기를 본 구경꾼이 그 체스 경기에 참여한 선수에게 뒤늦게 그때 왜 이렇게 두지 않았냐고 훈수를 두는 것만큼이나 도움이 되지 않는다. 체스 선수는 미래를 예측할 수 없는 상황에서 그때그때의 최선이라고 여기는 수를 두었을 뿐이다. 경기장 바깥의 비난 섞인 훈수는 희생자를 위한 것이 아니라 사실은 자기 자신의 값싼 만족감을 위한 말과 행동에 지나지 않는다. 그 안에는 경기의 주인공인 희생자에 대한 공감도 존중도, 상처를 다룰 때 필요한 정중함도 없기 때문이다.

남에게 도덕과 규범을 들이대는 이들일수록 극히 감정적이고 자기중심적이다

가슴 속에 오랜 상처가 있는 사람들은 종종 누구에게라도 그 사실을 털어놓고 싶은 충동에 휩싸이게 된다. 이러한 충동은 생각보다 강렬해서 평소 남들과 대화하는 것을 그다지 즐기지 않는 사람조차도 한 번 자신의 상처에 대해 우연이라도 언급할 기회가 되면 굉장히 감정적으로 변하여 자신의 상처에 대해 쏟아내게 된다. 인간에게는 자신의 감정을 현실에서 인정받고 싶은 욕구가 존재하기 때문이다.

만일 상대방이 좋은 치료자이거나 그럴 만한 자질이 있는 사람이라면 일단 상대방의 입장에 서서 비판을 최소화하며 들어주게 된다. 그것이 합리적인지 비합리적인지, 옳은지 그른지보다는 그 사람의 마음의 평화를 더 중요시하기 때문이다. 이러한 과정이 잘 이루어지면 상처받은 인간은 자신을 전체적으로 인식하게 되며, 진정으로 바라는 방향을 바라볼 수 있게 되고, 스스로를 더 신뢰하게 된다. 심리치료의 접근 방법을 영원히 바꿔놓은 칼 로저스(Carl Ransom Rogers)의 인본주의 심리학 정신이다.

그러나 희생자가 만나게 되는 대부분의 사람은 치료자가 아니다. 공감을 입버릇처럼 달고 다니는 사람조차도 실제로는 자신이 상대방에게 도움이 되는 방법을 안다고 제멋대로 착각하며 조심성 없이 상처를 헤집어버리는 경우가 많다. 요즘처럼 도덕적 우월감에 대한 욕구가 커져 있고 타인을 비판함으로써 그것을 값싸게 얻으려고 하는 경향이 팽배한 분위기에서는 더욱더 그렇다. 희생자가 힘들게 꺼낸 자신의 상처 이야기는 다른 사람들의 도덕적 우월감을 위한 먹이나 공격 거리가 되기 쉽다. 희생자들은 그들을 잘 알지도 못하는 사람들에게 수없이 자기반성을 요구받거나 사회의 질서에서 벗어나지 않을 것을 강요당한다.

'도덕'과 '선행'은 다르다. 도덕은 기준이고 선행은 행동이다. 둘 사이에는 상당히 큰 갭이 존재한다. 한 사회에서 통용되는 공통적인 도덕 기준이 있더라도 선행으로 인정받는 행위는 속해있는 집단마다 사람마다 다를 수 있다. 만일 집안에서 반사회적 인격장애자인 아버지가 딸을 학대하면서 우월감이나 지배감 등 값싼 종류의 만족감을 추구하는 상황이 벌어질 경우, 이를 알게 된 어머니는 아버지와의 정서적 거리나 딸과의 정서적 거리에 따라 '그냥 가족을 위해 참아내거라.'라고 할 수도 있고 '당장 경찰서로 달려가 신고하도록 하자.'라고 할 수도 있다. 이 두 가지 중 어떠한 경우를 선택하더라도 어머니는 자신의 판단이 도덕적으로 옳다고 믿을 것이다. 인간은 자신의 감정을 합리화시키는 동물이기 때문이다. 그리고 만일 딸에게 참아내라고 말한 어머니조차도 그 자신이 딸과 같은 상황에 부닥쳤다면, 딸에게 내린 것과는 전혀 다른 도덕적 판단을 내리고 마찬가지로 합리화할 것이다.

기억하라. 당신에게 가해지는 도덕적인 잣대와 판단, 당신의 행동을 공개적으로 비난하는 익명 뒤의 숨은 악성 댓글까지, 객관적인 척 당신을 재단하는 모든 의견과 판단 뒤에는 그들의 감정이 있다. 때로는 그들의 도덕적 판단이야말로 그들의 감정 자체이다. 만일 당신에게 있어서 매우 중요한 감정적 문제에 있어서 누군가가 도덕적이나 사회적 규범을 함부로 들이대며 당신을 비난한다면, 또는 당신이 겪고 있는 문제 자체를 부정해 버린다면 그것은 그 사람이 당신보다 도덕적으로 우월하기 때문이 아니다. 그들은 단지 자신의 감정에 취해 당신에게도 감정이 있다는 것을 잊고 있는 것이다.

남들은 그럴 수 있다. 그렇기에 남이다. 그러나 당신은 스스로에게 그래서는 안 된다. 당신의 판단과 감정의 주인이 당신임을 잊어서는 안 된다. 오직 당신만은 당신을 존중해야 한다. 두려워할 필요 없다. 설령 그들과 의견이 달라 싸우고 갈등하게 되더라도 당신은 그들 뒤에 버티고 있는 거대한 사회적 진리를 적으로 돌리고 일 대 백의 절망적인 싸움을 하려는 것이 아니다. 당신이 상대하게 될 것은 언제나 단 한 명분의 생각, 단 한 명분의 감정에 불과하다.

자격 없는 자들을 당신의 마음에 허용하지 말 것

남들의 눈에 보이지 않는다고 하더라도 당신의 아픔은 분명히 존재한다. 인간은 타인의 아픔을 자신의 것처럼 느끼지 못하며 같은 상황이더라도 그것이 자신의 아픔이냐 타인의 아픔이냐에 따라 전혀 다른 가치판단을 한다. 타인의 행동의 원인은 그 사람의 본성 때문이라고 여기며 자신의 행동의 원인은 환경에서 기인한다고 생각하는 것이다. 그래서 당신이 고통을 참지 못하고 그 사회에서 '일반적'이라고 여겨지지 않는 선택을 하고, 그것에 대해 다른 사람에게 어떠한 말을 듣는다고 하더라도 최소한 그들의 말을 절대적 진실로 받아들이고 죄책감이나 수치심에 떨 필요는 없다.

혼자 좁은 길을 걸어가는 당신의 입장에서는 당신이 가고 있지 않은 다른 길에서 들리는 여러 사람의 목소리와 발걸음 소리 때문에 그들이 가는 길이 올바른 길이고, 자신이 잘못된 길을 가고 있는 부적응자나 도망자처럼 느껴질 수도 있다. 그러나 이는 당신 또한 다른 사람의 아픔을 그 사람처럼 볼 수 없기 때문이기도 하다. 남들이 오직 당신에 대해서만 특별히 공감하지 못하기 때문에 홀로 좁고 어두운 길을 간다고 여긴다면 당신은 더욱더 외롭고 힘들어질 것이다.

숲이 너무 우거져 당신에게 보이지 않았을 뿐 사실은 모두가 좁은 길을 홀로 걸어가고 있었다. 당신의 귀에 들리는 여러 사람의 발걸음은 당신을 제외한 모두가 함께 걸어가고 있는 소리가 아니라 그들 모두 각자의 길을 걸어가고 있는 소리였다. 당신만을 빼고 대화하는 것처럼 들렸던 여러 사람의 목소리는 사실 각자 걸어가며 내는 혼잣말이었다. 설령 누군가가 당신이 걸어가고 있는 그 길을 비정상이라고 말하며 비웃거나 비난하더라도 그 사람이 대단히 옳거나 현명해서 그렇게 말했던 것이 아니다. 그들도 자신이 혼자 걸어가는 좁고 어두운 길에서 무섭고 외로워서 그랬던 것이다. 그렇게라도 말하면 감당하기 어려운 자신의 상황이 조금 달래질까 싶었기 때문이었다.

당신은 그들의 생각을 바꿀 수 없다. 그들도 당신이 어떻게 느끼는지를 바꿀 수 없다. 애초에 왔던 길이 다르고 가는 길이 다르다. 그래서 당신은 누구의 목소리를 당신의 마음에 닿게 할지를 항상 선택해야만 한다. 사실 이것은 '하면 좋다'는 문제가 아니라 '해야만 하는' 문제이다. 무분별하게 받아들인 타인의 목소리는 당신을 흔들곤 한다. 당신의 마음에 들어올 타인의 목소리는 당신이 길에서 마지막 단 한 걸음을 앞두고 지쳐 쓰러지기 직전의 당신을 쓰러지게 할 수도, 혹은 그 단 한 발자국을 떼게 해줄 수도 있다. 그렇기에 당신은 숙련된 파도타기 선수가 파도를 고르듯이 무엇을 받아들이고 무엇을 받아들이지 않을지 결정할 수 있어야 한다.

마음속에 어떠한 목소리를 허용할지를 고르는 중요한 기준은 그것이 옳은지 그른지가 아니다. 중요한 것은 그 목소리가 당신을 존중하는가이다. 우리는 타인이 되어 타인의 마음을 구석구석 살펴볼 수 없다. 정신건강의학과 의사나 상담사와 같은 훈련된 사람에게도 불가능한 일이다. 하지만 우리는 타인의 말과 행동 중에서 내 눈에 보이지 않는 가려진 부분이 있다는 것을 가정하고 그것을 존중하고 판단을 기다려 줄 수는 있다. 상대방의 마음에 내가 모르는 부분이 있다는 것을 가정하고, 장기의 일부를 절제하면서도 그 환자의 남은 부분을 보존하려는 외과 의사의 손길처럼 조심스러운 방식. 그것은 그 사람의 진실에 다가가 그 사람을 생존할 수 있게 하는 가장 가깝고도 사려 깊은 접근방식이다.

이러한 접근방식은 독성관계의 희생자가 주도자에게 받았던 방식과 완전히 정반대의 양상을 보인다. 독성관계의 주도자와 협력자는 상대방에 대해 자신이 멋대로 결론을 내리고 그곳에 희생자를 끼워 맞춘다. 반면 희생자를 존중하는 이는 어느 정도는 희생자의 입장에서 판단한다. 독성관계의 주도자와 협력자는 희생자의 감정이 자신과 다르면 견디지 못하고 희생자를 굴복시켜서라도 바꾸려고 하지만, 희생자를 존중하는 이는 희생자의 감정에 대해 그들이 주인임을 인정한다.

슬프게도 아직 독성관계의 희생자나 생존자에 속하는 환자들의 삶을 관찰해보면 이들은 존중하는 이의 목소리보다는 주도자나 협력자의 목소리를 마주치게 되는 경우가 훨씬 더 많다. 그렇지 않아도 상처가 많은 이들이 주변 사람들에게 자신의 상처를 위로받거나 배려받기는커녕 상처의 존재조차 인정받지 못하는 것은 슬픈 일이다. 그리고 독성관계의 희생자가 딜레마 속에서 가족과의 단절을 선택하거나 회사 질서에 이의를 제기하는 것에 대해 일부 미성숙한 제삼자들이 이들이 사회질서를 해치거나 비인간적인 일을 저지르는 것으로 몰고, 사회생활을 하는데 큰 결격사유라도 가진 것처럼 취급하는 것은 안타깝고 또한 부당한 일이다.

그래서 나는 이 '독성관계'라는 개념이 가급적이면 보편적 개념으로 자리 잡기를 바란다. 그래서 이들이 그 병적인 관계에 갇혀 고통을 받았던 세월과 상처들이 세상에 드러나 인정받고, 결과적으로 이들이 여기서 벗어나도록 하는 것이 당연한 것처럼 보편적인 상식이 되기를 바란다. 상처받은 이들이 자신의 상처를 드러내는 데에 주저하지 않고 이들의 상처가 함부로 다루어지지 않는 것이 당연한 것이 되는 그런 세상이 오기를 원한다.

그러한 세상이 오기 전까지 설령 당신의 아픔이 타인으로부터 이해받지 못하는 것 같거나 독성관계에서 빠져나온 당신의 행위가 가족이나 어떤 공동체에 대한 배신이라며 비난당하는 것 같더라도 너무 불안해하지 않기를 바란다. 다른 사람들의 배려 없는 말이나 인터넷 공간에서의 악성 댓글에 마치 당신이 단죄받는 것처럼 소스라치게 놀라거나 두려워할 필요도 없다. 애초에 당신을 제외하고 모두가 걸어가는 밝고 넓은 길 따위는 세상에 없기 때문이다. 오직 자신들이 걸어가는 길만 옳은 길이라고 자랑스러워하며, 자신들이 타인의 감정을 전부 볼 수 있는 양 평가절하하는 거만한 도덕적 나르시시스트들의 뒤에는 사실 다른 누구보다도 초라하고 편협한 그들만의 입장과 감정만이 존재한다.

지동설로 인해 종교계로부터 평생 박해받았던 근대 물리학의 아버지 갈릴레오 갈릴레이는 그럼에도 불구하고 그 스스로 마지막까지 독실한 가톨릭 신자였다. 그가 맞섰던 것은 단지 종교였을 뿐, 신이나 하늘 그 자체가 아니었기 때문이다. 당신이 맞서고 있는 것 또한 신도 도덕도 거대한 진리도 아니다. 당신과 마찬가지로 불완전한 시야를 가진 단 한 명의 인간의 감정일 뿐이다.

그러니, 당신은 좀 더 믿어도 된다. 당신의 감정을. 당신은 그들이 말하는 그런 사람이 아니다.

연결, 독성관계의 바깥에
진짜 당신의 길이 있다

독성관계의 희생자들은 혼자이고 싶다

지금까지 우리를 둘러싼 인간관계 중에서 어떠한 관계가 우리에게 독이 되는지, 그리고 어떻게 하면 이 병적인 굴레를 내 인생을 망가뜨리지 않으면서도 끊을 수 있을지에 대해 알아보았다. 그러나 모든 관계를 독성관계로 생각하는 것은 위험하다. 독성관계는 말 그대로 희생자에게 병적인 변화를 일으키는 관계만을 의미하는 것일 뿐, 관계 그 자체를 말하는 것이 아니기 때문이다.

그러나 독성관계에 오랫동안 고통을 받은 사람일수록 관계를 피하고 혼자 있고 싶어 하는 경향이 있다. 그동안 이들은 언제 날아올지 모르는 주도자의 분노나 모욕을 피하려고 자신의 말과 행동을 끊임없이 검열해왔기 때문이다. 물론 그 시도는 주도자의 한순간의 변덕에 헛수고로 돌아가곤 하였지만 그래도 그것은 희생자들이 독성관계 안에서 자신을 지키도록 하는 유일한 방법이었다. 그 결과 이들은 다른 대인관계에서도 타인이 자신을 모욕하거나 공격할 가능성에 대해 대비하게 된다. 이렇게 방어적인 마음의 태세를 유지하는 것은 힘들고 괴로운 일이기 때문에 타인과의 접촉 자체가 두렵고 부담스러운 일이 된다.

관계에 대한 부담은 과민함으로 변질하기도 한다. 독성관계는 당신으로 하여금 타인이 보내는 안전한 신호와 그렇지 않은 신호를 구분하지 못하게 한다. 다른 사람과의 의견의 차이를 공격이나 모욕으로 받아들이게 되기도 한다. 다른 사람들에 비해 의견을 표현하거나 감정을 존중받을 기회가 적었기 때문에 발생하는 현상이다. 상처를 주고받지 않는 이상적인 관계에 집착한 나머지 한 사람과의 관계의 끝을 그 자체로 받아들이는 것이 아닌 세상으로부터 버림받은 증거로 착각하게 되기도 한다. 독성관계가 남긴 만성적인 흔적들은 희생자들로 하여금 세상이 안전하지 않으며 위험으로 가득한 것으로 느끼게 한다.

그럼에도 불구하고, 당신은 세상과 연결되어 있어야 한다

많은 우울증이나 불안장애 환자들이 치료가 언제까지 지속되어야 하는지를 궁금해한다.

"선생님. 저는 대체 언제까지 선생님께 다니면서 상담을 받거나 약을 먹어야 하나요?"

최대한 낙관적이고 희망적인 대답으로 이들을 기쁘게 해주고 싶지만, 개인적인 욕망을 뒤로하고 나는 의사로서의 의견을 말한다.

"만일 환자분께서 지나치게 괴롭지 않은 상태로 세상과 연결되어 있을 수 있다면, 그러니까 완벽하지는 않더라도 어느 정도의 직장생활을 할 수 있고, 친구들이나 가족들과도 관계를 유지하면서도 그 관계가 병적인 괴로움을 유발하지 않는 상태라면 아마 3개월이나 늦어도 6개월 안에 치료를 종료하실 수 있을 겁니다. 그러나 지금도 타인을 대하는 데에 있어서 심한 괴로움을 느끼시거나, 혹은 세상과 관계 맺는 데에 어려움을 느낀 나머지 타인과의 접촉 없이 홀로 지내신다면, 당분간 치료는 지속되어야 합니다."

사실 이 대답에는 두 가지 의미가 담겨있다. 첫 번째로는 우리가 정신의 질병을 치료하는 데에 있어서 궁극적인 목표는 '세상과 연결되어 있으면서도 지나치게 괴롭지 않은 상태'를 유지하는 것. 두 번째로는 이 '지나치게 괴롭지 않은 세상과의 연결'이 치료 자체의 목표가 될 만큼 건강한 상태라는 점이다. 나의 대답은 사람들을 실망시키곤 한다. 특히 타인과의 관계로부터 심하게 상처 입은 분들일수록 더 크게 실망한다. 기껏 힘들게 관계에서 받은 상처를 치료하면서 겨우 안정을 찾아가고 있는데, 다시 그 관계 속으로 뛰어들라고 말하는 것이나 마찬가지이기 때문이다.

자신을 지켜가며 세상과 연결되는 것. 영화나 소설 등을 비롯한 여러 대중매체에서 이상적인 상태나 삶의 궁극적인 목표로 표현되는 가치이다. 단어에 덧씌워진 이미지가 지나치게 고귀한 나머지 천국이나 유토피아처럼 뻔하고 공허한 말처럼 느껴지기도 한다. 하지만 이것은 생각보다 그렇게 대단한 것은 아니다.

우리는 연결되는 모든 사람 한 명 한 명과 이상적인 관계를 맺을 필요는 없다. 물론 아주 소수의 사람과 우리는 둘도 없는 친구가 되거나 혹은 평생을 함께할 동반자나 가족이 될 수도 있다. 그러나 우리는 그 외에도 친밀과 무관심의 그 넓은 관계의 폭 어디쯤 위치하는 수많은 사람과 살아간다. 관계가 이상적이지 않다고 해서 그들과의 관계가 의미가 없거나 사회생활을 잘못 하는 것이 아니다.

그 관계가 독성관계만 아니라면 대개의 인간관계는 당신에게 가치 있는 선물을 가져다준다. 그 단적인 예로 정신건강의학과 의사나 뇌과학자들이 사랑 호르몬이라고 부르는 옥시토신이 그것이다. 뇌하수체에서 분비되는 옥시토신은 처음에는 출산에 관여하는 호르몬으로 알려져 있었지만, 지금은 인간을 포함한 포유류의 사회적 행동에도 광범위하게 관여하는 것으로 알려져 있다. 옥시토신은 우리가 누군가를 친밀하게 만지거나 대화할 때, 누군가와의 신뢰감이 깊어질 때 분비된다. 옥시토신은 우리의 스트레스와 불안감, 통증을 완화시킨다.

사회적으로 고립된 사람들에게는 이 옥시토신의 체계가 제대로 돌아가지 않는다. 쉽게 말해 사람이 오랜 시간 혼자 있게 되면 비관적으로 되고, 쉽게 불안해지고, 통증에 취약해지거나 심지어 없었던 통증을 느끼기도 한다. 가족이나 친지 또는 직장생활이 없는 이들이 알코올 중독이나 진통제 남용의 증상을 일으키는 것은 어떻게 보면 당연한 일이다. 혼자 있는 것만으로 이들은 다른 사람들보다 더 불행해하고, 더 불안해하며 같은 아픔을 더욱더 아프게 느끼기 때문이다. 옥시토신 체계가 제대로 작동하지 않으면 항우울제의 효과마저도 크게 떨어지게 된다. 즉 사회적 고립은 사람을 우울하게 만드는 원인이자 결과이다.

몇 년 전, 강연 시간에 이 설명을 들었던 한 우울증 환자분이 나에게 물었다. 그녀는 훗날 내 진료실에 찾아와 자기 어머니와의 끔찍했던 관계에 대해 털어놓았다.

"선생님, 선생님의 그 설명은 얼핏 들으면 맞는 말 같지만, 사실은 저와 같은 환자들에게는 그다지 도움이 되지 않아요. 왜냐하면, 저는 말주변이 없고, 다른 사람과 즐겁게 대화를 잘하지 못하거든요. 물론 밥 먹었니, 요즘 잘 지내니, 이런 일상적인 대화는 할 수 있어요. 하지만 아직 대화를 통해 누군가가 엄청나게 좋아지거나 상대방과 신뢰가 깊어진다고 느꼈던 적은 한 번도 없어요."

나는 그녀에게 2012년에 발표된 행동과학자 니콜라스 에플리(Nicholas Epley)와 줄리아나 슈뢰더(Juliana Schroeder)의 연구를 설명해주었다. 이들은 기차와 버스로 출퇴근하는 사람들을 세 분류로 나누었다. 첫 번째 그룹은 출근하는 동안 곁에 있는 낯선 사람과 대화를 해보도록 했다. 두 번째 그룹은 아무하고도 대화하지 않도록 지시했다. 세 번째 그룹은 그냥 평소대로 행동하도록 했다. 그리고 세 그룹 중에서 낯선 사람과 대화를 하도록 한 그룹이 가장 나은 기분을 느꼈다. 또 다른 실험에서 정신의학자 제니퍼 브라운(Jeniffer L Brown)과 데이빗 셰필드(David Sheffield) 등은 피험자들에게 고통스러운 자극을 주는 동안 한 그룹은 친구나 모르는 사람과 함께 앉도록 했고, 다른 한 그룹은 혼자 앉도록 했다. 그 결과 다른 사람과 함께 앉아있는 그룹이 가장 적은 통증을 느꼈다. 함께 앉은 사람이 친구인지 모르는 사람인지는 큰 상관이 없었다.

나는 실험에 대한 설명이 끝난 후 다음과 같이 덧붙였다.

"만일 사랑하는 사람들하고만 매 순간을 함께 보낼 수 있거나 만나는 모든 사람을 사랑할 수 있다면 더할 나위 없겠지요. 그러나 모든 사람을 모든 순간 사랑하는 것은 불가능한 일이에요. 그렇다고 하더라도 당신에게 큰 해를 끼치지 않는 사람들, 하지만 아직은 당신과 어떤 관계가 될지 모르는 사람들이 당신에게 가치가 없다고 생각하지는 않았으면 좋겠습니다. 설령 당신을 열렬히 사랑해주거나 서로에게 대단히 특별한 존재가 될 수는 없어도, 함께 있고, 대화하고, 의견을 나누는 것만으로 당신은 그들에게 도움이 되고, 그들로부터 도움을 받게 될 것입니다. 그러니 그들을 멀리하지 마세요. 관계가 완벽하지 않더라도 괜찮아요. 그저 당신이 편안하게 느끼는 거리에서 그들 곁에 있기만 하세요. 그걸로 충분합니다."

아주 나쁘지 않은 관계, 그것으로 충분하다

영문으로 'good enough mother'인 '참 좋은 어머니'는 최근 정신의학과 심리학의 대중화 현상으로 인해 우리 사회에서도 어느 정도 보편적으로 자리 잡은 개념이다. 질환의 유무보다는 건강한 심리 성장에 초점을 둔 영국의 정신의학자 도널드 위니캇(Donald Winnicott)의 이론을 집약하고 있는 이 '참 좋은 어머니'라는 개념은 아이의 심리 성장과 발달에 가장 적절하게 반응하는 양육자를 의미한다. 이 개념은 정신의학사에서 매우 중요한 위치를 차지하고 있으나 동시에 이를 오해한 수많은 어머니에게 역으로 좋은 어머니가 되려면 자식에게 '정서적으로 이 정도는 해주어야 한다'라는 완벽에 대한 강박과 죄책감을 낳게 했다.

이는 위니캇의 생각을 정반대로 이해한 것에 가깝다. 참 좋은 어머니(good enough mother)는 절대 완벽한 어머니가 아니다. 전체적인 맥락으로 볼 때 '독이 되는 요소가 없는' 어머니, 또는 아이의 성장을 '방해하지 않는' 어머니에 가까운 개념이다.

독성관계에 대한 개념도 이와 비슷하다. 독성관계는 반드시 피해야 할 관계를 의미한다. 누군가가 한 사람의 인격과 영혼을 완전히 파괴할만한 말과 행동을 서슴지 않고 하는 것이 용인되며 상대방은 저항할 힘을 잃고 벗어날 생각마저 할 수 없는 그런 관계를 의미한다. 그러나 어떠한 관계가 독성관계가 아니라고 해서 그 관계가 어떠한 상처도 주지 않고 서로 갈등 또한 없는 순결한 관계인 것은 아니다. 독성관계가 아닌 관계 속에서도 사람들은 좌절하고 상처를 받는다. 설령 우리가 삶에서 마주치는 관계 중 일부가 부정적인 속성을 가지고 있다고 하더라도 이 사실이 우리가 삶에서의 모든 관계를 차단해야 한다는 결론으로 이어져서는 곤란하다.

위니캇이 너무 완벽하게 통제하지 않는 어머니를 강조한 것은 아이가 자율성과 그 자신의 욕망을 통해 세상과 관계함으로써 건강하게 성장할 수 있을 것이라 믿었기 때문이었다. 그렇기에 아이에게 필요한 것은 좋은(good) 어머니가 아닌 독이 되지 않는(non toxic) 어머니인 것이다. 인간관계도 마찬가지이다. 독성관계와 같은 악성의 관계만 아니라면 모든 인간관계는 사람에게 어떤 식으로든 도움이 되고 인간을 강하게 만든다. 인간은 그렇게 설계되어 있다. 이 책 전체를 통해 독성관계를 설명한 것은 인간의 성장을 막고 오히려 후퇴시키는 그 파괴적이고 비극적인 관계만을 알아차리고, 피하게 하기 위함이다. 우리는 독성관계와 같이 어떠한 인간에게 독이 되는 '절대적으로 나쁜 관계'를 피해야 하지만 그 외의 관계까지 피해서는 안 된다.

그 관계의 형태가 완벽하지 않아도 된다. 당신은 완벽한 사람들과 완벽한 관계만을 이루며 살아갈 수 없다. 그 관계가 그저 독성관계만 아니면 된다. 독성관계 이외의 모든 관계는 당신에게 분명히 무언가를 얻게 하거나 당신의 성장을 촉발시키는 계기가 된다. 그러니 모든 관계가 완벽하지 않을까 봐 걱정하지 않아도 된다. 아이에게 필요한 것은 완벽한 어머니가 아니라 아이에게 독이 되지 않는 어머니이듯이 당신에게 필요한 것은 완벽한 관계가 아니라 아주 나쁘지 않은 관계, 그것이면 된다.

독성관계, 그 흔적마저 지우기 위하여

독성관계가 남긴 상처는 쉽게 메워지지 않는다. 진료실에서 오랫동안 전문가와 고생하여 이루어낸 값진 통찰과 자기 이해는 환자가 진료실을 나와 자신의 집에 도착하기도 전에 사라지곤 한다. 희생자는 주도자를 다시 마주치자마자 순식간에 예전의 상태로 돌아와 그토록 느끼고 싶지 않았던 공포와 부정적인 감정을 다시 느끼고, 똑같은 부정적인 패턴의 반응을 반복하고 마는 것이다. 앞에서 언급했던 부정적 형태의 항상성인 '알로스타시스'이다. 이것은 많은 사람이 밟고 지나다닌 결과 자연스럽게 새겨진 길과 같다. 오랜 시간 동안 사람의 몸과 마음에 새겨진 그 흔적들은 쉽사리 없어지지 않고 당신이 특별한 무언가를 하지 않는 한 그 길은 점점 확고해지고 넓어지기만 할 것이다.

당신은 이제 그 흔적마저 지워야만 한다. 독성관계로 인하여 생긴 당신을 황폐하게 만든 길보다 훨씬 선명하고 넓은 새로운 길을 새겨 넣어야만 한다. 독성관계가 남긴 그 길에 더 이상 사람들이 다니지 않도록 하여 그 길이 서서히 다시 흙으로 메워지고 풀로 덮이도록 하여 원래의 형태를 되찾도록 해야 한다. 그러나 이 과정은 당신의 방안에서 혼자 할 수는 없는 일이다. 당신의 상처가 관계 속에서 새겨졌듯이 당신에게 새겨질 새로운 길 역시 관계 속에서만 만들어질 수 있다. 독성관계에 대한 치유의 완성은 반드시 세상 속에서만 이루어질 수 있다.

물론 독성관계가 끝난 후에도 당신이 마주칠 세상은 선의로만 이루어져 있지는 않다. 누군가는 당신을 사랑할 것이고, 누군가는 이유 없이 당신으로부터 거리를 둘 것이다. 당신을 아무 타산 없이 도와주는 사람들이 있는가 하면 자신의 오래된 상처를 당신에게 투사하고 당신을 증오하거나 비난하는 사람도 만나게 될 것이다. 당신도 마찬가지다. 당신 또한 누군가를 열렬히 사랑할 것이며 반대로 증오하거나 두려워할 것이다. 그것이 비록 자기만족에 불과할지라도 당신은 타산 없이 누군가를 위해 행동할 것이며 때로는 그들이 당신에게 피해를 끼치지 않더라도 누군가의 곁에 있으면 자극받는 당신 자신의 상처와 결핍 때문에 그 누군가를 멀리하기도 할 것이다. 그리고 이 모든 과정은 당신에게 남은 독성관계의 독을 씻어 내주는 과정이 되어줄 것이다.

당신이 마주치는 모든 인간관계는 모두 당신에게 무언가를 느끼게 하고 행동하게 할 것이다. 누군가가 당신에게 아무 타산 없이 잘해준다면 그것은 당신에게 감사라는 소중한 경험과 함께 당신 내부에 미처 모르는 어떠한 가치나 장점이 있을 가능성을 확인시켜줄 것이다. 이러한 경험은 당신이 앞으로 계속 마주치게 될 미지의 관계에 대한 불안을 줄여주고 자신에 대한 안심과 자부심을 느끼게 해줄 것이다. 누군가가 당신을 이유 없이 멀리한다는 것을 깨닫는 경험을 통해 당신은 세상이 당신뿐 아니라 다른 사람에게도 아픈 상처를 남겼음을 느낄 수 있다. 이러한 경험을 통해 당신은 타인들이 마치 당신을 잘 안다는 듯이 함부로 하는 평가의 상당 부분이 사실은 그들 자신의 문제라는 것을 알게 될 것이다.

당신에게 호의를 베푸는 사람, 혹은 최소한 악의는 없는 사람과 지내는 안정되고 평범한 시간을 통해 당신은 너무 애쓰지 않고 그대로 편안하게 있어도 괜찮다는 사실을 몸에 새길 것이다. 그들 중 누군가와 진정으로 신뢰하고 사랑하는 관계가 되지 않더라도 이러한 경험들은 세상에 대한 신뢰를 회복하게 만든다. 세상에 대한 신뢰를 회복하는 것만으로 인간은 제때 마음 놓고 쉴 수 있게 되며, 진정으로 능력을 발휘해야 할 때 최상의 컨디션으로 임할 수 있게 된다. 그리고 이것이 충족되어야만 당신은 충분히 신뢰하고 사랑하는 사람을 만날 기회를 가질 수 있게 된다.

당신에게 악의가 있거나 당신의 권리를 침해하는 사람들과 언쟁하고, 싸우고, 멀어지고, 그리고 마음을 추스르는 과정을 통해 상대방이 당신에게 몇 번 무례하게 했다고 해서 당신이 영원히 그들에게 착취당할 운명에 처한 것이 아니며, 반대로 당신이 몇몇 사람들과 의견이 달라 분위기가 험악해지고, 관계가 끝나더라도 그것이 당신의 인생을 끝장내지 않을 것이라는 사실도 알게 될 것이다. 세상에서 닥쳐오는 여러 무례함 앞에 선 당신은 두 손이 묶인 채로 바다의 신에게 바쳐지기만을 기다리는 산 제물이 아니라 노를 저어 파도를 피하고 해적과 맞서 싸우는 탐험가라는 것을 알게 될 것이다.

독성관계로 새겨진 길에는 당신이 없었다. 반면 독성관계가 아닌 새로운 관계로 인하여 새겨지는 모든 길 한가운데에는 그 길을 걸어 나가는 당신이 분명히 있다. 지도에 없는 길을 걸어 나가는 대부분의 시간 동안 당신은 무수히 방황하고, 고민하고, 두려워하고 아주 가끔 동안은 모든 것을 잊은 채로 기뻐하고, 보람을 느낄 것이다. 그러나 문득 당신이 뒤를 돌아 당신이 걸어온 흔적을 돌아본다면 사실 모든 길 위에 당신만의 선택과 당신만의 소망이 확고히 자리 잡아 어떤 견고한 방향을 형성하고 있다는 사실을 볼 수 있을 것이다.

그것이 바로 '나(我)'이다. 아무도 없는 동굴 속에서 당신이 머릿속에 그리고 상상했던 '나'가 아닌 세상과 격렬하게 관계 맺으며 세상의 영향을 받고, 그 피드백을 받아 터득하게 된 세상을 다루고 헤쳐나가는 방식인 진정한 '나'이다. 당신이 그려낸 그 확고한 길 옆으로 한때 당신이 약했을 때 상처받고 눈물 흘리며 강제로 걸었던 길은 아주 자세히 들여다봐야만 알 수 있을 정도로 희미하고 초라한 흔적으로만 남아 있을 것이다. 당신이 세상과 다른 관계를 맺으며 살아가는 한 독성관계가 남긴 영향은 딱 그 정도밖에 되지 않는다. 그리고 그나마도 곧 사라진다.

이 모든 것들은 당신이 세상으로부터 손을 놓지 않았을 때만 얻어지는 선물이다. 내가 생을 받아 이 세계에 던져진 이유는 세계를 구하기 위함이 아니라 나를 구하기 위함이었다. 당신이 상처를 무릅쓰고 세상 속에서 헤매는 이유는 올바른 길을 찾기 위함이 아닌 당신이 원하는 길을 직접 걷기 위함이었다. 내가 타인을 믿고 포기하지 않고 사랑해야 할 이유가 있다면 그 행위가 타인을 위함이 아닌 나 자신을 위한 것이기 때문이다. 세상이 아닌 나, 독성관계로부터 상처받은 당신이 그럼에도 불구하고 이 세상을 포기하지 말아야 할 이유이다.

존재, 당신의 마음이
당신을 위해 움직이도록

너무나 흔하게 행해지는, 가혹하고 기묘한 관계들

소년은 겉보기에는 다른 학생과 같았다. 다른 학생들과 같은 교복을 입고 같은 교실에서 같은 선생님에게 수업을 받았으니까. 그러나 소년은 결코 다른 학생들과 평등하지 않았다. 키 큰 소년의 심부름을 하고, 기분에 따라 두들겨 맞고, 조롱을 당하는 소년은 교실 안에서 분명히 존재하는 계급제도의 가장 아래에 위치하는 인간이었다. 소년의 친구들과 선생님들 모두 키 큰 소년을 좋아했고, 아무도 그가 소년에게 하는 행동에 대해 언급하지 않았다. 그들에게 눈이 없어서 그 폭력의 현장이 보이지 않았던 것도, 키 큰 소년이 자신에게 동조하라고 협박한 것도 아니었다. 진실은 더욱더 슬펐다. 그들은 소년이 자신들과 똑같은 마음과 감정을 가지고 있어 자신들과 마찬가지로 주먹으로 맞으면 아프고, 모욕당하면 슬프다는 사실을 잊고 있었다. 소년이 옥상에서 몸을 던져 그 관계와 자신의 인생으로부터 완전히 떠난 다음에야 사람들은 소년을 피해자라고 부르기 시작했다. 그러나 소년은 그보다 훨씬 이전부터 피해자였다.

그녀의 어머니가 자기감정에 취해 열띤 웅변을 할 때 그녀는 관객이 되어야 했다. 어머니가 세상에 대해 분노할 때에 그녀는 동조자가 되어야 했다. 어머니의 친구들 앞에서 그녀는 어머니의 완벽한 트로피가 되어야만 했다. 그녀는 어머니를 위해 모든 것이 되어야만 했다. 그녀 자신만은 빼고, 말이다. 견디다 못한 그녀가 자신만의 목소리를 낸 순간 어머니는 그녀를 비난하고, 고립시키고, 손찌검하기 시작했다. 야만스러운 순간이 지나고 이제 그녀의 어머니는 폭력을 합리화하기 시작한다. 너를 위해서 그랬노라고, 너 잘되라고 그랬노라고, 지나간 일은 어쩔 수 없지만, 중요한 것은 앞으로가 아니겠냐고. 그녀는 어머니가 절대 바뀌지 않을 것임을 직감하면서도 또다시 어머니 곁에 남아 있기로 한다. 어머니를 사랑하는 건지, 아니면 고함과 폭력과 불효녀라는 비난을 두려워하는 건지 그녀 자신도 잘 알지 못했지만 말이다.

흔하지만 동시에 기묘한 형태의 관계가 있다. 이 관계에는 불투명한 돔이 씌워져 있어서 안에서는 밖이 보이지 않고 밖에서도 안이 보이지 않는다. 이 관계 안에서 인간은 정상적인 감각을 잃는다. 원래 인간은 서로 감정과 상처를 주고받게 되어 있지만, 이 관계 안에서의 감정과 상처의 벡터는 한 가지 방향만으로 움직인다. 주도자는 투사하고 협력자는 동조한다. 희생자는 처음에는 부당하고 억울하고 화가 나 미칠 것 같지만, 이윽고 반항할 힘도 의욕도 사라져 버려 결국 자신이 무엇 때문에 괴로운지도 알 수 없게 된다.

돔 바깥이 보이지 않기 때문에 희생자는 자신이 상처를 받아 피를 흘리고 있어도 원래 그런 줄로만 알고, 돔 안쪽이 보이지 않기 때문에 바깥에서는 안쪽의 상황을 알 길이 없다. 돔 안쪽에서는 바꿀 수 없고, 돔 바깥쪽에서도 도와줄 수 없다. 이 가혹한 현상을 끝내기 위해서는 돔 안쪽의 희생자가 돔 바깥으로 스스로 걸어 나갈 수밖에 없다.

결코, 눈을 돌려서는 안 될 세상의 부조리

인간은 서로를 사랑해야 한다. 특히 가족이나 학교나 직장 등 가까운 곳에서 만나는 사람들일수록 서로를 생각하고, 이해해주어야 한다. 사랑은 차별이 없어야 하고, 자신이 원하는 것보다는 상대방이 원하는 것을 위에 놓아야 하며 특히 취약한 약자일수록 더욱 사랑받아야 한다. 그러나 이것은 이상에 불과하다. 이상향이라는 의미의 '유토피아'의 어원이 '세상 어디에도 없는 장소'인 것처럼 사랑과 이해와 자기희생으로 가득 찬 관계는 현실에서는 거의 존재하지 않는다. 우리가 살아가는 세상은 불완전하고, 불공평하고, 부조리로 가득 차 있다.

자식에 대한 부모의 사랑마저도 공평하지 않은 경우가 많다. 같은 부모에게서 태어난 자식들이라 하더라도 태어난 순서나 성별만으로 집안의 모든 지원과 감정적 지지를 독점하는 자식이 있고, 정말 적은 지원만을 받은 채로 어떠한 감정적 지지도 받지 못하면서도 부모가 사랑하는 다른 형제를 위해 자신의 인생을 희생해야 하는 자식도 존재하기 마련이다. 회사는 직원들을 결코 공정하게 평가하지 않는다. 가장 높은 공헌을 한 직원이 반드시 보답받는 것도 아니다. 당신의 상사는 가장 우수한 부하 대신, 자신의 두려움과 결핍을 자극하지 않는 부하를 신용할 것이며, 그것을 합리화시킬 말도 안 되는 이유를 나중에 가져다 붙일 것이다. 인정하기 괴롭고, 부조리하지만, 현실에서는 드물지 않게 일어나는 일이다.

운이 좋게도 이러한 부조리의 희생자가 되어보지 않았다면 평생 이러한 문제가 있다는 것조차도 모르고 세상이 선의로 가득 차 있다는 것을 믿으면서 살 수도 있겠지만, 운이 나쁘게도 이 비합리의 희생자가 되었을 경우 그 사람의 인생은 처음부터 좌절과 포기를 가슴에 품고 시작하게 된다. 더 질이 안 좋은 것은 그 희생자가 속한 공동체에서 희생자를 제외한 나머지 사람들은 어떠한 피해도 받지 않거나 희생자의 숨겨진 희생 덕분에 자신의 내적 문제를 일시적이나마 위안 받을 수도 있어서, 현재 상황이 부조리하다는 것을 알고도 굳이 문제 삼으려 하지 않는다. 결과적으로 희생자는 희생하면서도 그 희생마저 인정받지 못하게 된다. 공동체를 유지하는 데에 있어서 가장 많은 희생을 하는 사람이 가장 문제가 있는 사람으로 몰리게 되는 결과가 나타난다.

사람들은 자신이 속한 사회의 부조리를 정면으로 바라보는 것을 불편해한다. '멜빈 러너(Melvin Lerner)'가 '공정한 세상 가설 이론'에서 강조한 것처럼 사람들은 세상의 부조리에 대해 인정하기보다는 고난에 처한 사람의 개인적인 특성을 비난하곤 한다. 그래야 자신들이 좀 더 쉽게 안정감을 느끼기 때문이다. 결과적으로 부모의 차별 없고 무한정한 사랑, 형제간의 조건 없는 우애, 스승의 위대한 희생, 인간의 무한한 선의 등 현실에서는 흔히 존재하지 않는 이상적인 관계의 모습을 마치 신앙처럼 신성시하며 여기에 누군가가 의문을 품으면 그 사람의 인성을 의심하며, 마치 의문을 가지는 행위 그 자체가 잘못된 것처럼 비난하곤 한다. 사람들은 자신이 직접적인 피해를 보지 않는 한 자신의 마음이 불편해지는 것을 원하지 않기 때문이다.

그러나 세상에는 인간을 선의로 가득 찬 존재로 가정하는 방식으로는 결코 설명할 수 없는 부조리함과 있어서는 안 될 일들이 존재한다. 특히 인간과 인간의 관계에 이르러서는 바깥에서 보기에는 아름답고 선한 것처럼 보이지만, 관계의 안쪽에서 바라보면 폭력과 고통으로 얼룩진 그런 관계들도 존재한다. 그러므로 우리는 마음의 불편함을 무릅쓰고 이러한 관계의 구조와 실체를 밝혀내는 데에 도전해야 한다. 불편하였기에, 아직은 내가 그 희생자가 되어보지 않았기 때문에 굳이 들춰보려 하지 않고 겉으로만 보기 좋게 덮어두었던 그 예쁜 포장지 아래에서 두렵다고 말조차 하지 못하고, 사람들로 둘러싸여 있으면서도 외로워하며, 자신의 잘못만이 아닌데도 모든 것을 자책하며 고통을 운명으로 치부하며 괴로워하는 희생자들의 병든 마음을 발견해내야 한다.

단어는 인간의 현실을 반영하여 탄생한다. 그러나 때로는 이와 반대로 여러 복잡하고 미묘한 감정과 현상들이 한 개의 단어에 담겨 퍼져나가 다시 인간의 마음에 반영되기도 한다. '독성관계'라는 새로운 단어는 이러한 소망을 담아 만들어졌다. 이것은 인간의 사랑이 얼마나 가치가 없는지, 그리고 인간이 얼마나 악한지를 강조하여 세상의 모든 관계의 무가치함을 증명하기 위한 것이 아니다. 그림자가 빛을 강조하듯이 나는 이 단어를 통하여 건강한 관계 안에서 당신이 지금보다 얼마나 더 행복해질 수 있는지를 말하고 싶다. 당신이 당신 생각과는 달리 지금까지 얼마나 괜찮은 사람이었는지에 대해 말하고자 한다.

그래서 다시 한번 강조하고 싶다. 독성관계는 분명히 존재한다. 그리고 당신은 그곳을 빠져나와 그 모든 아픔을 뒤로하고 당신의 인생으로 걸어 나가야만 한다.

절대 적응해서는 안 될 감정들

인간은 수동적인 존재일까? 지금 불행한 사람은 불행한 운명만을 가지고 태어났을까? 우리는 팔다리를 묶이고 두 눈을 가린 채로 불행이 우리를 피해가고 행복이 찾아오기만을 기다리는 그런 존재일까? 학자들의 연구 결과와 역사가 말해주는 수많은 진실은 인간이 결코 그런 존재가 아님을 증명한다.

그러나 마음은 종종 통제를 벗어나 당신을 당황하게 만든다. 현실 속에 존재하지 않는 공포를 불러일으켜 발을 얼어붙게 만들기도 하며, 잘못된 죄책감을 불러일으켜 고통 속에 안주하게 만들기도 한다. 타인의 감정을 자신의 감정처럼 느끼는가 하면, 타인의 눈에 비친 당신의 모습을 본질로 착각하게 만들기도 한다. 우리의 마음은 주인에게 그 자신의 존재를 알아차리지 못하게 만드는 것을 좋아하기 때문이다.

마음은 타인과 소통함으로 인해 선명해지지만, 독성관계는 우리가 혼자 있을 때보다도 훨씬 더 우리의 마음을 인식하지 못하게 한다. 공포, 고립감, 죄책감. 독성관계가 우리의 마음을 가리는 방식들이다. 우리는 모든 환경과 감정에 적응하는 존재이지만, 독성 관계가 불러오는 이 감정들에서만은 결코 적응해서는 안 된다. 우리는 가만히 앉아서 고통스러워하는 대신 즉각 일어나서 움직이고, 반응해야만 한다.

공포는 당신을 묶어두는 사슬이다. 주도자는 희생자를 그 자리에 묶어두기 위해 가능한 모든 공포를 동원한다. 가장 흔히 동원하는 것은 폭력이지만 어떤 이들은 간접적인 방법으로도 희생자의 공포심을 자극한다. 자신들의 이기심을 관습과 도덕과 정의의 옷으로 위장하고서 자신들에게 따르지 않으면 마치 인간 전체로부터 버림받을 것처럼 협박한다.

단 한 번의 폭력, 단 한 번의 협박에도 굴복해서는 안 된다. 당신이 자신들에게 공포를 느낀다는 것을 알게 된 순간 그들은 손쉽게 당신을 조종하기 위해 더욱더 많은 폭력과 압박을 동원할 것이다. 저항하고, 외부에 알리고, 끊임없이 그들을 불편하게 만들어야 한다.

어떤 이들은 당신을 고립시킨다. 자신들이 정한 그 범주에서 당신이 벗어나거나, 새로운 사람과 관계를 시작하려고 하면 배신자라고 비난하며 어떻게든 그 사람과 당신을 떼어놓으려고 한다. 고립된 집단에서 협력자를 동원하여 당신을 한번 더 고립시키는 이중의 고립 전술을 쓰기도 한다. 당신 주변의 중립적인 사람들마저 주도자와 한없이 가까운 협력자로 변하게 될 것이다. 주변의 모든 사람이 당신을 마음과 권리가 없는 존재처럼 여기게 되면, 결국 자신마저 자신의 감정을 믿을 수 없게 될 것이다. 주인을 잃은 감정은 점점 괴롭게만 느껴지기 때문에 이내 당신은 자기 마음의 소리에 귀를 닫아버릴 것이다.

따라서 마음은 역동성을 잃어서는 안 된다. 행동반경은 끝없이 넓어져야 한다. 항상 자신이 있는 곳 너머로 눈을 돌릴 수 있어야 한다. 진화가 가져다준 선물인 튼튼한 두 다리를 꼬리뼈와 같은 흔적기관으로 만들어서는 안 된다. 새로운 사람들을 만나고, 새로운 집단에 참여하고, 지금 당신의 환경에서 견디지 못하면 다음의 장소로 이동할 수 있는 준비 또한 갖춰두어야 한다. 비록 모든 사람과 완벽한 관계를 맺지는 못하더라도 독성관계만 아니라면 대부분 사람과의 만남은 당신에게 힘이 되어줄 것이다. 고립에서 벗어나 생존을 위해 다음 장소로 걸어 나가는 것은 전통이나 인간사회에 대한 배신이 아니라 인간이 수천 년간 투쟁하면서 얻어낸 진정한 인간다움이다.

당신에게 죄책감을 유발하는 이들도 있을 것이다. 그러나 죄책감은 자기성찰과 겸손함, 자애와 같은 선상에 있는 감정이 아니다. 오히려 알코올이나 마약처럼 중독적인 감정이다. 이것은 우리 뇌의 보상중추를 활성화시켜 우리의 마음이 문제를 현실 속에서 해결하는 것을 지연시킨다. 죄책감을 느끼는 사람들은 그 누구보다도 많은 생각을 하지만, 그 누구보다 적은 행동만을 한다. 자신이 가련하고, 불쌍하고, 형편없는 존재라는 것을 증명이라도 하려는 듯 세상의 부정적인 신호만을 받아들여 자기비하를 일삼게 되며, 주변의 도움의 손길마저 외면하게 된다.

누군가 당신에게 의도적으로 죄책감을 유발한다면, 당신은 그들로부터 거리를 두어야 한다. 그들이 죄책감을 유발하는 것은 당신을 사랑해서 그러는 것이 아니며 죄책감이 당신을 더 나은 삶으로 이끌어줄 것이라고 믿기 때문도 아니다. 그들은 당신이 자신의 영향하에서 떠나지 못하고, 영원토록 조종당하기를 원하는 사람들이다. 그러나 당신은 그들이 말하는 대로의 사람이 결코 아니다. 적응하지 말고, 받아들이지도 마라. 끊임없이 저항하고, 행동해라. 무기력과 절망에서 벗어나 마음의 나머지 반절을 되찾아야 한다. 독성관계의 주도자들이 온갖 방법으로 당신으로부터 떼어놓으려고 했던, 하지만 결코 빼앗을 수 없었던 당신 마음의 나머지 반절의 이름은 바로 '행동하는 마음'이다.

당신의 마음이 당신의 현실마저 바꿀 수 있도록

마음이 잘 보이지 않는 것처럼 마음의 상처 또한 쉽게 보이지 않는다. 상처받은 마음으로도 우리는 그럭저럭 걸어 다니고, 출근해서 일하고, 공부도 할 수 있다. 그래서 우리는 마음이 언제나 정상적으로 기능하는 완벽한 어떤 것으로 생각하기 쉽다. 그러나 마음은 우리의 생각보다 불완전하고, 쉽게 부서진다. 최소한의 조건이 갖춰지지 않으면 일하지 않는다. 부정적인 자극이 지속되면 회복될 수 없을 정도로 변질되어 파괴되기도 한다. 그러므로 당신은 당신의 마음을 소중히 다루어야만 한다.

지금껏 당신의 마음은 소중히 다루어지지 못했다. 독성관계는 당신의 인생을 타인의 감정처리를 위한 배출구로 만든다. 그러나 당신의 인생은 그 자체로 전부이자 목적으로써 오직 당신을 위하여 사용되어야 한다. 독성관계는 당신이 보통 사회에서는 절대 허용되지 않는 폭력과 학대를 견디도록 한다. 그러나 폭력과 학대는 막아내고 근절되어야 하는 것이지, 결코 그 자리에 앉아서 참아내는 것이 아니다. 독성관계는 타인의 눈에 비친 당신의 모습을 당신의 진짜 모습으로 착각하게 만든다. 그러나 당신은 고정된 존재가 아니다. 당신의 정체성은 세상에 자신을 반영시키고 그 반영시킨 모습을 다시 받아들여 가는 과정을 통해 끊임없이 변화해간다.

많은 책이나 이론들이 자신의 마음을 분석하고 위로하고, 어떻게 하면 주어진 환경에 잘 적응할 수 있을지에 대해 말한다. 그러나 이것은 마음의 절반 정도에만 해당하는 이야기이다. 이들은 인간이 마치 주어진 환경 내에서 다른 곳 어디로도 떠나지 못하고 그 자리에서 살아가는 고정된 존재인 것처럼 말한다. 그러나 마음의 진정한 힘은 세상에 적응하고, 고통을 참아내고 견디는 데에 있지 않다. 인간의 마음이 존재하는 본래의 목적은 그 주인에게 자신이 진정으로 원하는 것을 인식하게 만들고, 그 선명하게 드러난 자신의 소망을 향하여 두 발로 직접 움직이도록 만드는 것이다.

진정으로 건강한 마음은 그 자신을 둘러싼 현실마저 바꿀 수 있어야 한다. 당신의 마음이 현실과는 동떨어진 채로 오직 당신에게만 영향을 미치며 불행이 다가오지 않기만을 바라고, 행복이 찾아오기만을 기다리고 있다면 당신은 아직 마음의 절반 정도만 사용하고 있는 것이다. 이것은 '사는 것'이 아니라 '삶을 당하는 상태'이다. 반면에 내 감정을 타인에게 인정받으려 하기보다는 설령 주변 모두가 반대하고 부정하더라도 자신의 진짜 감정을 인식하려 하며, 사랑받기 위해 최선을 다하는 것이 아니라 세상을 사랑하도록 최선을 다하는 이 적극적인 행위에 자신의 온 마음을 전부 사용하는 행위, 이를 '사는 것'이라고 부른다.

따라서 삶은 상태가 아니라 행위여야만 한다. 물론 관성을 거스르고 지금까지 적응했던 것을 다시 제로 상태로 만들고, 주변 사람들의 반대를 무릅쓰며 새로운 방식으로 살아나가는 것이 고통을 수반하는 일이라는 것을 알고 있다. 그러나 만일 지금 당신이 관계로 인하여 불행하다면, 어떻게 해도 지금의 상황에서 나아질 희망이 보이지 않는다면, 나는 당신이 절망과 포기와 부자유에 잘 적응하도록 곁에 앉아 다정한 말을 해주며 눈물을 닦아주는 대신 당신이 아직 보지 못한 마음과 세상의 구조를 말해주고, 당신을 일으켜

세운 후, 그 너머를 함께 보고자 한다.

왜냐하면, 지금 당신의 눈에 희망이 보이지 않는다는 사실이 의미하는 것은 언제나 단 한 가지뿐이기 때문이다.

"지금 당신 쪽에서 희망을 향해 다가가야 한다는 것."

부록

독성관계 점검표

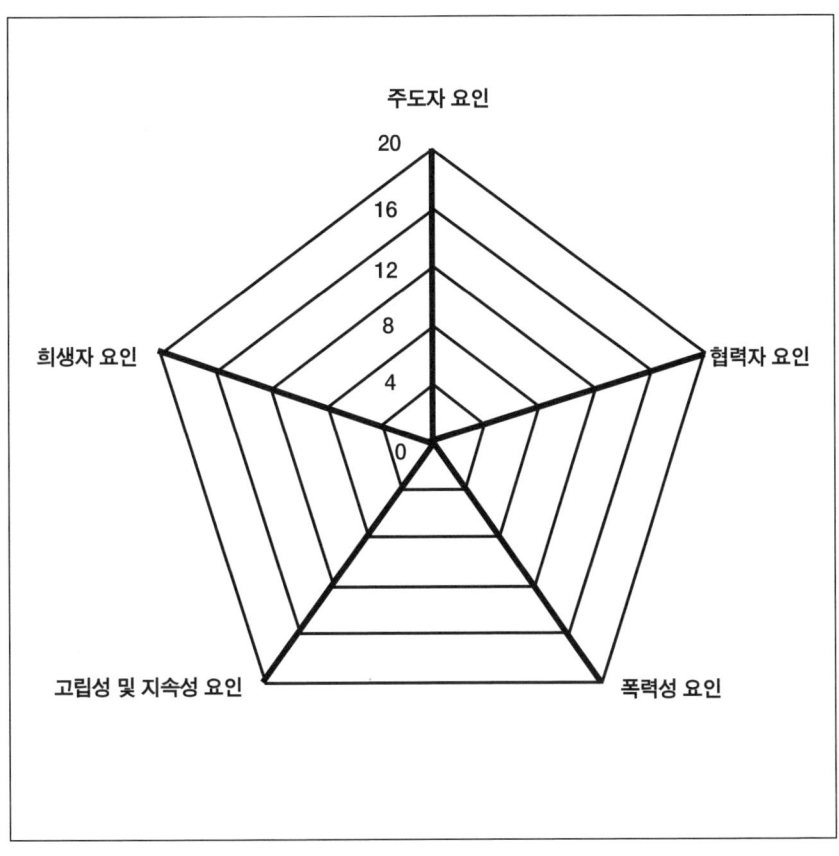

1. 주도자 요인

지금부터 여러분은 당신과 주변 한 사람의 관계에 대해 여러 가지 질문을 받게 될 것입니다. 아래의 5개의 질문을 잘 읽고 자신에게 해당하는 사항을 골라주십시오. 그리고 당신이 고른 답의 총합을 골라 위 그림의 5각형 중 한 축에 표시하여주십시오. 각각의 보기에 따른 답은 아래와 같습니다.

0. 전혀 그렇지 않다 : 0점
1. 가끔 그렇다 : 1점
2. 보통 그렇다 : 2점
3. 자주 그렇다 : 3점
4. 항상 그렇다 : 4점

질문 1. 같은 그룹 내에 있는 당신과 상대방 두 사람의 관계에 있어서 상대방이 당신에 비해 압도적인 영향력을 가진다.

0. 전혀 그렇지 않다
1. 가끔 그렇다
2. 보통 그렇다
3. 자주 그렇다
4. 항상 그렇다

질문 2. 당신과 상대방의 관계에 있어서 상대방과 당신은 사회통념이나 조직 내 규율상 수직적인 상하 관계이다.

0. 전혀 그렇지 않다
1. 가끔 그렇다
2. 보통 그렇다
3. 자주 그렇다
4. 항상 그렇다

질문 3. 상대방이 당신에게(보편적, 사회적인 기준으로) 실수하거나 예의에 어긋나는 행동을 했을 경우 잘못을 인정하지 않고 부정해 버리거나 합리화하는 경향이 있다.

0. 전혀 그렇지 않다
1. 가끔 그렇다
2. 보통 그렇다
3. 자주 그렇다
4. 항상 그렇다

질문 4. 상대방이 당신의 시간, 기회, 돈, 자유를 마치 자신의 것처럼 다루고, 실제로 그렇게 생각한다.

0. 전혀 그렇지 않다
1. 가끔 그렇다
2. 보통 그렇다
3. 자주 그렇다
4. 항상 그렇다

질문 5. 당신과 상대방의 관계에서 상대방은 당신을 자신과 동등하다고 생각하지 않는다. 즉 상대방과 자신 사이에 같은 규칙이나 예의범절이 적용된다고 생각하지 않는다.

0. 전혀 그렇지 않다
1. 가끔 그렇다
2. 보통 그렇다
3. 자주 그렇다
4. 항상 그렇다

주도자 축 총점 : _____

2. 희생자 요인

질문 6. 상대방에게 부당하거나 비인간적인 대우를 받더라도 항의하지 못한다. 또는 항의를 하는 것이 잘못된 것처럼 느껴지거나 죄책감을 느낀다.

0. 전혀 그렇지 않다
1. 가끔 그렇다
2. 보통 그렇다
3. 자주 그렇다
4. 항상 그렇다

질문 7. 상대방에게 부당하거나 비인간적인 대우를 받는다고 하더라도 주변 사람들이 자신을 도와주지 않을 것이라고 느낀다.

0. 전혀 그렇지 않다
1. 가끔 그렇다
2. 보통 그렇다
3. 자주 그렇다
4. 항상 그렇다

질문 8. 같은 그룹 내에서 다른 사람에게 적용되지 않거나 일어나지 않는 부당한 일이나 비인간적인 대우가 나에게만 일어난다고 느낀다.

0. 전혀 그렇지 않다
1. 가끔 그렇다
2. 보통 그렇다
3. 자주 그렇다
4. 항상 그렇다

질문 9. 같은 그룹 내에서 나의 위치상 보통은 주어져야 할 권위나 혜택 또는 역할이 나에게만은 주어지지 않는다.

0. 전혀 그렇지 않다
1. 가끔 그렇다
2. 보통 그렇다
3. 자주 그렇다
4. 항상 그렇다

질문 10. 나에게 가해지는 상대방의 부당한 대우나 폭력에서 결코 벗어나지 못할 것 같아 무력감을 느낀다.

0. 전혀 그렇지 않다
1. 가끔 그렇다
2. 보통 그렇다
3. 자주 그렇다
4. 항상 그렇다

희생자 축 총점 : _____

3. 협력자 요인

질문 11. '당신과 상대방과 같은 집단 내에 속한 주변의 사람들'이 상대방이 당신에게 가하는 부당하거나 비인간적인 대우를 묵인하거나 방조하는 경우가 있다.

0. 전혀 그렇지 않다
1. 가끔 그렇다
2. 보통 그렇다
3. 자주 그렇다
4. 항상 그렇다

질문 12. '당신과 상대방과 같은 집단 내에 속한 주변의 사람들'이 상대방이 당신에게 가하는 부당하거나 비인간적인 대우에 동참한다.

0. 전혀 그렇지 않다
1. 가끔 그렇다
2. 보통 그렇다
3. 자주 그렇다
4. 항상 그렇다

질문 13. '당신과 상대방과 같은 집단 내에 속한 주변의 사람들'이 보편적 사회적 통념상으로는 당신과 동등한 위치에 있지만, 실제로는 자신들이 당신보다 지위나 권한이 높다고 생각하고 그렇게 행동한다.

0. 전혀 그렇지 않다
1. 가끔 그렇다
2. 보통 그렇다
3. 자주 그렇다
4. 항상 그렇다

질문 14. 상대방이 당신에게 행하는 부당하거나 비인간적인 대우에 대해 '당신과 상대방과 같은 집단 내에 속한 주변의 사람들'이 이것이 그룹 전체를 위한 일이라면 어쩔 수 없거나 허용되어야 한다고 생각한다.

0. 전혀 그렇지 않다
1. 가끔 그렇다
2. 보통 그렇다
3. 자주 그렇다
4. 항상 그렇다

질문 15. '당신과 상대방과 같은 집단 내에 속한 주변의 사람들'이 당신이 집단 내에서 당하는 부당하거나 비인간적인 대우의 원인이 실제로는 그렇지 않음에도 불구하고 당신의 잘못 때문이라고 생각한다.

0. 전혀 그렇지 않다
1. 가끔 그렇다
2. 보통 그렇다
3. 자주 그렇다
4. 항상 그렇다

협력자 축 총점 : _____

4. 고립성 및 지속성 요인

질문 16. 당신이 상대방과 아주 오랫동안 같은 집단에 소속되어 있거나 일정 이상의 기간 동안 밀접한 환경에 함께 있어야만 한다.

0. 전혀 그렇지 않다
1. 가끔 그렇다
2. 보통 그렇다
3. 자주 그렇다
4. 항상 그렇다

질문 17. 다른 관계나 기본 사회적 통념상에서는 심각한 도덕적 일탈이나 기본권의 침해로 보이는 일들이 당신과 상대방 사이에서 일어난다.

0. 전혀 그렇지 않다
1. 가끔 그렇다
2. 보통 그렇다
3. 자주 그렇다
4. 항상 그렇다

질문 18. 당신이 당한 부당하고 비인간적인 대우가 외부에 알려지는 것을 막으려고 하는 상대방 또는 상대방의 협력자들의 적극적인 시도가 있다.

0. 전혀 그렇지 않다
1. 가끔 그렇다
2. 보통 그렇다
3. 자주 그렇다
4. 항상 그렇다

질문 19. 상대방은 당신과 상대방의 관계가 변화하는 것을 절대 인정하지 않는다.

0. 전혀 그렇지 않다
1. 가끔 그렇다
2. 보통 그렇다
3. 자주 그렇다
4. 항상 그렇다

질문 20. 당신이 다른 사람과 밀접하거나 친밀한 관계를 만드는 것을 상대방이 용납하지 않거나 적극적으로 방해한다.

0. 전혀 그렇지 않다
1. 가끔 그렇다
2. 보통 그렇다
3. 자주 그렇다
4. 항상 그렇다

고립성 및 지속성 축 총점 : _____

5. 폭력성 요인

질문 21. 상대방이 자신의 기분에 따라 당신의 잘못 여부와 상관없이 당신에게 비인간적인 대우를 한다.

0. 전혀 그렇지 않다
1. 가끔 그렇다
2. 보통 그렇다
3. 자주 그렇다
4. 항상 그렇다

질문 22. 상대방이 다른 사람에게는 용납받을 수 없는 욕설, 심각한 수준의 인격에 대한 비난, 저주를 담은 말을 당신에게 사용한다.

0. 전혀 그렇지 않다
1. 가끔 그렇다
2. 보통 그렇다
3. 자주 그렇다
4. 항상 그렇다

질문 23. 상대방이 당신의 신체를 맨손 또는 도구를 사용하여 훼손한다. 혹은 폭력을 사용하겠다는 제스처로 당신을 위협한다.

0. 전혀 그렇지 않다
1. 가끔 그렇다
2. 보통 그렇다
3. 자주 그렇다
4. 항상 그렇다

질문 24. 상대방이 당신을 조종하기 위해서 일반적인 관계에서는 용납되지 않는 방법으로 당신의 죄책감을 유발하거나 당신을 혼란시키려 한다.

0. 전혀 그렇지 않다
1. 가끔 그렇다
2. 보통 그렇다
3. 자주 그렇다
4. 항상 그렇다

질문 25. 상대방이 당신의 생존이나 인간적인 삶을 위해 반드시 필요한 요소(숙소, 식사, 직장생활 등)를 개인적인 이유로 박탈하거나 박탈하겠다고 위협한다.

0. 전혀 그렇지 않다
1. 가끔 그렇다
2. 보통 그렇다
3. 자주 그렇다
4. 항상 그렇다

폭력성 축 총점 : _____

6. 총점 기입하기

〈총점〉

위의 5가지 요인에 대한 점수를 아래의 표에 기입하여 주시고, 그 아래의 그래프에는 해당하는 점수에 점을 찍고 각각의 선을 연결하여 오각형을 그려주십시오.

주도자 축 총점	
희생자 축 총점	
협력자 축 총점	
고립성 및 지속성 축 총점	
폭력성 축 총점	

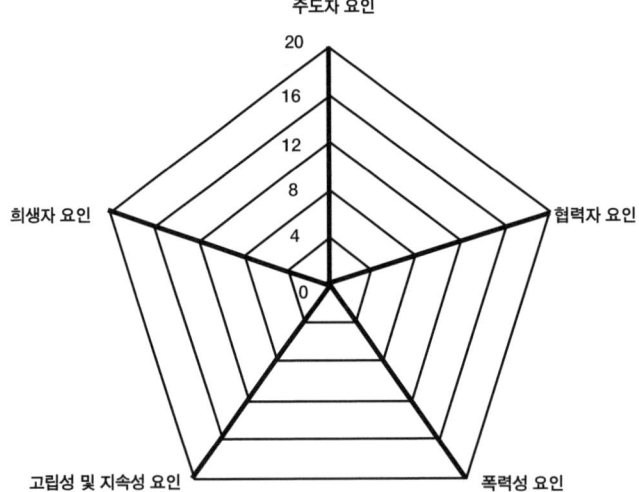

- ■ 만일 총점이 12점 이상인 축이 3개 이상이라면 그 관계는 독성관계일 가능성이 큽니다.
- ■ 만일 폭력성 축의 총점이 12점 이상이라면 상대방과의 관계에서 즉각적인 분리가 필요할 수 있습니다.

※ 아직 통계적으로 정확히 측정된 연구 결과가 없으므로 참고용으로만 사용하십시오.

〈총점 - 예시〉

위의 5가지 요인에 대한 점수를 아래의 표에 기입하여 주시고, 그 아래의 그래프에는 해당하는 점수에 점을 찍고 각각의 선을 연결하여 오각형을 그려주십시오.

주도자 축 총점	17
희생자 축 총점	14
협력자 축 총점	4
고립성 및 지속성 축 총점	20
폭력성 축 총점	18

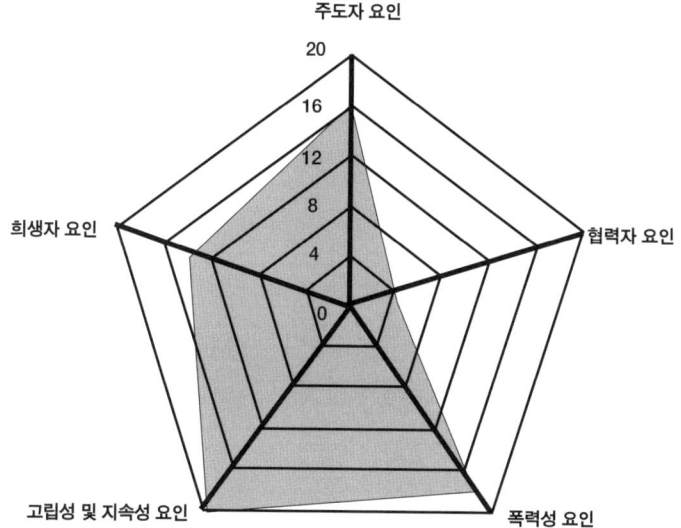

- 만일 총점이 12점 이상인 축이 3개 이상이라면 그 관계는 독성관계일 가능성이 큽니다.
- 만일 폭력성 축의 총점이 12점 이상이라면 상대방과의 관계에서 즉각적인 분리가 필요할 수 있습니다.

※ 아직 통계적으로 정확히 측정된 연구 결과가 없으므로 참고용으로만 사용하십시오.